国家对外汉语教学领导小组办公室规划教材
中国中山大学与泰国华侨崇圣大学合作项目
北大版新一代对外汉语教材·国别汉语教程系列

泰国人学汉语
คนไทยเรียนภาษาจีน

III
课本

徐霄鹰　周小兵　编著

练习编写
陈淑梅　邓小宁　李　英　朱其智
泰文翻译
陈慕贤　（อาจารย์ไพศาล ทองสัมฤทธิ์）
何福祥　（อาจารย์ ดร.นริศ วศินานนท์）
黄如侬　（อาจารย์สุกัญญา วศินานนท์）
黄友华　（อาจารย์รัตนา จันทรสารโสภณ）
林长茂　（อาจารย์ประพฤทธิ์ ศุกลรัตนเมธี）
刘美春　（อาจารย์เพ็ญฤดี เหล่าปทุมโรจน์）
谢玉冰　（อาจารย์ ดร.จรัสศรี จิรภาส）
尹士伟　（อาจารย์ธเนศ อิ่มสำราญ）
张曼倩　（อาจารย์สายฝน วรรณสินธพ）
庄贻麟　（อาจารย์มันทนา จงมั่นสถาพร）

北京大学出版社
PEKING UNIVERSITY PRESS

图书在版编目(CIP)数据

泰国人学汉语(Ⅲ)/徐霄鹰,周小兵编著.—北京:北京大学出版社,2006.4
(北大版新一代对外汉语教材·国别汉语教程系列)
ISBN 978-7-301-10616-7

Ⅰ.泰… Ⅱ.①徐…②周… Ⅲ.汉语-高等学校-教材 Ⅳ.H195.4

中国版本图书馆 CIP 数据核字(2006)031123 号

书　　　名:	泰国人学汉语(Ⅲ)
著作责任者:	徐霄鹰　周小兵　编著
责任编辑:	吕幼筠　刘　正
泰语编辑:	金　勇
插图绘画:	刘德辉
封面设计:	毛　淳
标准书号:	ISBN 978-7-301-10616-7/H·1659
出版发行:	北京大学出版社
地　　址:	北京市海淀区成府路 205 号　100871
网　　址:	http://www.pup.cn
电　　话:	邮购部 62752015　发行部 62750672　编辑部 62752028　出版部 62754962
电子邮箱:	lvyoujun99@yahoo.com.cn
印　刷　者:	北京大学出版社
经　销　者:	新华书店
	880 毫米×1230 毫米　大 16 开本　23 印张　588 千字
	2006 年 4 月第 1 版　2013 年 1 月第 3 次印刷
定　　价:	65.00元(本册共 2 分册,附 MP3 一张,配套发售)

未经许可,不得以任何方式复制或抄袭本书之部分或全部内容。
版权所有,侵权必究　举报电话:010-62752024
　　　　　　　　　　　电子邮箱:fd@pup.pku.edu.cn

目 录

略语表 …………………………………………………………… 2
编写原则和使用说明 …………………………………………… 3
人物表 …………………………………………………………… 7
第 一 课　这是皮的吗 ………………………………………… 1
第 二 课　就买又小又薄的 …………………………………… 9
第 三 课　这里的房间比我们宿舍大 ………………………… 17
第 四 课　北方人长得比南方人白 …………………………… 24
第 五 课　怎样才能学好汉语 ………………………………… 31
第 六 课　昨天晚上我们听了很多好听的故事 ……………… 38
第 七 课　我完成了作业就去看比赛 ………………………… 46
第 八 课　我上前边那座楼去了 ……………………………… 53
第 九 课　从前的故事 ………………………………………… 60
第 十 课　一个民工的账单 …………………………………… 68
第十一课　我还要再来一次 …………………………………… 74
第十二课　每天只学习十五到三十分钟汉语 ………………… 81
第十三课　我去过中国 ………………………………………… 88
第十四课　每个人都哭了 ……………………………………… 95
第十五课　谢谢老师的建议和鼓励 …………………………… 102
听力文本 ………………………………………………………… 109

1

略语表（คำย่อประเภทของคำ）
Abbreviation

名—名词	คำนาม	N.—noun
形—形容词	คำคุณศัพท์	A./Adj.—adjective
动—动词	คำกริยา	V.—verb
能愿—能愿动词	คำกริยาแสดงความปรารถนา	aux.v.—auxiliary verb
数—数词	คำบอกจำนวน	num.—numeral
量—量词	คำลักษณนาม	m.—measure word
代—代词	คำสรรพนาม	pron.—pronoun
副—副词	คำกริยาวิเศษณ์	adv.—adverb
介—介词	คำบุพบท	prep.—preposition
连—连词	คำเชื่อม	conj.—conjunction
助—助词	คำเสริมแสดงอารมณ์และเจตนา	part.—particle
叹—叹词	คำอุทาน	interj.—interjection

编写原则和使用说明

本教材是为以泰语为母语的汉语学习者编写的,旨在培养学习者汉语听说读写基本技能和一定的汉语交际能力。

一、编写原则

(一) 参照规范,借鉴经验,突出科学性

本教材以国家汉办《高等学校外国留学生汉语言专业教学大纲》为基础,以国家汉办规划教材《当代中文》(吴中伟,2003)和《新实用汉语课本》(刘珣,2003)为参考,在教学项目的出现顺序和处理上突出科学性。

1. 词汇

本教材一方面加大输入量,另一方面采取灵活弹性的方式处理词汇教学。主课课文生词要求掌握。阅读理解部分和听力课本的生词尽量依照语素教学原则和语义场、词义联想原则出现,不要求掌握。

2. 语音

入门阶段的教学目标是让学生在较短时间内掌握汉语语音系统的全貌,并避免这一阶段密集的语音学习造成的疲劳感。本教材在语音入门阶段采取几种方法完成上述任务:首先让学习者先接触几种基本句式,以满足初学者特别强烈的表达和交际欲望,激发他们的学习兴趣;其次,在语音练习中出现一部分语音形式表达的意义,减少语音练习的机械性;再次,以音节为单位进行教学,让学生通过音节学习声、韵母。

3. 语法

适当简化和调整了教学语法项目。主要表现在以下几个方面:第一,将一些语法点分别融入词汇教学或注释点中;第二,表达同一语义的不同句式,只教最常用的;第三,将汉语本体和习得研究成果应用于教材编写;第四,一些语法难点分散处理;第五,尽量使用格式和功能表述来取代语法术语;第六,针对一些有相互联系或难度大的语法点,在复习课中对语法进行归纳总结。

(二)贯穿汉泰对比,突出针对性

本教材将汉泰对比分析的成果应用到课程安排和内容的各个层面。

1. 语音

在语音入门阶段,尽量利用泰语中与汉语发音近似的音、调来指导学生,使学生在短时间内对汉语语音系统有整体的把握;而在后语音阶段,针对泰国学习者在声、韵、调方面的发音难点进行强化训练,通过大量的辨音、发音练习使其克服母语负迁移的影响。

2. 词汇

本教材增设"重点词汇和固定表达法(重点句型和词汇)"讲解部分,将一些具有语法意义的虚词和一些常用的难词或词组归入这一部分。本教材对具有语法意义的重要虚词的处理,具体采取以下几个方法:完全对应或泰语多对汉语一的,不讲少练;汉语有而泰语没有的,集中讲练;汉语多对应泰语一或义项内涵有区别的,先分散各个重点讲练,再归纳总结、集中复习。

同时,针对汉语中一些常用的容易混淆的难词或词组,本教材也安排了详细的语义和语用讲解,并强化操练。

3. 语法

我们提出"以句式为单位,适当调整教学语法序列和训练重点,以语序对比为纲,先归纳后演义"的教学语法体系。

教材的第Ⅰ、Ⅱ册,采取逐词对译和语法格式一起出现的形式;其后,基本使用语法格式,但在一些语法难点中仍然保持逐词对译。在语法讲解方面,完全对应的不再做进一步讲解,语序完全或部分相反的重点讲解其相反的规律。

随着教学的深入,泰语中没有的语法项目、泰语中有但与汉语有很大区别或区别不大却难以掌握的语法规则将不断增加。因此,本教材采取先归纳后演绎的方式来引进和讲解语法概念和规则。

4. 文化教学

本教材依照文化互动综合模式来进行文化教学。具体的做法是,在词汇上选择能体现泰国特色并将文化对比贯穿到情景和交际功能的安排、课文内容以及练习和课堂活动中。

二、使用说明

本教材共分四册。第Ⅰ、Ⅱ册以结构为纲,结合功能与文化;第Ⅲ、Ⅳ册在兼顾语言结构和功能学习的前提下,由日常交际活动逐渐向话题讨论过渡。

本教材由《课本》和与其平行的《练习》两部分组成:

《课本》是主教材,具体内容包括:"主课"、"会话练习"和"听力文本",第Ⅰ册的一至十课还包括"语音"。主课又包括"课文"、"生词语"和"专名"、"注释"、"重点词汇和固定表达法"(重点句型和词汇)、句式。逢五和十课为复习课,主课内容还包括"语法总结"。Ⅰ、Ⅱ册课文全部以对话形式出现(复习课除外);第Ⅲ册以对话为主,穿插部分短文;第Ⅳ册以对话和短文相结合。在后两册中适当加入少量书面语成分。"会话练习"包括"读对话"(第Ⅰ册的一至十课为"主要句型"和"完成会话")和"表达训练"。

《练习》与《课本》平行配套,使用者可根据具体情况选择在课堂上或课后使用。内容包括"词汇及语法练习"、"听力练习"和"读写练习"(第Ⅰ册包括"写汉字"、"阅读理解"和"写作",其余三册为"阅读理解"和"写作")。

本教材的生词语采用繁体字和简体字对照排列,其他部分只用简体字。

(一)《课本》使用说明

"主课"承担了主要的语音、词汇及语法教学,一般需三个课时完成一课。前三册教学应侧重于对对话和短文的复述,第Ⅳ册则侧重于引导学生就话题进行讨论和成段表达。主课必须与《练习》的"词汇及语法练习"一起配合使用,方能达到理想的教学效果。

"会话练习"承担了本教材的口语教学。根据具体情况可安排一至二个学时在课堂上完成。

"听力文本"是《练习》中"听力练习"的文本,供教师和学生参考用。

(二)《练习》使用说明

"词汇及语法练习"与《课本》配合使用,教师可根据具体情况安排课堂和课后练习的比重。本教材的练习量较大,基本完成所有练习需要两三个课时。

"听力练习"是本教材的听力教学部分,两个课时完成一课(第Ⅰ册一至十课语音部分一个课时完成一课)。听力练习分为精听和泛听两部分。前者与主课的语音、词汇、语法以及会话部分的功能教学配套,不出现生词语;后者相对独立,有生词语。

"读写练习"一般可作为课后作业布置给学生。这部分的练习与重点教授的语法点、词汇以及功能相关,着重培养学生的阅读能力和成段表达能力。"阅读理解"部分也可作为单独设置的阅读课教材,一个课时完成。

(三)第Ⅰ册一至十课的《课本》使用说明

本部分为语音入门阶段,学习要求主要集中在语音方面,语音练习中出现的词义解释,目的只是减少枯燥性,不要求学生掌握。会话中出现的基本句式要求学生基本会认会说,不要求会写。这一阶段出现的句式基本与泰语一致,因此不做特别训练。带"*"的词汇要求掌握,重点词汇和注释也不做特别训练。汉字除列出的部分外,其他不要求掌握。

人物表

王美：在泰国教汉语的中国老师。陈老师是她的男朋友。

何娜：在北京学中国历史的泰国学生。

林小平：何娜的男朋友，在北京学过汉语，现在在曼谷当导游。

林小云：林小平的妹妹，在泰国的大学中文系一年级学习汉语。王美是她的老师。

明月：马来西亚人，何娜的同屋，在北京学汉语。

林先生：林小平和林小云的父亲，是华侨，会说汉语。他的公司常常跟中国做生意。

林太太：林小平和林小云的母亲，泰国人，只会说一点儿汉语。

甘雅：林小平的朋友，后来也成为王美的朋友。专业是汉语，现在当记者。

林大海：林小平的叔叔，生于北京，在中国银行工作。

李力：在北京学泰语的中国学生，何娜的朋友。

丹：林小云的朋友，大学生，会汉语，有时也当导游。

大为：王美的学生，小云的同学。

第一课　这是皮的吗

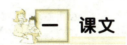

　　王美、甘雅和林小云在买东西

王　美：这件白衬衣好看吗？

甘　雅：我觉得那件蓝的更好看。

王　美：我的衬衣已经太多了，但我缺一双上班穿的鞋。

林小云：王老师，您应该买这双样式新一点儿的。上班可以穿，参加晚会也可以穿。

王　美：好啊，我试试。这双小了，有大一点儿的吗？

林小云：有，这双大一点儿。

　　（王美穿鞋子）

甘　雅：我觉得这个样式不错，不过颜色不太适合你，太深了。有浅一点儿的吗？

林小云：……有，王老师，您试试这双。

　　（王美穿鞋子）

王　美：你摸摸，这是皮的吗？我怎么觉得不太舒服？

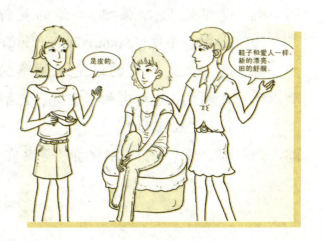

泰国人学汉语 III

林小云：是皮的。

甘　雅：鞋子和爱人一样，新的漂亮，旧的舒服。

生词语

1.	衬衣(襯衣)	（名）	chènyī	เสื้อเชิ้ต
2.	蓝(藍)	（形）	lán	สีฟ้า สีน้ำเงิน
3.	缺(缺)	（动）	quē	ขาด
4.	鞋(子)(鞋(子))	（名）	xié(zi)	รองเท้า
5.	样式（樣式）	（名）	yàngshì	รูปแบบ แบบ
6.	试（試）	（动）	shì	ลอง
7.	颜色(顏色)	（名）	yánsè	สี สีสรรค์
8.	适合(適合)	（动）	shìhé	เหมาะสม
9.	深(深)	（形）	shēn	(สี)เข้ม
10.	浅(淺)	（形）	qiǎn	(สี)อ่อน
11.	摸(摸)	（动）	mō	ลูบ
12.	皮(皮)	（名）	pí	หนัง
13.	爱人(愛人)	（名）	àiren	คู่รัก คนรัก

何娜和明月在北京给林小平买生日礼物

明　月：小平最喜欢什么？

何　娜：他对什么都无所谓。问他，他就说："随便吧。"

明　月：你没有主意吗？

何　娜：没想好呢，随便吧，合适的就行。

(何娜拿起一个皮包/ เหอน่าหยิบกระเป๋าหนังขึ้นมา)

何　娜：这个包是真皮的还是人造革的？

明　月：我闻闻，是真皮的。哎呀，你看看价格，五百块！

何　娜：那么贵？问问售货员，能便宜一点儿吗？

（她们问售货员）

售货员：这个包是手工做的，所以那么贵。

何　娜：手工做的？谢谢你。

（何娜拉着明月离开了商店／เธอน่าลากหมิงเยวี่ยออกจากร้าน）

明　月：你不买了？

何　娜：我要送他一件礼物，不是买的，是我自己做的。我想给他织一件毛衣。

明　月：那真是最特别的礼物。

生词语

1.	最(最)	（副）	zuì	ที่สุด
2.	无所谓(無所謂)	（动）	wúsuǒwèi	อย่างไรก็ได้ ยังไงก็ได้
3.	随便(隨便)	（形）	suíbiàn	ตามสบาย ตามสะดวก แล้วแต่สะดวก
4.	主意(主意)	（名）	zhǔyi	ความเห็น ข้อคิดเห็น
5.	真(眞)	（形）	zhēn	แท้ ไม่ปลอม
6.	人造(人造)	（形）	rénzào	เทียม
7.	闻(聞)	（动）	wén	ดม
8.	价格(價格)	（名）	jiàgé	ราคา
9.	售货员(售貨員)	（名）	shòuhuòyuán	พนักงานขาย
10.	手工(手工)	（名）	shǒugōng	งานฝีมือ หัตถกรรม
11.	织(織)	（动）	zhī	ถัก ทอ
12.	毛衣(毛衣)	（名）	máoyī	เสื้อไหมพรม

 二　注释

1. 有浅一点儿的吗？（มีสีอ่อนหน่อยไหม）
2. A 和 B 一样（A และ B เหมือนกัน／A เหมือนกับ B）
3. 对什么都无所谓（อะไรก็ได้ อย่างไรก็ได้ อะไรๆก็อย่างไรก็ได้）
4. 随便

　　(1) 当有人询问你的选择而你又没有特别的想法时，可以用"随便"或"无所谓"来回答。（เมื่อมีคนสอบถามการเลือกของคุณ แต่คุณไม่มีความคิดเห็นเป็นพิเศษ สามารถตอบว่า "随便" หรือ

"无所谓")

A：你想吃什么？

B：随便。／无所谓。

(2) "随+Pr+的便"

根据Pr的意见来决定。(ตกลงตามความคิดเห็นของ Pr)

A：我们去哪里玩？

B：随你的便。

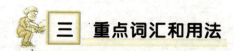
三　重点词汇和用法

1. "的"字结构 (วลีโครงสร้าง "的")

   (1) N/Pr+的

   这本书是我的。＝ 这本书是我的(书)。

   蓝色的更好看。＝ 蓝色的(衬衣)更好看。

   这双鞋子是皮的吗？＝ 这双鞋子是皮的(鞋)吗？

   (2) adj.+的

   新的漂亮。＝ 新的(鞋子)漂亮。

   旧的舒服。＝ 旧的(鞋子)舒服。

   (3) (S)V+的

   买的不好吃。＝ 买的(东西)不好吃。

   我爱吃妈妈做的。＝ 我爱吃妈妈做的(东西)。

2. "更+adj."

   这件蓝色的衬衣更好看。

   妈妈很忙，爸爸更忙。

   今天很热，明天更热。

3. "adj.+一点儿"

   这个结构一般用于表示比较、请求和要求的句子。(โครงสร้างนี้โดยทั่วไปใช้กับประโยคแสดงการเปรียบเทียบ ขอร้อง หรือเรียกร้อง)

   那件颜色浅一点儿。

   昨天凉快一点儿。

   请说得慢一点儿。

你应该早一点儿睡觉。

在第二册我们学过"有点儿+adj.",用于描述情况和状态,表示不满意。这两个结构翻在泰语中用同一种表达方式,但是在汉语中不能互换。请比较:(ในเล่มที่ 2 พวกเราเคยศึกษา "有点儿+ adj." ซึ่งเป็นโครงสร้างที่ใช้บรรยายสถานการณ์และสภาพ โดยแสดงถึงความไม่พอใจ ทั้งสองโครงสร้างนี้เมื่อแปลเป็นภาษาไทยจะเหมือนกัน แต่ในภาษาจีนใช้แทนกันไม่ได้ ขอให้ลองเปรียบเทียบ)

有点儿+adj.	adj.+一点儿
今天有点儿热。	昨天凉快一点儿。(跟昨天比较/เปรียบเทียบกับเมื่อวาน)
那个颜色有点儿深。	这个颜色浅一点儿。 (跟"那个颜色"比较/เปรียบเทียบกับ "สีนั้น")
你睡得有点儿晚。	应该早一点儿睡。(要求/เรียกร้อง)
你说得有点儿快。	请说得慢一点儿。(请求/ขอร้อง)

4. 合适 VS 适合

"合适"是形容词,常常用在"S+adv.+合适"句;"适合"是动词,常常用在"S+适合+O"句:

这双鞋不大不小,很合适。→ 这双鞋很适合你。

这本书对我很合适。→ 这本书适合泰国学生。

5. 给

(1) 动词

妈妈给我十块钱。

老师给我一本书。

(2) 介词

to

我给你打电话。(=我打电话给你。)

他给我写电子邮件。(=他写电子邮件给我。)

for

我想给他织一件毛衣。(不能说"我想织一件毛衣给他"。)

爸爸给我们做饭。(不能说"爸爸做饭给我们"。)

四 句式

1. 带"的"字结构的句子 (ประโยคที่ใช้มีวลีโครงสร้าง "的")

(1) "的"字结构 + P

真皮的　　很贵

```
    新的        漂亮
    买的        不好吃
    自己做的    好吃
```
(2) S ＋ V ＋"的"字结构
```
    我   买      样式新一点的
    他   不喜欢  白的
```

2. 表归类的"是"字句 (ประโยคคำ "是" ที่ใช้แสดงการจัดประเภท)
```
这/那 ＋量 ＋名词   ＋是 ＋ "的"字结构
 这    件   衬衣     是   蓝色的
 那    个   包       是   手工做的
 这    双   鞋       是   新的
 这    本   书       是   我的
 那    台   电视机   是   日本的
```

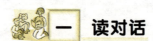 一 读对话

1. 颜色、性质和形状 (สี คุณสมบัติและรูปร่างลักษณะ)

(1) A：每次念字母，我都能看到它们的颜色。

B：真的？太奇怪了。A 是什么颜色的？

A：深红色的。

B：I 是什么颜色的？

A：浅蓝色的。

(2) A：今天小云穿得很漂亮。

B：真的吗？她穿什么？

A：她的衬衣是白的，裙子是花的，鞋子是红的。

(3) A：你的包是真皮的吗？

B：不是真皮的，是人造革的。

A：你的衬衣是人造丝的吗？
　　　B：不是，是真丝的。
（4）A：这件衬衣很好看。是棉的吗？
　　　B：是的，我只穿纯棉的。
　　　A：那你的毛衣都是纯毛的吧？
　　　B：对啊，都是毛的。
（5）A：你家的饭桌是圆的还是方的？
　　　B：是圆的。
　　　A：是大的还是小的？
　　　B：是大的，我们家有六口人。
（6）A：我要去参加晚会，借你的裙子穿穿，行吗？
　　　B：行啊，你要长的还是短的？
　　　A：我想穿长的。

生词语

1.	字母(字母)	（名）	zìmǔ	ตัวอักษร
2.	丝(絲)	（名）	sī	ไหม
3.	纯(純)	（形）	chún	บริสุทธิ์
4.	棉(棉)	（名）	mián	ฝ้าย
5.	毛(毛)	（名）	máo	ขน
6.	圆(圓)	（形）	yuán	กลม
7.	方(方)	（形）	fāng	เหลี่ยม
8.	短(短)	（形）	duǎn	สั้น

2. 不在乎 (ไม่สนใจ ไม่แคร์)

（1）A：你想穿白的还是穿黑的？
　　　B：无所谓。
　　　A：你什么都无所谓。
　　　B：我觉得什么颜色都可以，没关系。
（2）A：我们晚上吃什么？
　　　B：随便吧。
　　　A：不能随便，有客人来。
　　　B：那就随他们的便。

二 表达训练

1. 四个同学一组,在组里用以下生词和"的"字结构互相提问和回答。
   (1) 白色 蓝色 黑色 绿色 红色
   (2) 方 圆 长 短 厚 薄
   (3) 皮 棉 丝 毛
   (4) 手工做 买 送 自己做

2. 四个同学一组,每人选一个明星或同学,用几个带"的"字结构的句子描述他(她),其他同学猜猜这个人是谁。

第二课　就买又小又薄的

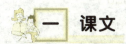

　　文静是刚从泰国到北京留学的新同学,她在学校附近租了一个房间。这天,李力、何娜带她去商店买电视

文　静：这台电视机多大？
李　力：这台电视是二十一寸的,你的房间不大,买十七寸的就可以了。
何　娜：我记得我们家第一台电视就是十七寸的,还是黑白的。
文　静：我家的电视都是彩色的。不过,我想买一台黑白的。
李　力：为什么？
文　静：你喜欢什么相片,彩色的还是黑白的？
李　力：我明白了,相片你喜欢黑白的,所以电视也想看黑白的,可是现在的电视没有黑白的了。
文　静：那就买这台吧。(文静看到另外一种电器/เหวินจิ้งมองเห็นเครื่องใช้ไฟฟ้าอีกประเภทหนึ่ง) 这个机器是做什么的？
何　娜：这个机器是看 VCD 和 DVD 的。

你不知道吗？

文　静：我平时用电脑看VCD和DVD。

李　力：中国生产的DVD机质量都不错，价格也很低。跟电脑相比，DVD机好用得多。

文　静：好啊，我的房间小，就买又小又薄的。

何　娜：李力，说明书都是中文的，有的地方我们看不懂。

李　力：没关系，有什么不懂的我可以给你们解释。

生词语

1.	又…又…(又…又…)		yòu...yòu...	ทั้ง....ทั้ง....
2.	薄(薄)	(形)	báo	บาง
3.	寸(寸)	(量)	cùn	[หน่วยความยาว] นิ้ว
4.	黑白(黑白)	(形)	hēibái	ขาวดำ
5.	彩色(彩色)	(形)	cǎisè	ส สีสรรค์
6.	相片(相片)	(名)	xiàngpiàn	รูปถ่าย
7.	机器(機器)	(名)	jīqì	เครื่องจักร เครื่องจักรกล เครื่องใช้ไฟฟ้า
8.	生产(生產)	(动)	shēngchǎn	กำเนิด ผลิต
9.	质量(質量)	(名)	zhìliàng	คุณภาพ
10.	跟…相比(跟…相比)		gēn...xiāngbǐ	เปรียบเทียบกับ..... เทียบกับ..
11.	好用(好用)	(形)	hǎoyòng	ใช้ดี ใช้ง่าย ใช้สะดวก
12.	说明(說明)	(动)	shuōmíng	อธิบาย(บอกวิธีการใช้เพื่อใช้เป็นคู่มือ)
13.	有的(有的)	(代)	yǒude	บาง....
14.	解释(解釋)	(动)	jiěshì	อธิบาย(เพื่อให้เข้าใจ)

在林家，王美正在房间里用笔记本电脑工作，林太太进来了

林太太：来，休息一下儿，吃一口我包的包子。里面包的是猪肉和白菜，不知道你爱吃不爱吃。

王　美：您包的我就爱吃。

林太太：你的嘴真甜……味道怎么样？

王　美：好吃！我妈包的包子都有点儿咸，您包的淡一点儿，正合适。

林太太：你的电脑很小啊,小平和小云的电脑都是大的。

王　美：这是笔记本电脑。

林太太：跟其他电脑比,笔记本电脑价格更高、质量也更好,对吗?

王　美：笔记本电脑有点儿贵,质量却不一定更好。

林太太：你的电脑是最新的吗?

王　美：不。我姐姐是电脑工程师,她常常换电脑,这台电脑是她不要的。

林太太：哦,这台电脑是旧的。那你姐姐现在用的是什么电脑?

王　美：我也不懂,反正她用的一定是最新的、最好的。

林太太：她工资一定也很高吧?

王　美：跟我比,她肯定富一点儿。

生词语

1.	口(口)	(量)	kǒu	[ลักษณนาม] คำ
2.	包(包)	(动)	bāo	ห่อ
3.	包子(包子)	(名)	bāozi	ซาลาเปา
4.	里面(裏面)	(名)	lǐmian	ด้านใน ข้างใน
5.	白菜(白菜)	(名)	báicài	ผักกาดขาว
6.	嘴(嘴)	(名)	zuǐ	ปาก
7.	甜(甜)	(形)	tián	หวาน
8.	味道(味道)	(名)	wèidao	รสชาติ
9.	咸(咸)	(形)	xián	เค็ม
10.	淡(淡)	(形)	dàn	จืด
11.	正(正)	(副)	zhèng	พอดี กำลัง...(อยู่)
12.	笔记本(筆記本)	(名)	bǐjìběn	สมุดจด สมุดโน้ต(notebook)
13.	其他(其他)	(代)	qítā	อื่นๆ
14.	却(卻)	(连)	què	กลับ
15.	工程师(工程師)	(名)	gōngchéngshī	วิศวกร

16. 反正(反正)	(副)	fǎnzhèng	อย่างไรก็ตาม
17. 工资(工資)	(名)	gōngzī	ค่าแรง ค่าจ้างแรงงาน
18. 富(富)	(形)	fù	รวย ร่ำรวย

二 注释

1. 面=边

   里面、外面、上面、下面、北面、南面、东面、西面……

2. 这个机器是做什么的？

   =这个机器有什么用？

3. 嘴真甜

   指人很会说话,说的话让听的人很高兴。(หมายถึงคนพูดเก่ง มีวาทศิลป์ พูดแล้วทำให้ผู้ฟังรู้สึกดีอกดีใจ)

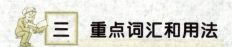

三 重点词汇和用法

1. "跟 A(相)比，B……"

   "跟……相比"要放在句子前边,用来比较 A 和 B,后面的句子常常带"更"。(โครงสร้างนี้ต้องวางอยู่หน้าประโยคหลัก เพื่อใช้เปรียบเทียบ A กับ B ประโยคที่อยู่ข้างหลังมักจะมีคำว่า "更" อยู่ด้วย)

   跟北京相比,曼谷的寺庙更多。

   跟昨天比,今天凉快得很。

   跟中国人比,泰国人更温和(อบอุ่น เป็นมิตร)。

2. "又 adj. 又 adj."

   又大又舒服　又便宜又好吃　又高又胖　又方便又快

3. "却"

   如果后句的主语与前句不同,"却"一定要放在主语后边,"可是"、"不过"和"但是"要放在主语前边。(ถ้าหากประธานในประโยคหลังกับประธานในประโยคหน้าต่างกัน คำว่า "却" จะต้องวางไว้หลังประธาน ส่วนคำว่า "可是" "不过"และ "但是" จะต้องวางไว้หน้าประธาน)

   (1) 笔记本电脑有点儿贵,质量却不一定更好。

   　　笔记本电脑有点儿贵,但是(可是/不过)质量不一定更好。

(2) 姐姐喜欢,哥哥却不喜欢。

姐姐喜欢,但是(可是/不过)哥哥不喜欢。

"却"可以跟"但是/可是/不过"合用。(คำว่า "却" สามารถใช้ร่วมกับคำว่า "但是/可是/不过")

笔记本电脑有点儿贵,但是质量却不一定更好。

我很想去,可是却没有空。

4 "不一定 A"

A 的可能性不大。(ความเป็นไปได้ของ A ไม่มาก)

我看他不一定来。

明天不一定下雨。

5 "的"字结构

更多例子:(ตัวอย่างเพิ่มเติม)

(1) N/Pr+的

第一台电视是十七寸的。(= 第一台电视是十七寸的电视。)

黑白的没有了。= (黑白的电视没有了。)

(2) adj.+的

我买又小又薄的。= (我买又小又薄的电视。)

他们的电脑都是大的。= (他们的电脑都是大的电脑。)

(3) (S)V+的

这个机器是看 VCD 和 DVD 的。= (这个机器是看 VCD 和 DVD 的机器。)

有什么不懂的,我可以给你们解释。= (有什么不懂的地方,我可以给你们解释。)

这电脑是她不要的。= (这电脑是她不要的电脑。)

6 "adj.+一点儿"

更多比较:(การเปรียบเทียบเพิ่มเติม)

有点儿+adj.	adj.+一点儿
我妈妈包的包子有点儿咸;	您包的淡一点儿。
我的工资有点儿低;	姐姐的工资高一点儿。
他解释得有点儿不清楚;	请你解释得清楚一点儿。
这个电视有点儿旧;	我想买一台新一点儿的。

# 会话练习

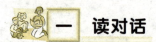## 一 读对话

1. 型号、功能、用途 (สเปครุ่น ฟังก์ชั่นการทำงาน ประโยชน์ใช้สอย)

(1) A：这空调是多少匹的？

B：是 1.5 匹的。

A：我有两个房间，一个是 15 平米的，一个是 10 平米的，空调要买多大的？

B：15 平米的房间可以用 1 匹的，10 平米的用 3/4 匹的。

(2) A：你家的冰箱和洗衣机都特别大。

B：是啊，我家人多。

A：冰箱多大？

B：是 600 立升的。

A：洗衣机呢？

B：洗衣机是 10 公斤的。

(3) A：这个小房间有什么用？

B：可以放东西。

A：这个大瓶子是做什么的？

B：就是看的，你不觉得它很好看吗？

(4) A：这种酱是做什么菜的？

B：这是虾酱，很多泰国菜都用它。

A：这种油是吃的还是用的？

B：这是药油。一般是外用的，有时也可以跟水一起喝一点儿。

A：这种药油治什么病？

B：各种各样的小病。

生词语

1. 空调(空調)　　　　　(名)　　　　kōngtiáo　　　　เครื่องปรับอากาศ

2. 匹(匹)　　　　　　(量)　　　　pǐ　　　　　　[หน่วยวัดไฟฟ้า] แอมแปร์

3.	平米(平米)	（量）	píngmǐ	ตารางเมตร
4.	X 分之 X(X 分之 X)		...fēnzhī...	เศษYส่วนX Y ใน X
5.	冰箱(冰箱)	（名）	bīngxiāng	ตู้เย็น
6.	立升(立升)	（量）	lìshēng	[หน่วยความจุ] ลิตร คิว
7.	酱(醬)	（名）	jiàng	ของที่กวนจนกือบแห้งเช่น น้ำพริกซอสข้น แยม เป็นต้น
8.	虾酱(蝦醬)	（名）	xiājiàng	กะปิ
9.	治(治)	（动）	zhì	รักษา(โรค)
10.	各种各样(各種各樣)		gèzhǒng-gèyàng	ทุกอย่าง สารพัด

2 比较 (เปรียบเทียบ)

(1) A：小天真高啊。

　　B：对，不过跟他哥哥比，他还不太高。

　　A：什么？他哥哥更高？

(2) A：这里有三张相片，你最喜欢哪张？

　　B：我喜欢这两张黑白的。

　　A：我最喜欢这张彩色的。我觉得跟黑白相片比，彩色照片更真实。

(3) A：这盏灯有点儿暗。

　　B：那盏灯亮一点儿。

　　A：我们用那盏吧。

(4) A：我去欧洲好还是去亚洲好？

　　B：欧洲生活好一点儿。

　　A：可是欧洲跟美国一样，都是西方国家。

　　B：也对，亚洲国家有意思一点儿。

生词语

1.	盏(盞)	（量）	zhǎn	[ลักษณนาม] ดวง
2.	灯(燈)	（名）	dēng	หลอดไฟ
3.	暗(闇)	（形）	àn	มืด
4.	亮(亮)	（形）	liàng	สว่าง
5.	欧洲(歐洲)	（名）	Ōuzhōu	ทวีปยุโรป
6.	亚洲(亞洲)	（名）	Yàzhōu	ทวีปเอเชีย

二 表达训练

1. 每个同学回家把家里的空调、电冰箱、电视机、洗衣机和电脑的型号写下来,四人一个小组,互相介绍。注意使用"的"字结构。
2. 四个同学一组,每组写一段对话,一定要用"有点儿/一点儿/更/跟……相比/跟……一样"。
3. 假设有一个2000年以前的人坐时光机器来到了地球,请你们给他介绍一下空调、电冰箱、洗衣机、热水器和汽车的功能或用途。

第三课　这里的房间比我们宿舍大

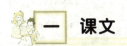

一天，文静跟何娜、明月商量租房子的事情

明　月：这个房间比我们宿舍大，你为什么要走？

文　静：这里住的全是泰国学生，整天都讲泰语。

何　娜：对，这里的语言环境没有宿舍好。

明　月：你想住宿舍还是到外边租房子？

文　静：外边的房子比宿舍便宜，语言环境比宿舍好，可是没有宿舍安全。

何　娜：学校附近有两座居民楼，管理得很严格，外人不得随便进出，比宿舍安全。

（另一天，她们一起跟房屋中介去小区看了两处房子，都在同一座楼里／อีกวันหนึ่ง พวกเขาไปชุมชนเล็กๆพร้อมกับเอเยนต์หาห้องพัก ได้ห้องพักสองที่ ซึ่งอยู่ในตึกเดียวกัน）

中　介：这个房间比下面的房间小，比那个房间便宜，那里没有这里安静。

明　月：高层的空气和光线比低层好。

何　娜：但是高层没有低层方便,而且晚上还得爬楼梯。
文　静：爬楼梯也是一种锻炼。请问,厨房可以炒菜吗?
中　介：当然可以。可是有几条规定:第一,晚上十二点以后要保持安静;第二,禁止在房间内吸烟;第三,不得改变房间的布置。
文　静：我看没问题,就租这间吧。

生词语

1.	全(全)	(副)	quán	ทั้งหมด ล้วน ตลอดทั้ง(วัน)
2.	语言(語言)	(名)	yǔyán	ภาษา
3.	环境(環境)	(名)	huánjìng	สภาพแวดล้อม
4.	座(座)	(量)	zuò	[ลักษณนาม] (ตึก)หลัง
5.	居民(居民)	(名)	jūmín	ผู้พักอาศัย
6.	管理(管理)	(动)	guǎnlǐ	ควบคุม ดูแล
7.	严格(嚴格)	(形)	yángé	เคร่งครัด
8.	不得(不得)		bùdé	ไม่อาจ... ไม่สามารถ...
9.	空气(空氣)	(名)	kōngqì	อากาศ
10.	光线(光綫)	(名)	guāngxiàn	แสงสว่าง
11.	而且(而且)	(连)	érqiě	อีกทั้ง นอกจากนี้
12.	爬(爬)	(动)	pá	ปีน
13.	楼梯(樓梯)	(名)	lóutī	บันได
14.	厨房(廚房)	(名)	chúfáng	ห้องครัว
15.	炒(炒)	(动)	chǎo	ผัด
16.	保持(保持)	(动)	bǎochí	รักษา คงไว้
17.	禁止(禁止)	(动)	jìnzhǐ	ห้าม
18.	内(内)	(名)	nèi	ใน
19.	改变(改變)	(动)	gǎibiàn	เปลี่ยนแปลง
20.	布置(布置)	(名)	bùzhì	การตกแต่ง ประดับ

林小云去了一次北京,这是她写的一篇关于北京和曼谷的作文

首都北京

  5月的北京已经开始热了。路两边的花和树没有曼谷的多,但是北京的路比曼谷的宽,而且每条路都是直的,向南、向北、向东或者向西。

  北京跟曼谷一样,高楼很多,不过楼和楼之间的距离比曼谷的远,所以没有曼谷拥挤;北京的交通也没有曼谷拥挤,但是上下班时间还是常常堵车。所有的大城市都差不多吧。

  北京是一个干燥的城市,不但因为它的气候比别的地方干燥,而且因为它是一个没有河的城市。不过,北京西边有山,那儿比城市里凉快,空气也更好。

  北京是一个又现代又古老的城市,而且越来越现代,这样好吗?外国人常常更喜欢传统和古老的东西,这真是一件有趣的事。

生词语

1. 首都(首都)　　(名)　　shǒudū　　เมืองหลวง
2. 树(樹)　　　　(名)　　shù　　　ต้นไม้
3. 宽(寬)　　　　(形)　　kuān　　กว้าง
4. 直(直)　　　　(形)　　zhí　　　เป็นแนวตรง ตรง
5. 之间(之間)　　　　　　zhījiān　ระหว่าง
6. 距离(距離)　　(名)　　jùlí　　　ระยะห่าง
7. 拥挤(擁擠)　　(形)　　yōngjǐ　　แออัด
8. 交通(交通)　　(名)　　jiāotōng　จราจร การคมนาคม
9. 所有(所有)　　(形)　　suǒyǒu　ทั้งหมด
10. 城市(城市)　　(名)　　chéngshì　เมือง นคร

11.	干燥(干燥)	（形）	gānzào	แห้ง แห้งผาก
12.	不但…而且…(不但…而且…)		búdàn...érqiě...	ไม่เพียงแต่... อีกทั้ง....
13.	现代(现代)	（形）	xiàndài	ทันสมัย ตามยุคสมัยปัจจุบัน
14.	古老(古老)	（形）	gǔlǎo	โบราณ เก่าแก่

 二 注释

北京一些高层居民楼里的电梯有专人管理。午夜以后,有的地方电梯管理员下班,电梯也停止运行。因此,午夜以后回家的居民常常就要爬楼梯。(ลิฟท์ภายในอาคารที่พักอาศัยสูงๆ หลายแห่งในปักกิ่งมีพนักงานดูแลโดยเฉพาะ หลังเที่ยงคืนเมื่อพนักงานคุมลิฟท์เลิกงาน ลิฟท์ก็หยุดทำงานด้วย ด้วยเหตุนี้ ผู้พักอาศัยที่กลับบ้านหลังเที่ยงคืน มักจะต้องปีนบันไดขึ้นไป)

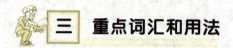 三 重点词汇和用法

1 "全"

(1) 全+V

他们班全是亚洲人。

朋友们全来了。

(2) 全+N

　全校　全班　全年　全天　全国

2 "而且"

连接形容词或小句。(เชื่อมคำคุณศัพท์หรืออนุประโยค)

她很聪明,而且很漂亮。

她聪明而且漂亮。

北京的路比曼谷的宽,而且每条路都很直。

3 "不但……而且……"

他不但会说汉语,而且会说英语。

她不但是我们的老师,而且是我们的朋友。

那里不但很热,而且很干燥。

他不但做完了,而且做得很好。

四 句式

比较句之一

1 "比"字句

A	+ 比 B	+ adj.
租的房子	比宿舍	便宜
高层的空气	比低层(的)	好
北京的路	比曼谷(的)	宽
那里	比城市里	凉快

2 "没有"句

B	+ 没有 A	+ adj./V
宿舍	没有租的房子	便宜
低层的空气	没有高层(的)	好
曼谷的路	没有北京(的)	宽
城市里	没有那里	凉快

会话练习

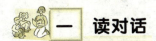

一 读对话

■ **制止和禁止** (ห้ามปรามหรือสั่งห้าม)

(1) A：这里不准照相。

　　B：对不起，我不知道。

(2) A：你看不懂那几个汉字吗？禁止吸烟！

　　B：好了，好了，我不吸了。

(3) A：小强，不要看别人的，自己做。

　　B：老师，现在是做作业，不是考试。

　　A：你什么时候都别看别人的。

(4) A：你怎么吃东西呢？
　　B：我饿了！
　　A：地铁里不准吃东西，你不知道吗？
　　B：公共汽车上可以吃，为什么地铁里不许吃？

(5) A：小亮，我们在喝酒呢，你也出来吧。
　　B：不行，我爸爸妈妈不准我晚上九点以后出门。
　　A：那就没办法了。
　　B：你也少喝一点儿。

(6) A：他们又开晚会了，真讨厌。
　　B：是啊，声音那么大，他们不知道十点以后不得大声喧哗吗？
　　A：他们才不管那些规定。

(7) A：这短裙很漂亮，买一条吧。
　　B：不行，不能穿。
　　A：为什么？
　　B：学校不准穿短裙。

(8) A：喝咖啡吗？
　　B：不，医生不许我喝咖啡。
　　A：茶可以喝吗？
　　B：可以，但是要少喝一点儿。

生词语

1. 地铁(地鐵)	（名）	dìtiě		รถไฟใต้ดิน
2. 不准(不准)		bùzhǔn		ไม่อนุญาต
3. 不许(不許)		bùxǔ		ไม่อนุญาต
4. 讨厌(討厭)	（形）	tǎoyàn		น่าเกลียด น่ารังเกียจ ทุเรศ
5. 声音(聲音)	（名）	shēngyīn		เสียง
6. 大声喧哗(大聲喧嘩)		dàshēng xuānhuá		ตะโกนโหวกเหวก ส่งเสียงดัง

二 表达训练

1. 两个同学一组,模仿上面的对话,谈谈在你们的小学、中学、大学及你的家庭里不能做什么?
2. 四个同学一个小组,每个同学分别扮演老师、妈妈、警察和医生,用表示制止和禁止的句子对小组里的其他同学发出命令。

第四课　北方人长得比南方人白

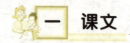

林太太、王美和林小云在家里一起看电视、聊天

林小云：我喜欢韩国电视剧,我觉得里面的女演员都很漂亮。

王　美：是吗？很多韩国女演员的眼睛长得比泰国演员小。

林太太：眼睛大小没关系,一定要长得白。

王　美：在中国,南方人长得比北方人黑。来泰国以后,我才知道很多泰国人也很白。我没有小云长得白。

林太太：在泰国,华侨的后代一般长得比较白。

林小云：也不一定,哥哥多黑啊！

林太太：他老是在外面,所以晒得比别人黑。

王　美：那个女演员长得比其他演员好,演得却没有其他演员好。

林小云：我们班小丽最漂亮,学得却没其他同学好。

王　美：小云不一样,不但很漂亮,

而且汉语也说得比其他人流利。

林小云：那是因为其他同学说汉语的机会没有我多。

林太太：你看，小云学会谦虚了。

王　美：看来，对于中国传统，小云也了解得比其他年轻人深。

生词语

1.	电视剧(電視劇)	（名）	diànshìjù	ละครโทรทัศน์
2.	演员(演員)	（名）	yǎnyuán	นักแสดง
3.	长(長)	（动）	zhǎng	เติบโต (ใช้บอกลักษณะของคนหรือสิ่งมีชีวิต)
4.	北方(北方)	（名）	běifāng	ทางเหนือ
5.	南方(南方)	（名）	nánfāng	ทางใต้
6.	黑(黑)	（形）	hēi	ดำ
7.	后代(後代)	（名）	hòudài	ชนรุ่นหลัง รุ่นลูกรุ่นหลาน
8.	晒(曬)	（动）	shài	ตากแดด
9.	演(演)	（动）	yǎn	แสดง
10.	机会(機會)	（名）	jīhuì	โอกาส
11.	谦虚(謙虛)	（形）	qiānxū	ถ่อมตน
12.	看来(看來)		kànlái	ดูแล้ว ดูๆไป
13.	对于(對於)	（介）	duìyú	เกี่ยวกับ สำหรับ
14.	了解(了解)	（动）	liǎojiě	เข้าใจ
15.	年轻(年輕)	（形）	niánqīng	อายุน้อย หนุ่มสาว

北京人和上海人

　　北京人和上海人有一个相同的地方：都有点儿骄傲，有一点儿看不起外地人。不相同的地方？太多了。

　　关于政治，北京人总是说得比上海人多，因为他们离政治中心比外地人近；关于文化，北京人也常常谈得比外地人深，为什么？看看北京有多少古迹、

有多少大学吧。上海人没有北京人说得那么多,但是有些外国商人更喜欢跟上海人合作,因为上海人做事情做得比北京人仔细、认真。

对于生活,北京人比较随便。他们吃得比上海人粗,穿得没有上海人漂亮,他们的家布置得也比上海人随便。

北京和上海是中国最重要的两个城市,中国人总是在它们之间做比较。可是在这个"地球村"的时代,这种比较慢慢地变得没有意义了,对吗?

生词语

1.	相同(相同)	(形)	xiāngtóng	เหมือนกัน
2.	骄傲(驕傲)	(形)	jiāo'ào	หยิ่ง
3.	看不起(看不起)		kànbuqǐ	ดูถูก
4.	外地人(外地人)	(名)	wàidìrén	คนต่างถิ่น
5.	关于(關於)	(介)	guānyú	เกี่ยวกับ ในด้าน
6.	政治(政治)	(名)	zhèngzhì	การเมือง
7.	中心(中心)	(名)	zhōngxīn	ศูนย์กลาง ใจกลาง
8.	古迹(古跡)	(名)	gǔjì	โบราณสถาน
9.	那么(那么)	(代)	nàme	ถ้าเช่นนั้น
10.	商人(商人)	(名)	shāngrén	พ่อค้า
11.	合作(合作)	(动)	hézuò	ร่วมมือ ร่วมมือกันทำ
12.	仔细(仔細)	(形)	zǐxì	ละเอียด
13.	认真(認真)	(形)	rènzhēn	จริงจัง
14.	生活(生活)	(名)	shēnghuó	การใช้ชีวิต การดำเนินชีวิต
15.	粗(粗)	(形)	cū	ไม่พิถีพิถัน ไม่ปราณีต หยาบ
16.	地球(地球)	(名)	dìqiú	โลก
17.	时代(時代)	(名)	shídài	ยุคสมัย
18.	变得…(變得…)		biànde...	เปลี่ยนเป็น... เปลี่ยนจน...
19.	意义(意義)	(名)	yìyì	ความหมาย

二 注释

看来

放在句子前边,表示根据情况提出自己的看法。(วางไว้หน้าประโยค แสดงว่าเสนอความคิดเห็นของตัวเองโดยอิงตามสภาพการณ์)

三 重点词汇和用法

1. "对于"= "对"

"对于 N,SV",N 是 V 的受动对象。比如在"对于中国传统,小云了解得很深"中,小云"了解得很深"的东西是"中国传统"。("对于 N,SV" N คือตัวถูกกระทำของ V เช่นในประโยค "สำหรับขนบธรรมเนียมประเพณีจีนแล้ว เสี่ยวหยุนเข้าใจได้อย่างลึกซึ้งมาก"สิ่งที่ เสี่ยวหยุน"เข้าใจได้อย่างลึกซึ้งมาก" คือ "ขนบธรรมเนียมประเพณีจีน")

"对于 N"也可以放在 S 后边:("对于 N" ก็สามารถวางไว้หลัง S)

小云对于中国传统了解得很深。

对于这件事情,我们还要再好好商量商量。

华侨对于中国的情况十分关心。

2. "关于"

"关于 N,SV",N 是 V 的范围和题目。比如在"关于政治,北京人说得很多"中,"政治"是"北京人说"的话题。"关于 N"只能放在 S 前边。("关于 N,SV" นั้น "N" คือขอบเขตและหัวเรื่องของ V ตัวอย่างเช่นในประโยค "เรื่องการเมือง ชาวปักกิ่งพูดคุยกันมากมาย" "การเมือง" คือหัวข้อของ "ชาวปักกิ่งพูดคุยกัน" "关于 N" สามารถวางไว้หน้า S เท่านั้น)

关于考试的问题,我去跟学校联系。

关于中国文化,这里有几本好书。

如果 N 既是 V 的对象,又是 V 的范围和题目,用"关于"或"对于"都可以。(ถ้าหาก N เป็นทั้งคู่กระทำของ V และเป็นทั้งขอบเขตกับหัวเรื่องของ V จะใช้ "关于" หรือ "对于" ก็ได้)

关于(对于)这件事情,我们以后再商量。

关于(对于)中国历史,我知道得不多。

 四 句式

比较句(二)

1. 带"得"的"比"字句

(1) S +　　V+得　　+比 B　　+adj.

南方人　长得　　比北方人　黑

北京人　说得　　比上海人　多

(2) S +　　比 B　　　+V+得　+adj.

南方人　比北方人　长得　　黑

北京人　比上海人　说得　　多

2. 带"得"的"没有"句

(1) S +　　V+得　　+比 B　　+adj.

北方人　长得　　没有南方人　黑

上海人　说得　　没有北京人　多

(2) S +　　没有 B　　+V+得　+adj.

北方人　没有南方人　长　得　黑

上海人　没有北京人　说　得　多

 会话练习

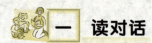 一 读对话

1. 爱

(1) A：你哥哥在看足球呢。

B：他是足球迷。

A：我也爱踢足球。

B：他爱看足球,他不爱踢足球。

(2) A：我觉得在所有老师中,张老师是最好的。

B：当然，因为他最热爱教师工作。

(3) A：你在看什么电视剧呢？

B：《真爱》。

A：我不知道你还对爱情故事感兴趣。

B：是啊，你看这个女的很爱那个男的，可是那个男的却深爱他的初恋情人，他的初恋情人又在跟另一个男的热恋呢。

A：爱情真是有趣啊。

(4) A：我姐姐最近在谈恋爱。

B：你怎么知道？

A：她变得爱漂亮了，而且爱在房间里打电话。

生词语

1.	…迷（…迷）	（名）	…mí	แฟน…
2.	热爱（熱愛）	（动）	rè'ài	ชื่นชอบอย่างมาก รักมั่น
3.	初恋（初戀）	（形）	chūliàn	รักแรก
4.	情人（情人）	（名）	qíngrén	คนรัก
5.	热恋（熱戀）	（动）	rèliàn	รักกันชื่นมื่น รักใคร่
6.	谈恋爱（談戀愛）		tán liàn'ài	มีความรัก

2. 比例 (อัตราส่วน สัดส่วน)

(1) A：中文系女生特别多。

B：是啊，百分之七十都是女生。

(2) A：他吃得真多，一桌菜他吃了三分之二。

B：没那么多，二分之一吧。

(3) A：进度怎么样？

B：已经完成了一大半了。

A：还有一小半？

B：对，还有大概百分之二十。

(4) A：你们同意不同意这个计划？

B：大部分同意，小部分不同意。

A：大部分是多少？小部分是多少

B：大部分是百分之六十，小部分是百分之三十。

A：还有十分之一的人呢？
B：他们说无所谓。

生词语

1.	百分之…（百分之…）		bǎifēnzhī...	ร้อยละ... ...เปอร์เซ็นต์
2.	X分之Y（X分之Y）		...fēnzhī...	เศษ Y ส่วน X Y ใน X
3.	进度（進度）	（名）	jìndù	ระดับความคืบหน้า ความคืบหน้า
4.	计划（計劃）	（名）	jìhuà	แผนงาน โครงการ
5.	部分（部分）	（名）	bùfen	ส่วน

二 表达训练

1. 四个同学一个小组，每个人讲一个自己或朋友的爱情故事。
2. 十个同学一个小组，每个同学在以下十个问题中选一个问同组的九个同学，然后统计答案（สรุปยอดคำตอบ）在组里报告，要使用表示比例的词。问题：
   (1) 父亲是华侨吗？母亲呢？
   (2) 你长得像父亲还是母亲？
   (3) 你觉得自己长得漂亮吗？
   (4) 你最喜欢韩国电视剧、日本电视剧，还是泰国电视剧？
   (5) 你去过北京吗？上海呢？
   (6) 你的汉语说得比其他同学流利吗？
   (7) 不上课的时候，你说汉语的机会多不多？
   (8) 你对中国文化的了解比其他同学深吗？
   (9) 你是否认为曼谷人看不起外地人？
   (10) 看了第二段课文，你更喜欢北京人还是上海人？

第五课　怎样才能学好汉语

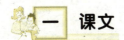

许多同学对自己的汉语水平不满意。怎样才能学好汉语？首先要问问你们自己，你的主要困难是什么？

有的同学听力和口语不好。怎么办？多跟你的中国朋友或者会说汉语的朋友聊天，互相学习；多听汉语录音，还可以听听中国新闻。你会慢慢发现自己能听懂的越来越多，会说的也越来越多。

有的同学觉得汉字是最主要的困难，只有一个办法，多写汉字。课本里的汉字，一定要学会写："没写会，不得睡觉！"一两个月以后，你的听写成绩应该跟以前不同了。

有的同学很怕读汉语书。可是，他们必须得多读！读一些内容简单的有意思的汉语书，遇到不认识的字和词不要翻词典，先想想它们可能是什么意思，然后继续读，看看自己想得对不对。

有的同学觉得语法很难。他们应该多买几本语法书，做完里边的语法

练习。汉语说得不标准？声调有问题？你愿意早一点儿起床吗？起床后，用半小时一边听录音一边大声地读。

这些你们应该都能做到吧？那么，想学好汉语不难。相信你们一定可以得到好成绩。

现在，请拿出一支笔和一张纸写出你的学习时间表吧！

生词语

1.	许多(許多)	(形)	xǔduō	มากมาย
2.	满意(滿意)	(形)	mǎnyì	พอใจ
3.	才(才)	(副)	cái	จึงจะ ถึงจะ
4.	首先(首先)	(副)	shǒuxiān	ก่อนอื่น อันดับแรก
5.	主要(主要)	(形)	zhǔyào	สำคัญ หลัก
6.	困难(困難)	(名)	kùnnan	ความลำบาก
7.	口语(口語)	(名)	kǒuyǔ	ภาษาพูด
8.	互相(互相)	(副)	hùxiāng	ซึ่งกันและกัน
9.	录音(錄音)	(名)	lùyīn	เทปบันทึกเสียง
10.	新闻(新聞)	(名)	xīnwén	ข่าว
11.	越来越…(越來越…)		yuèláiyuè…	นับวันยิ่ง…
12.	课本(課本)	(名)	kèběn	ตำราเรียน หนังสือเรียน
13.	听写(聽寫)	(名)	tīngxiě	การเขียนตามคำบอก
14.	成绩(成績)	(名)	chéngjì	คะแนน ผลสัมฤทธิ์
15.	不同(不同)	(形)	bùtóng	ไม่เหมือนกัน
16.	怕(怕)	(动)	pà	กลัว
17.	内容(内容)	(名)	nèiróng	เนื้อหา
18.	字(字)	(名)	zì	ตัวอักษร
19.	词(詞)	(名)	cí	คำ
20.	翻(翻)	(动)	fān	เปิด(พจนานุกรม) พลิก
21.	词典(詞典)	(名)	cídiǎn	พจนานุกรม
22.	继续(繼續)	(动)	jìxù	ต่อไป
23.	语法(語法)	(名)	yǔfǎ	ไวยากรณ์ หลักภาษา
24.	声调(聲調)	(名)	shēngdiào	เสียงวรรณยุกต์

25. 一边…一边… （一邊…一邊…）		yìbiān...yìbiān...	...ไปพลาง....ไปพลาง (โครงสร้างแสดงการทำกริยาสองอย่างในเวลาเดียวกัน)
26. 大声(大聲)	（形）	dàshēng	เสียงดัง
27. 相信(相信)	（动）	xiāngxìn	เชื่อว่า เชื่อ
28. 得到(得到)	（动）	dédào	ได้รับ
29. 支(支)	（量）	zhī	[ลักษณนาม] แท่ง ด้าม
30. 笔(筆)	（名）	bǐ	อุปกรณ์ที่ใช้เขียน เครื่องเขียนจำพวกปากกาดินสอ
31. 纸(紙)	（名）	zhǐ	กระดาษ
32. 表(表)	（名）	biǎo	ตาราง

二　注释

才 X

表示 X 很难。例如"才能学好汉语"，表示"能学好汉语"不容易。

三　重点词汇和用法

1. "满意"

对 X 满意= 满意 X

我对我的考试成绩很满意。= 我满意我的考试成绩。

大家对现在的情况很满意。= 大家很满意现在的情况。

2. "越来越 adj."

越来越多　越来越热　越来越难

3. "一边……一边……"

我一边吃饭一边看电视。

请不要一边开车一边打手机。

4. "怕/相信"

除了简单宾语外，这两个动词还常常带小句宾语。（นอกจากกรรมที่เป็นคำง่ายๆ แล้ว กริยาสองตัวนี้ยังมักจะมีกรรมที่เป็นอนุประโยคด้วย）

我怕冷。
我相信你。
我怕你不来。
我相信你一定会来。

四 语法总结

能愿动词总结（สรุปกริยาช่วย）
我们学过的能愿动词按语义可以分为以下几类：（กริยาช่วยที่พวกเราได้เรียนไปนั้นสามารถแบ่งตามความหมายได้เป็นประเภทต่าง ๆ ดังนี้）

1. **意愿**（ความปรารถนา）：想/要/愿意

   (1) 例句（ตัวอย่างประโยค）

   我很想去北京,可我姐姐不想去。
   五点了,大家都要回家了,你不想回吗?
   你愿意跟他见面吗?——对不起,不愿意。

   (2) 注意（ข้อควรระวัง）

   ① "想"和"愿意"前可以加"很","要"不行。（ข้างหน้า "想" และ "愿意" สามารถเติม "很" ได้ แต่ "要" เติมไม่ได้）

   ② "要"的否定形式是"不想"。（รูปปฏิเสธของ "要" คือ "不想"）

   (3) 辨析（การแยกแยะและวิเคราะห์）

   "想V"的语义重点在"有V这个想法","要V"的语义重点在"即将V","愿意V"的V对于说话人或听话人来说一般是付出或可能招致损失的。（นัยสำคัญของ "想V" อยู่ที่ "มีความคิดที่จะทำกริยา V นี้" ส่วนนัยสำคัญของ "要V" อยู่ที่ "จะทำกริยาV" กริยาV ใน "愿意V" สำหรับผู้พูดหรือผู้ฟังแล้วโดยทั่วไปจะเป็นกริยา V ที่ไม่สมดังตั้งใจ ตัวอย่างเพิ่มเติม）

   我很想去北京,可是太忙了,不能去。
   我明天要去北京,你能来送我吗?
   这件事情很麻烦,但他还是愿意帮我们。

2. **可能性**（ความเป็นไปได้）：会/应该/可能

   (1) 例句

   她还会不会来?——别担心,她说她会来。
   广州的冬天不会太冷。
   他五点下班,现在应该到家了。

他可能不参加晚会。

(2) 注意

"会"在陈述句中表示必然,在问句中表示可能。("会" ในประโยคบอกเล่าจะแสดงถึงความแน่นอน ส่วนในประโยคคำถามจะแสดงถึงความเป็นไปได้)

(3) 辨析

可能性大小(ความเป็นไปได้มากหรือน้อย):会(接近肯定/ใกล้เคียงความแน่นอน)>应该>可能。

3. 能力 (ความสามารถ) : 能/可以/会

(1) 例句

我能跑得很快。

我可以看懂那本书。

我会说汉语。

(2) 注意

"可以"的否定形式是"不能"。

(3) 辨析

"会V"中的V是一种通过学习获得的技能,"能/可以V"只表示S有没有能力V。("能/可以V" แสดงเพียงว่า S มีความสามารถหรือไม่)

我会游泳,可是我感冒了,不能游。

我特别饿,能/可以吃十个面包。

4. 许可 (การอนุญาต : 能/可以/不得/不要)

(1) 例句

老师,我们能/可以进来吗? ——可以/行。

今天不冷,我们能/可以去游泳。明天很冷,不能游。

上课时间不得打手机。

不要担心。

(2) 注意

① 在句子中,"可以"的否定形式是"不能"。(เมื่ออยู่ในประโยค รูปปฏิเสธของ "可以" คือ "不能")

② 单独回答问题时,"能/可以"的否定形式是"不行"。(เมื่อใช้ตอบคำถามโดด ๆ รูปปฏิเสธของ "能/可以" คือ "不行")

5. 必要 (ประเภทความจำเป็น) : 要/得/应该

(1) 例句

星期五上午要上课。

十点了，你得马上出发了。
你应该努力学习。

(2) 注意

"要"的否定式是"不用"，"得"没有否定形式。(รูปปฏิเสธของ "要" คือ "不用" "得" ไม่มีรูปปฏิเสธ)

(3) 辨析

"要/得 V"的语义重点在于"客观情况使 SV"，"得 V"只用于口语；"应该 V"的语义重点在于"道理使 SV"：(นัยสำคัญของ "要/得 V" อยู่ที่ "สภาพการณ์ภายนอกทำให้ SV" โดย "得 V" จะใช้ในภาษาพูดเท่านั้น ส่วนนัยสำคัญของ "应该 V" อยู่ที่ "ตามหลักเหตุผลทำให้ SV")

他一米一了，得/要买票了。
到他那里得/要坐两个小时车。
你的朋友遇到困难时，你应该帮助她。

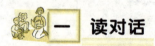

1 相信/不相信

(1) A：下那么大的雨，我看她不会来帮我们了。

B：不，我相信她一定说到做到。

(2) A：小林考试不及格，你信不信？

B：不可能！

A：是真的！刚听到的时候我也不信。

(3) A：听说王小月跟她男朋友分手了。

B：我才不信呢。昨天还看见他们在一起。

(4) A：他说他能一边听录音一边背生词。

B：你信吗？

A：我不太相信。

B：对啊，这怎么可能呢？

C：我信，很多人有特别的能力。
(5) A：陈美儿告诉我考试不用考语法。
B：不会的，每年考试都考语法。

生词语

1. 说到做到(说到做到)			shuōdàozuòdào	พูดได้ทำได้
2. 及格(及格)	（动）		jígé	ได้มาตรฐาน ผ่านเกณฑ์
3. 分手(分手)	（动）		fēn shǒu	แยกทางกัน
4. 背(背)	（动）		bèi	ท่อง ท่องจำ
5. 能力(能力)	（名）		nénglì	ความสามารถ

2 害怕

(1) A：晚上你敢一个人走那条路吗？
B：不敢，我怕黑。
(2) A：我特别怕听写。
B：你的汉字学得不错，为什么要怕？
A：我也不知道。
B：这样好吗？我每天帮你听写，你习惯了就不怕了。
A：好，我去拿纸和笔。
(3) A：我们已经工作了十个小时了，不能再继续了。
B：你敢跟经理说吗？
A：我不敢，我怕他。
C：你们不敢，我敢，我不怕他。

二 表达训练

1. 十个同学一组，每人想一个令人吃惊的事情，用"你信不信……"告诉同组的同学，听的同学模仿"读对话一"表示相信或不相信。
2. 四个同学一组，每个同学说一说自己最怕的人、事物或事情。

第六课　昨天晚上我们听了很多好听的故事

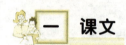

前一天,中文系举行了讲汉语故事比赛,王美没参加,小云给她讲比赛的情况

王　美：昨天晚上,你们听了很多好听的故事吧?

林小云：是啊,每个参加的同学都认真准备,讲得很好。

王　美：对了,你们准备没准备吃的东西?

林小云：前天每个同学交了五十铢。我们做了点心和汤,买了好几种水果,很丰富。

王　美：故事精彩不精彩?

林小云：个个都精彩。大为讲了一个老教授的故事,大家听了都笑得要死。

王　美：老教授的故事?内容是什么?

林小云：他特别马虎,人人都叫他"马虎教授"。

王　美：你一说"马虎教授"我就知道了。李新讲了那个中国古代的故事吗?

林小云：她没讲那个故事,她讲的是《灰姑

娘》。她穿了一条白色的长裙子,漂亮极了。

王　美：听说小强讲了一个动物的故事。

林小云：对,他讲故事的时候还有音乐,他一边讲一边表演。小丽太紧张了!喝了三杯水,才讲完一个小故事。一讲完,她就哭了。男朋友送了她一个红苹果,她才笑了。

王　美：听说九点的时候,突然停电了。

林小云：对!我正在讲《白雪公主和七个小矮人》,刚讲了几句,就没电了。

王　美：讲到哪里?

林小云：讲到"王后有一张美丽的脸和一颗很'丑'的心"。

王　美：比赛什么时候才结束?

林小云：差不多十一点。

王　美：那么晚?有人离开吗?

林小云：不但没有人离开,而且还有其他系的同学来看热闹。教室周围都是人。

王　美：谁得了第一名?

林小云：我们讨论的结果是:大家都是第一名。

王　美：这有什么意思啊?我反对。

林小云：那明天早晨到了学校,我们再讨论讨论。

生词语

1.	故事(故事)	(名)	gùshi	นิทาน
2.	交(交)	(动)	jiāo	มอบ จ่าย (เงิน)
3.	点心(點心)	(名)	diǎnxin	ของว่าง อาหารว่าง
4.	汤(湯)	(名)	tāng	น้ำแกง
5.	丰富(豐富)	(形)	fēngfù	หลากหลาย บริบูรณ์
6.	老(老)	(形)	lǎo	แก่
7.	笑(笑)	(动)	xiào	หัวเราะ ยิ้ม
8.	死(死)	(动)	sǐ	ตาย
9.	马虎(馬虎)	(形)	mǎhu	เลินเล่อ สะเพร่า
10.	灰(灰)	(形)	huī	เทา

11.	姑娘(姑娘)	(名)	gūniang	สาว
12.	动物(動物)	(名)	dòngwù	สัตว์
13.	音乐(音樂)	(名)	yīnyuè	ดนตรี
14.	紧张(緊張)	(形)	jǐnzhāng	ตื่นเต้น เครียด
15.	杯(杯)	(量)	bēi	[ลักษณนาม] แก้ว
16.	一…就…(一…就…)		yì...jiù...	ทันทีที่...ก็... พอ...ก็...
17.	哭(哭)	(动)	kū	ร้องไห้
18.	苹果(蘋果)	(名)	píngguǒ	แอปเปิล
19.	停(停)	(动)	tíng	(ไฟ)ดับ หยุด
20.	电(電)	(名)	diàn	ไฟฟ้า
21.	公主(公主)	(名)	gōngzhǔ	เจ้าหญิง
22.	矮(矮)	(形)	ǎi	เตี้ย
23.	王后(王后)	(名)	wánghòu	พระราชินี
24.	脸(臉)	(名)	liǎn	ใบหน้า
25.	颗(顆)	(量)	kē	[ลักษณนาม] ลูก ดวง
26.	丑(醜)	(形)	chǒu	ขี้เหร่
27.	心(心)	(名)	xīn	ใจ หัวใจ
28.	离开(離開)	(动)	líkāi	จากไป
29.	周围(周圍)	(名)	zhōuwéi	รอบๆ บริเวณ
30.	讨论(討論)	(动)	tǎolùn	อภิปราย ถกปัญหา ถกเหตุผล
31.	结果(結果)	(名)	jiéguǒ	ผล ผลลัพธ์
32.	反对(反對)	(动)	fǎnduì	คัดค้าน
33.	早晨(早晨)	(名)	zǎochen	รุ่งสาง รุ่งเช้า รุ่งอรุณ เช้าตรู่

 二 注释

1. 笑得要死 (ขำเกือบตาย ข้าจะตาย ขำแทบตาย หัวเราะงอหาย)
2. 人人，个个

单音节量词(或是人、年、月、天等名词)重叠。(การซ้ำคำของลักษณนาม(คำนาม)พยางค์เดียว)

MM/N=每 M/N： 人人=每个人　个个故事=每个故事　　天天= 每天
　　　　　　　月月=每个月　年年=每年　　　　张张=每张　　颗颗=每颗

"MM/N"只能做主语,不能做宾语。

3. 《灰姑娘》(ซินเดอเรลลา)
4. 《白雪公主和七个小矮人》(เจ้าหญิงสโนว์ไวท์(SNOWWHITE) กับคนแคระทั้งเจ็ด)
5. 看热闹 (มุงดู ร่วมเฮฮา)

三 重点词汇和用法

1. "交"VS"送"

"A 交 sth.(给 B)"和"A 送 sth. (给 B)"都有"拿 sth.(给 B)"的意思,但用法不同。

(1) "交"表示(แสดงว่า)"A 应该拿 sth.给 B","送"没有"应该"的意思。

(2) "交",B 的地位常常比较高,或者是一个单位或者集体。"送",A 和 B 一般是地位平等的人。("交" ฐานะของ B มักจะค่อนข้างสูง อาจเป็นหน่วยงานหรือกลุ่มสมาคมองค์กร สำหรับ "送" A และ B โดยทั่วไปเป็นคนที่ฐานะเท่าเทียมกัน)

我们交作业给老师。

我们应该交电费(ค่าไฟ ค่าไฟฟ้า)了。

要开晚会,所以每人要交五十铢。

他病了,我正好有药,吃完饭就去给他送药。

星期天我去小王家玩儿,衣服没拿回来。今天他要送来。

2. "一 A 就 B"

表示 A 和 B 两件事紧接着发生。(แสดงว่า A และ B ทั้งสองเหตุการณ์เกิดต่อเนื่องกัน)

我一吃完饭就去找你。

一到曼谷你就给我打电话。

那个孩子一看到动物就笑。

我们一讲以前的事情奶奶就哭。

注意,如果 A 和 B 的主语不一样,"就"要放在 B 的主语的后面。

你一来,我就走。

老师一解释,同学们就懂了。

3. "就"

到目前为止,我们学习过的副词"就"有四个意思。请注意,不要用"也"代替"就"。
(จนถึงขณะนี้ คำวิเศษณ์ "就" ที่เราเรียนไปมีอยู่ 4 ความหมาย โปรดระวังว่าอย่าใช้ "也" แทน "就")

(1) 表示 V 在很短的时间内要发生。(แสดงว่า V จะเกิดขึ้นในระยะเวลาอันสั้น)

电影就要开始了。(比较(เปรียบเทียบ):音乐会就要开始了,电影也要开始了。)

他马上就来。(比较(เปรียบเทียบ):我马上就来,他也马上来。)

(2) 表示强调。(แสดงการเน้น)

我家就在那里。(比较:你家就在那里,我家也在那里。)

这就是我讲的故事。(比较:这就是我讲的故事,那也是我讲的故事。)

(3) 表示结论。(แสดงการสรุป)

如果你不舒服,就去医院。(比较:他不舒服,就去医院了;你也不舒服?也去医院吧。)

因为有事情,就不去玩儿了。(比较:他有事,就不去玩儿了;我也有事情,也不去玩儿了。)

(4) 表示两件事紧接着发生。(แสดงว่าเหตุการณ์ทั้งสองเกิดเหตุการณ์เกิดต่อเนื่องกัน)

我吃完饭就去找你。(比较:他吃完饭就去找你,我吃完饭也去找你。)

大学一毕业我就工作了。(比较:他大学毕业就工作,我大学毕业也工作。)

四 句式

V"了"句:表示 V 完成 (ประโยค V+了:แสดงว่า V เสร็จสิ้น)

1. 肯定句

(1) S　　　+V+了 +ATTR　　　+O

我们　　听　了　很多好听的　　故事
我们　　买　了　好几种　　　　水果
她　　　穿　了　一条白色的　　裙子
男朋友　送　了　一个红　　　　苹果

(2) S　+V₁+了　+O₁,　……

我　　讲了　几句,　　　就停电了
我们　做了　点心和汤,　买了好几种水果
到　　了　　学校,　　　我们再讨论讨论

2. 否定句

S　　+没 +V　+(O)

我们　没　喝　酒
她　　没　讲　那个故事

3. 问句

S　+V　　+没　+V　　+O

你们　布置　没　布置　教室

你们　准备　没　准备　吃的东西

注意：否定句和问句中的 O 前不带数量词,不说:"* 我们没喝两杯酒。"

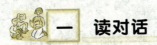

1. 赞成

(1) A：比赛结束了,大家说说,谁该得第一?

　　B：我认为小强讲得最好!

　　C：我的意见跟小云一样。

(2) A：明天的讲故事比赛,我们要不要准备一些吃的?

　　B：好主意!

　　A：那每个同学交五十铢,怎么样?

　　B：就这么办。

(3) A：我们应该布置一下教室,对吗?

　　B：那还用说?

　　A：请陈亮来办吧。

　　B：我赞成。

(4) A：小强第一名,小云第二名,大为第三名。大家有意见吗?

　　B：我们完全赞成!

生词语

1. 办(辦)　　　　(动)　　　bàn　　　　ทำ จัดการ ดำเนินการ
2. 赞成(贊成)　　(动)　　　zànchéng　สนับสนุน เห็นด้วย (ต่อข้อเสนอหรือการกระทำของคนอื่น)

3. 完全(完全)	(副)	wánquán	ครบถ้วน ทั้งหมด โดยสิ้นเชิง

注释

那还用说(那還用説)	nà hái yòng shuō	"นั่นยังต้องอธิบายอะไรอีก" :เป็นคำพูดย้อนถามเพื่อแสดงว่าสิ่งที่อีกฝ่ายพูดนั้นถูกต้องแน่นอนอยู่แล้ว

2. 反对

(1) A：大家说说,谁讲得最好？
　　B：我认为大为讲得最有意思。
　　A：我不这样认为,他的故事太简单了。

(2) A：明天我们要不要做一些吃的？
　　B：我反对,做吃的太麻烦了。要不你一个人做吧。
　　C：怎么能这样说呢？大家应该互相帮助。

(3) A：大为,你来布置教室,行吗？
　　B：行是行,不过我真的不懂怎么布置。
　　C：我看不用布置了。
　　A：怎么能不布置呢？

(4) A：小云的故事讲得很好,得第一名没问题吧？
　　B：她讲得好是好,可是那个故事太一般了。

生词语

1. 认为(認爲)	(动)	rènwéi	คิดว่า เห็นว่า
2. 要不(要不)		yàobù	มิเช่นนั้นก็ ไม่งั้น

注释

A 是 A,不过/可是(A 是 A,不過/可是)	A ก็ A อยู่หรอก ทว่า/แต่ว่า

二 表达训练

举行一次辩论比赛。全班同学分成八个小组,就以下四个题目进行辩论。

(1) 大学生应该不应该谈恋爱?

(2) 有一个同学不同意老师的意见,他告诉老师,这样做对不对?

(3) 文才的爸爸妈妈希望他学英文,可他学了中文,因为他喜欢。他做得对不对?

(4) 我们班的女生学得比男生好,对不对?

第七课　我完成了作业就去看比赛

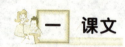

何娜的日记

8月9日　星期天　阴

昨天,妈妈打来电话批评我:"你忘了奶奶的生日!"今天,我去邮局给奶奶寄信和生日礼物。奶奶能原谅我吗?

小时候,爸爸在外省工作,妈妈又很忙,照顾我的人是奶奶。那时,她每天早上六点就起床,先做早饭,再叫我起床。妈妈吃了饭就去上班,奶奶送我去学校。我们每天七点三刻到学校。到了教室门口,她就给我一点儿零钱买东西吃。奶奶常常问我:"小娜,将来给奶奶买什么?"有时候,特别是早上,我会突然想起她那时的样子和声音。

我给奶奶买了一个大大的手表。这个手表还有一个特别的地方:每天七点三刻,它就会响一下儿。虽然我没告诉奶奶为什么,但我想她一定明白。

第 七 课

今天邮局里人很少,我先买邮票和信封,再买小箱子寄手表,一会儿就办完了。刚来北京的时候,邮局总是特别挤,又脏又乱,现在好多了。

生词语

1.	完成(完成)	(动)	wánchéng	จัดการเรียบร้อย ทำเสร็จ
2.	日记(日記)	(名)	rìjì	ไดอารี่ บันทึกประจำวัน
3.	阴(陰)	(形)	yīn	มืดครึ้ม
4.	批评(批評)	(动)	pīpíng	ตำหนิ
5.	邮局(郵局)	(名)	yóujú	ที่ทำการไปรษณีย์
6.	寄(寄)	(动)	jì	ส่ง(ทางไปรษณีย์)
7.	原谅(原諒)	(动)	yuánliàng	ให้อภัย
8.	省(省)	(名)	shěng	มณฑล
9.	照顾(照顧)	(动)	zhàogù	ดูแลเอาใจใส่
10.	刻(刻)	(量)	kè	15 นาที
11.	零钱(零錢)	(名)	língqián	เศษเงิน เศษสตางค์
12.	将来(將來)	(名)	jiānglái	ในอนาคต
13.	有时候(有時候)		yǒushíhou	มีบางเวลา บางครั้ง
14.	样子(樣子)	(名)	yàngzi	ท่าทาง ลักษณะท่าทาง
15.	声音(聲音)	(名)	shēngyīn	เสียง น้ำเสียง
16.	手表(手錶)	(名)	shǒubiǎo	นาฬิกาข้อมือ
17.	响(響)	(动)	xiǎng	ส่งเสียง ดัง
18.	虽然(雖然)	(连)	suīrán	แม้ว่า
19.	邮票(郵票)	(名)	yóupiào	แสตมป์
20.	信封(信封)	(名)	xìnfēng	ซองจดหมาย
21.	箱子(箱子)	(名)	xiāngzi	กล่อง
22.	一会儿(一會兒)	(名)	yíhuìr	สักครู่
23.	挤(擠)	(形)	jǐ	แน่น เบียดเสียด
24.	脏(髒)	(形)	zāng	สกปรก
25.	乱(亂)	(形)	luàn	วุ่นวาย

明月的日记

8月12日　星期三　晴

今天下午我去看了一场篮球比赛。世界队对中国队。世界队就是留学生队。比赛三点开始。我想完成了今天的作业再去,可是三点二十了,我才做了一半,只好晚上再做。三点半我才到球场,看见李力在算分呢,我问他:"哪个队赢了?"他说:"中国队输了三分。"

比赛又进行了四十多分钟。最后,世界队赢了。中国同学说,球打得最好的两个同学今天请假,不然中国队不会输。

在宿舍门口我看到一张通知,明天有人会来检查宿舍楼的情况。如果我们有需要或不满意的地方,可以告诉他们。这真是一个好消息。最近,楼梯的灯总是不亮,晚上走楼梯得很小心。

生词语

1.	晴(晴)	(形)	qíng	ฟ้าโปร่ง แจ่มใส
2.	世界(世界)	(名)	shìjiè	โลก
3.	留学生(留學生)	(名)	liúxuéshēng	นักเรียนต่างชาติ
4.	球场(球場)	(名)	qiúchǎng	สนามฟุตบอล
5.	算(算)	(动)	suàn	คิด คำนวณ นับ
6.	分(分)	(名)	fēn	คะแนน
7.	赢(贏)	(动)	yíng	ชนะ
8.	输(輸)	(动)	shū	แพ้
9.	请假(請假)	(动)	qǐng jià	ขอลาพัก
10.	通知(通知)	(动)	tōngzhī	ประกาศ
11.	检查(檢查)	(动)	jiǎnchá	สำรวจ ตรวจสอบ
12.	需要(需要)	(名)	xūyào	ความต้องการ
13.	消息(消息)	(名)	xiāoxi	ข่าวสาร ข่าว
14.	灯(燈)	(名)	dēng	ดวงไฟ หลอดไฟ

二 注释

比赛又进行了四十多分钟。(การแข่งขันได้ดำเนินไปอีก 40 กว่านาที)

三 重点词汇和用法

1 "就"

(1) "V₁,就 V₂":两个动作先后发生。(การกระทำ 2 อย่างเกิดขึ้นก่อน – หลัง)

妈妈吃了饭就去上班。

到了教室门口,她就给我一点儿零钱。

(2) "时间词+就"表示早、快。(แสดงถึง เช้าหรือเร็ว)

她每天早上六点就起床。

我一会儿就办完了。

2 "才"

"时间词+才"表示晚、慢。(แสดงถึง สายหรือช้า)

我三点半才到球场。

三点二十了,我才做了一半。

比较(เปรียบเทียบ):"就"VS"才"

电影八点开始,我七点半就到电影院了。

电影七点开始,我七点半才到电影院。

作业不多,我一个小时就做完了。

作业很多,我一个小时才做完。

注意:

(1) 时间词在"就"和"才"的前边。

(2) "就"句后边有"了","才"句后边一般没有"了"。

(3) 先 A,再 B = 先 A,然后 B。

(4) "再",表示延迟。(แสดงถึงการเลื่อนเวลาออกไป)

① 作业我才做了一半,晚上再做。

② 今天我没时间,我们明天再谈,好吗?

③ 这次没去普吉,下次再去。

(5) "又"，表示添加。(แสดงถึงการเสริม เพิ่มเข้าไป)

爸爸在外省工作，妈妈又很忙，所以奶奶来照顾我们。

比赛又进行了四十多分钟。

四 句式

连动句之三：表示动作先后发生 (ประโยคการกระทำต่อเนื่อง (3) : แสดงถึงการกระทำเกิดขึ้นก่อน – หลัง)

S	V₁	V₂
奶奶六点	起床	做早饭。
我	买小箱子	寄手表。
妈妈	吃了饭	就去上班。
我	完成了作业	就去看比赛。

1. 责备和后悔 (การตำหนิและการสำนึกเสียใจในภายหลัง)

(1) A：小娜，你怎么能忘了奶奶的生日呢？
　　B：嗐，我真该死！

(2) A：小林借了我两千块，现在还没还。
　　B：是吗？太不像话了！那你怎么办呢？
　　A：我真不该相信他，现在我后悔得要死。

(3) A：爸爸，我的手机又丢了。
　　B：一个月丢两个手机，哪有你这样的！
　　C：是啊，你也太不小心了。
　　A：我不该带手机去打球，我真的很后悔。

(4) A：大为，这么简单的题目你怎么能做错呢？

B：唉！做完以后我再检查检查就好了。

A：现在后悔也晚了！

生词语

1.	嗐(嗐)	（叹）	hài	[คำอุทาน แสดงความเสียใจ] โธ่เอ๋ย โธ่
2.	后悔(後悔)	（动）	hòuhuǐ	สำนึกเสียใจในภายหลัง
3.	丢(丢)	（动）	diū	หาย
4.	唉(唉)	（叹）	ài	[คำอุทาน แสดงความกลัดกลุ้ม] เฮ้อ

注释

1. 真该死。(眞該死。)　　Zhēn gāi sǐ.　สมควรตายจริงๆ
2. 不像话。(不像話。)　　Bú xiàng huà.　เหลวไหล ไม่เข้าท่า แย่
3. 哪有你这样的！(哪有你這樣的！) Nǎ yǒu nǐ zhèyàng de!
   มีแบบเธอที่ไหน (มีอย่างหรือ)
4. 给一个说法(給一個說法)　gěi yí ge shuōfa　解释清楚或讲清楚解决的办法。
   อธิบายอย่างชัดเจนหรืออธิบายวิธีแก้ไขอย่างชัดเจน

2 交涉 (การเจรจาต่อรอง)

(1) A：楼梯的灯坏了一个月，也没人管。

B：我们会告诉电工，看看怎么办。

A：明明是很简单的问题，为什么不能马上解决？

(2) A：这个电视我才看了两天就坏了，我希望退货。

B：先生，退货可能不行，我们可以替您修理。

A：不，这样的电视我不能要。你们看怎么办吧！

(3) A：七点的飞机，现在已经九点了，还是没有起飞的消息，为什么？请给我们一个说法。

B：对啊，如果你们没有合理的解释，我们就去告你们。

(4) A：能不能增加听和说的课时？

B：希望学校认真考虑。

生词语

1. 电工(電工) （名） diàngōng ช่างไฟฟ้า
2. 解决(解決) （动） jiějué แก้ไข
3. 退货(退貨) （动） tuì huò ส่งสินค้าคืน
4. 替(替) （动） tì แทน
5. 说法(說法) （名） shuōfa คำอธิบาย
6. 合理(合理) （形） hélǐ สมเหตุสมผล
7. 告(告) （动） gào ฟ้องร้อง
8. 考虑(考慮) （动） kǎolǜ ไตร่ตรอง

注释

你们看怎么办吧！(你們看怎麼辦吧！) Nǐmen kàn zěnme bàn ba!

พวกคุณดูว่าจะทำอย่างไรก็แล้วกัน

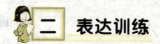 二　表达训练

1 两个同学一个小组,分别就以下情况表达"责备和后悔"。
 (1) 没有复习,考试不及格。
 (2) 忘了告诉妈妈不回家吃饭。
 (3) 不客气地批评了朋友。
 (4) 上课的时候,你的手机响了。

2 四个同学一个小组,谈谈你们常常遇到的让你们生气或觉得不合理的事情,你们应该怎么去交涉?

第八课 我上前边那座楼去了

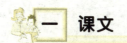

何娜的朋友玛丽今天来大学找她。何娜在房间里等她,明月在床上看书

何　娜:起来,起来,玛丽就要从她那儿过来了。你看,每把椅子上都堆了那么多东西,客人来了,坐的地方都没有。

明　月:好好,你收拾,我出去。

何　娜:不行,你不能出去,你得帮忙!

明　月:这样吧,我下楼去帮你买点儿吃的东西招待客人,怎么样?

何　娜:好主意。你买些可乐、牛奶、冰激凌和零食。还有,玛丽爱吃香蕉。

明　月:行,这些东西超市全都有。

何　娜:后街水果店的香蕉比超市的便宜,还好吃。

明　月:没问题,我过去买。还要我帮什么忙?

何　娜:你回来上楼的时候,顺便跟304的阿里说一声,我今天有事。本来我们约好了一起去阅览室写研究报告。

明 月：好，没事了吧？那我下楼去了！
何 娜：回来，回来，还没给你钱呢。
明 月：不用了，上次你替我买了很多东西，晚上我们再一起算。

生词语

1.	起来(起來)	(动)	qǐlai	ลุกขึ้น
2.	把(把)	(量)	bǎ	[ลักษณนาม](เก้าอี้)ตัว
3.	椅子(椅子)	(名)	yǐzi	เก้าอี้
4.	堆(堆)	(动)	duī	กอง สุม
5.	帮忙(幫忙)	(动)	bāng máng	ช่วยเหลือ
6.	招待(招待)	(动)	zhāodài	ต้อนรับ
7.	客人(客人)	(名)	kèrén	แขก(ผู้มาเยี่ยมเยียน)แขกเหรื่อ
8.	可乐(可樂)	(名)	kělè	โค้ก(โคคาโคล่า)
9.	冰激凌(冰激凌)	(名)	bīngjīlíng	ไอศกรีม
10.	零食(零食)	(名)	língshí	อาหารว่าง ขนมขบเคี้ยว
11.	香蕉(香蕉)	(名)	xiāngjiāo	กล้วยหอม
12.	街(街)	(名)	jiē	ถนน
13.	顺便(順便)	(副)	shùnbiàn	ถือโอกาส(ทำ)วะะทำธุระ
14.	声(聲)	(量)	shēng	[ลักษณนาม](เปล่งเสียง)คำ ครั้ง
15.	约(約)	(动)	yuē	นัดหมาย นัด
16.	阅览室(閱覽室)	(名)	yuèlǎnshì	ห้องอ่านหนังสือ
17.	报告(報告)	(名)	bàogào	รายงาน
18.	替(替)	(动)	tì	แทน

何 娜：玛丽，欢迎，欢迎。快进屋来。
玛 丽：哎呀，我还是脱了鞋再进去。
何 娜：不用，不用。
玛 丽：对不起我来晚了，我找错地方了。
何 娜：是吗？你到哪儿去了？
玛 丽：你告诉我进学校来，然后找左边第五座楼，对吗？我数错了，结果上前边那座宿舍楼去了。

第 八 课

何　娜：后来怎么又找到了呢？
玛　丽：我从那座楼上往下看，正好看
　　　　见你的同屋明月从这座楼出
　　　　去。

何　娜：你认识明月？
玛　丽：你不记得了？有一次，你们去
　　　　我们大学听一个美国教授做
　　　　报告，我在礼堂门口等人，你
　　　　们正好要进礼堂去。
何　娜：想起来了，听完报告，我们还一起去一家新开的小饭馆吃了一顿面条。
　　　（明月在门外叫）
明　月：何娜，快出来，帮帮忙。
何　娜：你买什么了？那么重？
明　月：我回宿舍来的时候，经过那边那个小商店，它们卖的盘子和杯子又
　　　　漂亮又便宜，我顺便买了几套。

生词语

1.	欢迎(歡迎)	（动）	huānyíng	ยินดีต้อนรับ
2.	屋(屋)	（名）	wū	ห้อง
3.	脱(脫)	（动）	tuō	ถอด
4.	数(數)	（动）	shǔ	นับ
5.	同屋(同屋)	（名）	tóngwū	เพื่อนร่วมห้องพัก รูมเมท
6.	做(做)	（动）	zuò	ทำ เขียน แต่ง
7.	礼堂(禮堂)	（名）	lǐtáng	หอประชุม
8.	饭馆(飯館)	（名）	fànguǎn	ร้านอาหาร
9.	顿(頓)	（量）	dùn	[ลักษณนาม] มื้อ
10.	面条(麵條)	（名）	miàntiáo	บะหมี่ เส้นหมี่
11.	重(重)	（形）	zhòng	หนัก
12.	经过(經過)	（动）	jīngguò	ผ่าน
13.	盘子(盤子)	（名）	pánzi	จาน

55

二　注释

1. 跟 sb.说一声（บอกกับ sb. สักคำ พูดกับ sb. คำหนึ่ง）
2. 有事/没事（มีธุระ/ไม่มีธุระ）
3. 想起来（นึกขึ้นมาได้）

三　重点词汇和用法

1. "帮忙"

　　"帮忙"是离合词,不能再带宾语。不能说"帮忙你",只能说"帮你(的)忙"。动词重叠形式是"帮帮忙":

　　我帮你的忙。

　　我帮(助)你。

　　你要我帮什么忙?

　　你要我帮(助)你做什么?

　　他常常过来帮忙。

　　他常常过来帮(助)我们。

2. "A,顺便 B"

　　A 是主要的动作或任务,因为 A 带来方便,所以完成 B。（A เป็นการกระทำหรือหน้าที่หลัก เพราะ A เอื้อความสะดวกให้ ดังนั้น B จึงทำสำเร็จ）

　　我去中国旅行,顺便买些中文书。

　　A:你家旁边有邮局吗?

　　B:有啊。

　　A:你回家的时候顺便替我寄了这封信吧。

3. "替"

跟"帮"的第二个用法一样,请参阅第二册第九课。

4. "A,结果 B"

因为 A,有结果 B。

他这学期学习特别努力,结果考试得了第一。

昨天很冷,他穿得又少,结果今天感冒了。

四 句式

带"上/下/进/出/过/回/起"和"来/去"的表示动作方向的句子

(1) S　　+ 上/下/进/出/过/回/起　+　来/去

　　你　　　起　　　　　　　来
　　我　　　出　　　　　　　去
　　你　　　回　　　　　　　来
　　我　　　过　　　　　　　去买

(2) S　　+ 上/下/进/出/回　+ 地方 + 来/去

　　我　　　下　　　　　楼　　去
　　你　　　上　　　　　楼　　来
　　我　　　进　　　　　屋　　去
　　我　　　回　　　　　宿舍　来

(3) S + 从 + 地方 +　+ 上/下/进/出/过/回/起* + 来/去

　　她　从　这座楼　　出　　　　　　　去
　　她　从　她那儿　　过　　　　　　　来

注意：

　　(1) "过"后边很少跟地方名词。
　　(2) "起"后只跟"来",不跟"去"。

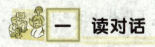

1 转告 (บอกต่อ)

(1) A：阿里,你出来一下。跟你说件事。

　　B：什么事？进来说吧。

　　A：不了,我拿了很多东西。何娜让我告诉你,她今天没空儿跟你一起写报告了。

B：哦。可是今天不写就没时间了。你跟她说一声,有空儿还是下来一下儿。

(2) A：何娜,阿里让你有空儿下去一下儿。

B：我不是让你告诉他我今天没空儿吗?

A：他让我告诉你,今天再不写就没时间了。

(3) A：王红,老师让你去一下儿。

B：啊?你知道是什么事吗?

A：不知道。我在办公室看见老师,她让我叫好几个同学去呢。

B：那我得去了。要是夏子来电话,请你跟她说一声。

(4) A：周奇,经理让你写这个月的工作报告。

B：经理什么时候要?

A：他没说,要不要我帮你去问问小星?

B：那就谢谢你了。顺便告诉她,今天我不下去了。

2. 请求 (ขอ ขอร้อง)

(1) A：阿里,能不能帮我一个忙?

B：当然,让我帮什么忙?

A：帮我拿这些东西上楼去,行吗?

(2) A：老师,请帮帮我吧。

B：怎么了?

A：这次考试,您给我59分。可以多给我一分吗?

B：对不起,这个忙我不能帮。

(3) A：你要去上海旅行,对吗?

B：对,有什么事要帮忙吗?

A：我家在上海,可以帮我带一点儿东西回去吗?

B：没问题。

(4) A：你认识《世界报》的记者甘雅吗?

B：认识啊,怎么了?

A：我女儿是新闻系的学生,今年想找个实习的地方,你能不能和甘雅说说?

生词语

1. 新闻(新聞)　　(名)　　xīnwén　　ข่าว
2. 实习(實習)　　(动)　　shíxí　　ฝึกงาน

二 表达训练

1. 十个同学一个小组。第一个同学告诉第二个同学一件事情,请他转告第三个同学;第二个同学把这件事情告诉第三个同学,请他转告第四个同学……最后,第十个同学转告第一个同学。注意:第一,每个同学都要用前面会话中表示"转告"的句子;第二,两个同学说话时,不能让其他同学听到。

2. 两个同学一个小组,练习在以下情况怎么请求帮助。

    (1) 汽车在路上坏了。

    (2) 病了,自己不能请假。

    (3) 你要去旅行,你的小狗没人照顾。

    (4) 你想请一个女(男)同学看电影,但是自己不好意思说。

第九课　从前的故事

主课

一　课文

　　林先生的父亲叫林阿发,他是1930年来泰国的。跟很多在泰国的华侨一样,他是从广东潮州来的,也是坐船来的。到泰国的时候,他才十五岁,带了几件破衣服。在泰国,他吃了很多苦,终于有了一家自己的小商店。他可以每个月寄钱回家乡给父亲和母亲了。有一天,他收到叔叔的一封信,信的内容是这样的:"阿发,你的父母得了重病,现在已经不在了。"除了这个叔叔,林阿发在家乡没有其他亲人了。

　　后来,林阿发就没有叔叔的消息了。今年,林先生忽然收到一封信,写信的人叫林大海。林大海的爷爷就是林阿发的叔叔。林先生高兴极了,马上决定请他到泰国来玩儿。林大海到曼谷的那天,除了林先生以外,林小云和林小平也去机场接他。

第 九 课

生词语

1.	从前(從前)	(名)	cóngqián	แต่ก่อน
2.	破(破)	(形)	pò	(เสื้อผ้า)เก่าๆ ขาดๆ
3.	苦(苦)	(形)	kǔ	ความยากลำบาก
4.	父亲(父親)	(名)	fùqin	บิดา
5.	母亲(母親)	(名)	mǔqin	มารดา
6.	得(病)(得(病))	(动)	dé(bìng)	เป็น(โรค)
7.	除了…(以外)(除了…(以外))	(连)	chúle...(yǐwài)	นอกจาก...(แล้ว)
8.	亲人(親人)	(名)	qīnrén	ญาติ
9.	爷爷(爺爺)	(名)	yéye	ปู่
10.	决定(決定)	(动)	juédìng	ตัดสินใจ

林先生一家人和林大海一起到餐厅吃饭

林先生：大海,你怎么一直都没跟我联系?

林大海：我是在北京出生、在北京成长的,又在北京受的教育,大学毕业后在中国银行工作。年轻的时候,我从来不觉得自己是潮州人,所以也没想到要找你们。

林先生：是吗?我虽然是在泰国生长的,可是我从来都没忘记我是潮州人。那你是怎么找到我的?

林大海：去年我终于回家乡去了。接我的司机也姓林,他告诉我你的消息和地址。

林先生：哦,是林为民吧,我每次回去他都是我的司机。

林大海：对,就是他。

林小平：真不敢相信有那么巧的事情。

林太太：我们来喝酒吧,好好庆祝庆祝。

林大海：对,喝这瓶米酒吧,是我去年在潮州买的,特别香!

林小云：伯伯，我给您倒酒。

林小平：伯伯，我给您和父亲母亲照一张相。

林大海：你们在哪里学的汉语？讲得那么标准，真不简单！你教育孩子教育得真好。

林先生：来，来，我们先干一杯。

林大海：对，为林家，为我们的家乡，干杯。

生词语

1.	出生(出生)	（动）	chūshēng	เกิด
2.	成长(成長)	（动）	chéngzhǎng	เติบโต
3.	受(受)	（动）	shòu	ได้รับ
4.	教育(教育)	（动/名）	jiàoyù	การศึกษา
5.	银行(銀行)	（名）	yínháng	ธนาคาร
6.	生长(生長)	（动）	shēngzhǎng	เกิดและโต
7.	从来(從來)	（副）	cónglái	แต่ไหนแต่ไร
8.	终于(終於)	（副）	zhōngyú	ในที่สุด
9.	庆祝(慶祝)	（动）	qìngzhù	เฉลิมฉลอง
10.	香(香)	（形）	xiāng	หอม
11.	倒(倒)	（动）	dào	เท ริน
12.	照相(照相)	（动）	zhào xiàng	รูปภาพ รูปถ่าย รูปถ่าย
13.	干杯(乾杯)	（动）	gān bēi	ชนแก้ว ดื่มหมดแก้ว
14.	为(爲)	（介）	wèi	เพื่อ สำหรับ

 二 注释

1. 吃苦

经受痛苦，有很多痛苦的经历。(ผ่านความยากลำบากมามากมาย มีประสบการณ์เกี่ยวกับความลำบาก)

2. 真不简单！

称赞的话。(คำกล่าวชมเชย)

三　重点词汇和用法

1. "从前"VS"以前"

(1) 单独用时,意思一样:以前,他是个老师。/ 从前,他是个老师。

(2) "以前"前边可以带其他成分,"从前"不行。(ข้างหน้า"以前"สามารถใส่ส่วนประกอบอื่นๆได้ แต่ข้างหน้า"从前"ใส่ไม่ได้)

　　我八点以前出发。

　　一个月以前,我们就决定去中国了。

　　下课以前,我们做了很多练习。

　　来泰国以前,王美在北京工作。

2. "除了A……(以外),B……"

(1) Except,B 句中常常带副词"都"。

　　除了这个叔叔,林阿发在家乡没有其他亲人了。

　　每天除了吃饭睡觉,他什么都不做。

(2) Besides,B 句中常常带副词"也"、"还"。

　　除了林先生以外,小云和小平也去机场接他。

　　除了在学校教书,小王还有别的工作。

请比较以下两个句子:

　　除了他,大家都不去。—— 他不去,大家不去。

　　除了他,大家也去。—— 他去,大家也去。

3. "从来"VS"一直"

两个词都表示从以前到现在都这样。

(1) "从来"一般用在否定句(ประโยคปฏิเสธ)里,"一直"不一定。

　　我从来不觉得自己是潮州人。

　　我从来没忘记自己是潮州人。

　　我一直都喜欢他。

　　小平一直当导游。

(2) "一直"常常跟时间词在一起。

　　从八点到十点,小云一直在打电话。

　　这几天一直不下雨。

(3) "一直"还可以表示从现在到以后。

我就要离开了,但我会一直跟大家联系。

4. "终于"

有时间词时,时间词放在主语前面或"终于"前面。

他昨天终于回家了。

十二点,她终于起床了。

5. "照相"/"干杯"

这两个词是离合词。

四 句式

询问过去发生的事件的信息的"是……的"句 (ประโยค "是……的" ซึ่งใช้สอบถามเรื่องราวที่เกิดขึ้นในอดีต)

知道一件事情发生了以后,我们还常常需要询问进一步的信息,这时常常要用一种句式。请比较两组对话。(หลังจากที่ทราบว่ามีเรื่องราวอะไรเกิดขึ้นแล้วและเรายังมักจะจำเป็นต้องสอบถามข้อมูลความคืบหน้า ในกรณีนี้จะต้องใช้ประโยคพิเศษแบบหนึ่งจงเปรียบเทียบบทสนทนา 2 กลุ่มนี้)

A:你要去北京吗?	A':你去北京了吗?
B:对。	B':对。
A:你什么时候去?	A':你<u>是</u>什么时候去<u>的</u>?
B:后天。	B':前天。
A:你跟谁去?	A':你<u>是</u>跟谁去<u>的</u>?
B:我跟朋友去。	B':我<u>是</u>跟朋友去<u>的</u>。
A:你们怎么去?	A':你们<u>是</u>怎么去<u>的</u>?
B:我们坐飞机去。	B':我们<u>是</u>坐飞机去<u>的</u>。

S +是 + 进一步的信息 (ข้อมูลความคืบหน้า) + 的

他	是	1930年来泰国	的
他	是	坐船来	的
他	是	从广东潮州来	的
我	是	在北京出生	的
你	是	怎么找到我	的

注意:

(1) "是"可以省略。("是" สามารถละได้)

他坐车来的。

我跟朋友去的。

(2) "的"可以放在动词之后。

你们在哪里学的汉语？

我在北京受的教育。

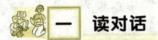

1. 邀请 (เชื้อเชิญ)

(1) A：星期天你有空儿吗？有空儿的话，到我家来坐坐吧。

　　B：有空儿是有空儿，不过，那样不打扰你们吗？

　　A：怎么会呢？我们一家都欢迎你。

(2) A：张经理，我们想请您参加我们的婚礼。

　　B：啊，太好了。婚礼什么时候举行？

　　A：十月一号下午六点，不知您有没有时间？

　　B：可以，可以，我一定准时出席。

(3) A：王老师，我们想邀请您参加我们的新年晚会。

　　B：好啊，时间定了吗？

　　A：十二月二十九号晚上七点开始。您方便吗？

　　B：方便，方便。我一定准时到。

生词语

1. 打扰(打擾)	（动）	dǎrǎo	รบกวน
2. 婚礼(婚禮)	（名）	hūnlǐ	พิธีแต่งงาน
3. 出席(出席)	（动）	chūxí	เข้าร่วมงาน ออกงาน
4. 邀请(邀請)	（动）	yāoqǐng	เชื้อเชิญ เรียนเชิญ
5. 定(定)	（动）	dìng	กำหนด กำหนดแน่นอน

口语用法 (วิธีใช้ในภาษาพูด)

1. 怎么会呢？(怎么會呢？)　　Zěnme huì ne?　　เป็นอย่างนี้ได้อย่างไร เป็นไปได้อย่างไร
2. X 是 X, 不过 Y……　　X shì X, búguò Y...　　X ก็ X (อยู่)หรอก แต่ว่า Y
   (X 是 X, 不過 Y……)

2. 赞美 (ชมเชย)

(1) A：快来尝尝我的拿手菜。
　　B：嗬,你可真有两下子。

(2) A：文子才学了半年汉语,就能用汉语写信了,真不简单。
　　B：是啊,她学得棒极了！

(3) A：我的电脑坏了,送到店里去修也没修好,李力一来就修好了。
　　B：是啊,除了电脑,其他电器他也能修。
　　A：他真有两下子！

(4) A：你知道吗？王老师工作了二十年,从来没迟到过。
　　B：啊！真的吗？真不简单啊。
　　A：她语法教得特别棒,没人比得上！

生词语

1. 尝(嘗)	(动)	cháng	ชิม
2. 拿手(拿手)	(形)	náshǒu	ชำนาญ ถนัด
3. 棒(棒)	(形)	bàng	เก่ง ยอด
4. 电器(電器)	(名)	diànqì	เครื่องใช้ไฟฟ้า
5. 过(過)	(助)	guo	เคย

口语用法 (วิธีใช้ในภาษาพูด)

1. 真有两下子！　　Zhēn yǒu liǎng xiàzi!　　真有办法,真有能力。
　　　　　　　　　　　　　　　　　　　　มีวิธีจริง ๆ มีความสามารถจริง ๆ

2. 没人比得上！　　Méi rén bǐdeshang!　　其他人都没那么好。
　　　　　　　　　　　　　　　　　　　คนอื่นสู้ไม่ได้

二　表达训练

1. 两个同学一个小组,分别担任学生和老师,发出邀请和接受/拒绝邀请:
   (1) 学生请学生参加生日晚会。
   (2) 学生请老师参加生日晚会。
   (3) 学生请学生吃饭、到家里玩儿。
   (4) 学生请老师吃饭、到家里玩儿。
   (5) 老师请学生吃饭、到家里玩儿。
2. 每个同学用两分钟想一想自己的父母、兄弟姐妹、朋友或者是同学有什么特别的优点(จุดเด่น),然后对他们中的两个人进行赞美(กล่าวชมเชย)。

第十课　一个民工的账单

一　课文

在13亿中国人中,80%是农民。民工,就是在城市里工作的农民。民工做的工作,都是城里人不愿意做的。我们公司大楼前边就是火车站,那里是民工最多的地方。从楼上往下看,车站广场里都是民工——有的刚来,有的就要走了。这个城市不是他们的。

我们公司有什么要搬,都去找一个三十五六岁的民工。每次他替我们搬东西,我们都给他一杯水、一支烟,还有一些能卖钱的东西(旧报纸、杂志什么的)。昨天中午,我看到他在公司门口用铅笔记东西。我问他是不是在记账,他说是。我就看了看这张只有一页的账单(数字后边的说明,都是他后来告诉我的)。

　　5月份的收入：770元左右

　　房租：　　　50元(4个人一起租了一间房)

　　管理费：　　20元

餐费：	140元(早饭1块,午饭4块)
买菜买米：	42元(4个人一起做晚饭吃)
买日用品：	30元
买烟：	20元(他买的是2块钱一包的)
通讯费：	17元(BP机服务费和打电话的钱)
交通费：	3元(基本上都走路)
给儿子生活费：	200元(儿子在念高中)
给老婆买衣服：	20元(他说:"半年没给她买新衣服了。")
给母亲看病：	50元
存钱：	150元(儿子以后念书)
意外支出：	50元 (一次搬东西,弄脏了一个年轻人的新衣服,他要50元洗衣费)

他每天早上六点钟就出来工作,晚上八点钟才能回去。最快乐的时候就是吃了饭到小商店去看电视。除了这个,他没有别的爱好。他只想每天能多挣十块钱,这样每个月就能给母亲多买一点儿好药,给儿子多寄一点儿生活费,给老婆多买一件好看的衣服。

他是从哪里来的? 我忘了问。

生词语

1.	亿(億)	(量)	yì	ร้อยล้าน
2.	广场(廣場)	(名)	guǎngchǎng	จตุรัส ลานกว้าง
3.	搬(搬)	(动)	bān	ย้าย
4.	报纸(報紙)	(名)	bàozhǐ	หนังสือพิมพ์
5.	杂志(雜誌)	(名)	zázhì	นิตยสาร
6.	铅笔(鉛筆)	(名)	qiānbǐ	ดินสอ
7.	账(单)(賬(單))	(名)	zhàng(dān)	บัญชี ใบเสร็จรับเงิน
8.	页(頁)	(量)	yè	หน้า
9.	后来(後來)	(名)	hòulái	ในภายหลัง
10.	月份(月份)	(名)	yuèfèn	เดือน ช่วงเดือน
11.	收入(收入)	(名)	shōurù	รายได้ รายรับ

12. 元(元)	(量)	yuán		หยวน (หน่วยเงินของจีน)
13. 左右(左右)	(名)	zǒuyòu		ประมาณ
14. 房租(房租)	(名)	fángzū		ค่าเช่าห้อง
15. 管理(管理)	(动)	guǎnlǐ		ดูแล
16. 费(费)	(名)	fèi		ค่าใช้จ่าย
17. 日用品(日用品)	(名)	rìyòngpǐn		ของใช้ประจำวัน
18. 包(包)	(量)	bāo		เหมารวม
19. 通讯(通訊)	(名)	tōngxùn		สื่อสาร คมนาคมสื่อสาร
20. 基本(基本)	(形)	jīběn		พื้นฐาน
21. 走路(走路)	(动)	zǒu lù		เดิน เดินเท้า
22. (念)高中((念)高中)	(名)	(niàn)gāozhōng		(เรียน) มัธยมปลาย
23. 老婆(老婆)	(名)	lǎopo		เมีย
24. 存(存)	(动)	cún		เก็บ ฝาก (เงิน)
25. 念书(念書)	(动)	niàn shū		เรียนหนังสือ
26. 意外(意外)	(形)	yìwài		นอกเหนือความคาดหมาย คาดไม่ถึง
27. 支出(支出)	(名)	zhīchū		รายจ่าย
28. 弄(弄)	(动)	nòng		ทำ
29. 爱好(愛好)	(名)	àihào		ความชอบ สิ่งที่โปรดปราน
30. 挣(掙)	(动)	zhèng		หาเงิน

二 注释

■ 城里人 chénglǐrén (ชาวกรุง คนเมือง)

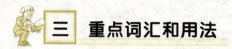

三 重点词汇和用法

1. "后来"VS"以后"

(1) "后来"只能用于过去，"以后"无此限制。

我们去年见了一面,后来没有再见面。

1995年他来北京学汉语,后来又去美国学英语。
今天我没空儿去看你,以后再去。
泰国太好了,以后我们一定要再来。

(2) "以后"前边可以加词、词组或小句,"后来"不行。
我们九点以后到。
一个月以后,他走了。
下课以后,我们去找老师。
看完电影以后,我们去吃饭。

2. "多V"

(1) 多 V + Number + M
多 挣   十   元
多 买   一   件

(2) 多 V + 一点儿 + N
多 买   一点儿   好药
多 给   一点儿   生活费

四 句式

■ "是不是"问句——表示追问（แสดงการซักถาม）

S + 是不是 + P

你   是不是   在记账?   ——我是在记账。
他们 是不是   不喜欢这里?   ——不是,他们很喜欢这里。
爸爸 是不是   明天走?   ——是,他是明天走。
你   是不是   做完作业了?   ——是,我是做完了。

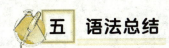

五 语法总结

■ 汉语中带"是"的句子

(1) 普通（แบบทั่วไป แบบธรรมดา）的"是"字句
80%的中国人都是农民。

民工就是到城市工作的农民。

(2) 有方位词（แสดงตำแหน่งทิศทาง）的"是"字句

公司大楼前边是火车站。

车站广场里都是民工。

(3) 带"的"字结构（มีวลีโครงสร้าง"的"）的"是"字句

这个城市不是他们的。

民工做的工作都是城里人不愿意做的。

他买的是两块钱一包的。

(4) "是……的"句

那些说明是他后来告诉我的。

他是从哪里来的？

(5) "是不是"问句及答句见句式（ดูที่รูปประโยค）

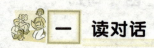

1. 追问（ซักถาม）

(1) A：小林是不是不喜欢念书？
    B：是，他是不喜欢念书。他想进城找工作。

(2) A：爸爸，您是不是一个月能挣五万？
    B：怎么了？是不是又要跟我要零花钱了？

(3) A：你是不是跟他很熟？
    B：不是，我跟他就见过几面。

(4) A：你帮我看看，我的脸是不是有点儿脏？
    B：不是啊，怎么了？
    A：那几个人为什么看我？
    B：谁看你了？你眼睛是不是有问题啊？

生词语

1. 零花钱(零花錢)　（名）　línghuāqián　เงินค่าใช้จ่ายเบ็ดเตล็ด เงินค่าใช้สอย
2. 过(過)　　　　（助）　guo　　　　　เคย
3. 脑子(腦子)　　（名）　nǎozi　　　　สมอง

2. 强调过去时间、地点和方式（เน้นถึงวิธีการ สถานที่ และเวลาในอดีต）

(1) A：泰国都是月底发工资的,对吗？
　　B：是啊,跟中国不一样吗？
　　A：不一样,中国是月初发工资的。

(2) A：小强,怎么那么脏？在哪里弄的？
　　B：我去踢足球了。

(3) A：你是怎么来的？
　　B：我走路来的。
　　A：啊？走路来的？
　　B：对啊,坐车坐到半路,遇到交通意外,堵车堵得厉害,我就下车走过来了。

(4) A：他每个月收入那么低,真不知道他是怎么过的？
　　B：你太年轻了,所以不知道我们以前也是那么过的。

生词语

1. 月底(月底)　（名）　yuèdǐ　　ปลายเดือน
2. 月初(月初)　（名）　yuèchū　ต้นเดือน
3. 厉害(厲害)　（形）　lìhai　　ร้ายแรง รุนแรง

二　表达训练

1. "孩子十七岁,昨天晚上十二点才回家。"四个同学一个小组,使用表示追问的句子写一段父母和孩子的对话,并在全班表演。
2. 四个同学一个小组。每个同学分别介绍自己男(女)好朋友的名字,其他同学用"是……的"句问认识的时间、地点和方式。

第十一课　我还要再来一次

主课

 一　课文

在曼谷,林小平和林小云带林大海参观大皇宫

林大海:小平,你常带游客来吧?

林小平:是啊,最少一个星期参观一次。

林小云:哥哥,记得有一次,你一个上午讲了五遍玉佛的历史,是吧?

林小平:是啊,那时候我刚当导游。

林大海:你喜欢当导游吗?

林小平:我负责接待的客人都是从中国来的。带他们参观泰国,我觉得非常有意义。

林大海:就像一座桥,对吗?

林小平:对,就是这感觉。叔叔,您说得真准确。

林小云:我们请那位先生给我们照一张照片吧!

林大海:刚才已经照了很多了,别再浪费胶卷了!

林小云:这是数码相机,不用胶卷。您

看，金色的皇宫，蓝色的天，绿色的草，多好看啊。
林大海：是啊，我还要再来一次，跟你们婶婶和表哥一起来。
林小平：一言为定！我再给你们讲一遍玉佛的历史。

生词语

1. 带(帶)　　　　　　（动）　　　dài　　　　　　นำ นำพา
2. 游客(遊客)　　　　（名）　　　yóukè　　　　นักท่องเที่ยว
3. 遍(遍)　　　　　　（量）　　　biàn　　　　　ครั้ง เที่ยว หน
4. 负责(負責)　　　　（动）　　　fùzé　　　　　รับผิดชอบ
5. 接待(接待)　　　　（动）　　　jiēdài　　　　รับรอง ต้อนรับ
6. 像(像)　　　　　　（动）　　　xiàng　　　　คล้าย
7. 桥(橋)　　　　　　（名）　　　qiáo　　　　　สะพาน
8. 感觉(感覺)　　　　（名）　　　gǎnjué　　　　ความรู้สึก
9. 准确(準確)　　　　（形）　　　zhǔnquè　　　แม่นยำ
10. 浪费(浪費)　　　　（动）　　　làngfèi　　　　สิ้นเปลือง
11. 胶卷(膠卷)　　　　（名）　　　jiāojuǎn　　　　ฟีล์ม
12. 数码(數碼)　　　　（名）　　　shùmǎ　　　　ดิจิตอล
13. 相机(相機)　　　　（名）　　　xiàngjī　　　　กล้องถ่ายรูป
14. 金色(金色)　　　　（名）　　　jīnsè　　　　　สีทอง
15. 蓝色(藍色)　　　　（名）　　　lánsè　　　　　สีน้ำเงิน
16. 天(天)　　　　　　（名）　　　tiān　　　　　ฟ้า ท้องฟ้า
17. 绿色(綠色)　　　　（名）　　　lǜsè　　　　　สีเขียว
18. 草(草)　　　　　　（名）　　　cǎo　　　　　หญ้า
19. 婶婶(嬸嬸)　　　　（名）　　　shěnshen　　　ป้า
20. 表哥(表哥)　　　　（名）　　　biǎogē　　　　ญาติผู้พี่ซึ่งเป็นผู้ชาย
21. 一言为定(一言爲定)　　　　　　yìyánwéidìng　คำไหนคำนั้น

专名

玉佛(玉佛)　　　　　　　　　　　Yùfó　　　　　พระแก้วมรกต

在北京,明月病了,何娜照顾她

何 娜:叫你多穿一点儿,你不听,就感冒了吧?
明 月:你怎么跟我妈妈一样?一句话重复好几遍。
何 娜:你想想,你一个冬天感冒了多少次?现在感觉好一点儿了吗?
明 月:吃了三次药,好多了。
何 娜:那种药四小时吃一次,别忘了。
明 月:那又该吃了。
何 娜:给你水。
明 月:唉,要是没有你,我怎么办?
何 娜:我们是好朋友嘛。
明 月:你今天给小平打电话了吗?
何 娜:找了他一次,他正带他叔叔玩儿呢。等一下儿我们还要通一次电话。
明 月:真羡慕你们啊,隔得那么远,感情还那么好。
何 娜:人的感情真是很奇怪。例如小平和他的表叔,几十年没消息,一见面就很亲。
明 月:可是,我父母结婚二十多年了,还是要离婚。
何 娜:别再提难过的事了。
明 月:今年夏天,我要跟你回一次泰国,认识认识你的小平。
何 娜:一言为定,让他带你去大皇宫。

生词语

1.	话(話)	(名)	huà	คำพูด
2.	重复(重複)	(动)	chóngfù	ซ้ำ
3.	唉(唉)	(叹)	ài	[คำอุทาน] เฮ้อ
4.	要是(要是)	(连)	yàoshi	ถ้าหากว่า ถ้า
5.	嘛(嘛)	(助)	ma	[คำแสดงน้ำเสียง ใช้เน้นคำพูด] ไงล่ะ
6.	通(通)	(动)	tōng	ต่อ(โทรศัพท์)
7.	羡慕(羨慕)	(动)	xiànmù	อิจฉา

8. 隔(隔)	(动)	gé	ห่าง
9. 感情(感情)	(名)	gǎnqíng	ความรู้สึก
10. 例如(例如)	(动)	lìrú	ตัวอย่าง เช่น อย่างเช่น
11. 表叔(表叔)	(名)	biǎoshū	อา (ญาติผู้น้องที่เป็นผู้ชายของพ่อ)
12. 亲(親)	(形)	qīn	ใกล้ชิดสนิทสนม
13. 离婚(離婚)	(动)	lí hūn	หย่า
14. 提(提)	(动)	tí	พูดถึง เอ่ยถึง
15. 难过(難過)	(形)	nánguò	ทรมาน สะเทือนใจ เศร้าใจ

二 注释

要是没有你,我怎么办?

别人在你非常需要的时候热情地帮助你,你就可以这么说。

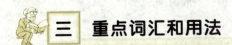

三 重点词汇和用法

1. "再V"、"又V"、"还V"

这三个副词都表示重复V (คำวิเศษณ์ทั้งสามคำนี้แสดงถึงการทำกริยาซ้ำ)

(1) "又"表示过去的重复。("又"แสดงถึงการทำซ้ำในอดีต)

他上星期提到这件事,昨天又提了一次。

我又给他倒了一杯水。

(2) "再"、"还"表示将来的重复。("再"、"还"แสดงถึงการทำซ้ำในอนาคต)

句子里还有能愿动词,"还"放在前边,"再"放在后边。

我还想再去一次大皇宫。

我想再听一遍。

我还想听一遍。

2. "次"VS"遍"

"遍"强调从开始到结尾的整个过程。("遍"เน้นทั้งขั้นตอนตั้งแต่เริ่มต้นจนถึงสิ้นสุด)

我看了两次那个电影,都没看完。

老师让我们读两遍课文。

3. "一点儿"VS"一下儿"(复习)

他买了一点儿水果。　　　　　　他们见了一下儿面。

何娜给明月倒了一点儿水。　　　何娜跟明月聊了一下儿天。

A：你每天看多少？　　　　　　A：你每天看多少时间？

B：每天看一点儿，可能十页吧。　B：每天看一会儿，可能十分钟吧。

四 句式

表示动作次数的句子（ประโยคที่แสดงจำนวนครั้งของการกระทำ）

(1) S + V（了）+ Num + 次/遍

　　他　讲　　　五　　遍

　　他　来　　　一　　次

(2) S + V（了）+ Num + 次/遍 + O

　　我们　见了　　一　　次　　面

　　你　重复了　好几　遍　那句话

(3) S + V（了）+ O(Pr) + Num + 次

　　我　找了　　他　　一　次

1. 羡慕 (อิจฉา)

(1) A：能找到那么好的老师，你运气真好。

　　B：是啊，我觉得自己的汉语水平提高得特别快。

　　A：要是我也有机会跟那么好的老师学习，该多好。

(2) A：你们每星期上几次课？

　　B：一星期三次。

A：真令人羡慕啊,我们一星期才上一次课。

(3) A：你真幸运,一毕业就找到好工作。

B：那个公司正好需要一个懂日语的人。

A：要是我也会日语多好啊。

(4) A：看那些模特儿,走走路、照照相,就拿那么多钱,多舒服啊!

B：是啊,要是我也长得那么高、那么漂亮,该多好!

C：你们别羡慕别人了,快努力学习,找个好工作吧。

生词语

1.	运气(運氣)	(名)	yùnqì	โชค
2.	令人(令人)		lìng rén	ทำให้(คน)เกิด
3.	机会(機會)	(名)	jīhuì	โอกาส
4.	幸运(幸運)	(形)	xìngyùn	โชคดี
5.	模特儿(模特兒)	(名)	mótèr	นายแบบ นางแบบ

2. 安慰 (ปลอบใจ)

(1) A：你奶奶怎么样了？还住医院吗？

B：是啊,医生说情况不太好。

A：你也别太难过了,照顾好她是最重要的。

(2) A：你怎么了？

B：考试成绩出来了,我不及格。

A：一次考试不及格没什么,可以再考一次吧？

(3) A：我的钱包丢了。

B：是吗？在哪里丢的？

A：在公共汽车上,肯定是被偷了。里面有差不多一千块钱呢。

B：想开点儿吧,丢几个钱没关系,可以再挣嘛。

(4) A：小李,你身体好点儿了吗？

B：我觉得好了,可医生就是不让我出院。

A：别着急,慢慢来,听医生的。

B：我知道,你工作也很忙,也多注意身体。

泰国人学汉语 Ⅲ

生词语

1. 偷(偷) （动） tōu ขโมย
2. 想开点儿(想開點兒) xiǎngkāidiǎnr ทำใจสักหน่อย ปลงๆ เสียบ้าง
3. 慢慢来(慢慢來) mànmānlái ใจเย็นๆ ค่อยเป็นค่อยไป

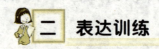

二　表达训练

1. 四个同学一个小组,分别说说最令你们羡慕的人,为什么?
2. ABCD 四个同学一个小组,A 成绩不好,B 的母亲身体不好,C 失恋了 (อกหัก),D 被老师批评了 (ถูกอาจารย์ตำหนิ),四个人互相安慰 (ปลอบใจซึ่งกันและกัน)。

第十二课　每天只学习十五到三十分钟汉语

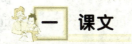

曼谷，林小云和王美去丹家，丹的弟弟也在家

王　美：丹，你弟弟上高中了没有？

丹：高中？

王　美：哦，中国的中学分成初中和高中两部分。初中是义务教育，学生在初中学习三年。初中毕业以后，一部分学生接着上三年高中，上完高中，考大学。

丹：这样算，我弟弟现在上高中一年级，还有三个月就上高中二年级了。

林小云：明年3月，你要去北京进修六个星期汉语，对吗？

丹：是啊！王老师，北京的大学那时放假了吗？

王　美：还没放呢。在我们那里，新学年的上学期是9月开始的，到第二年的1月，放四五周寒假；下学期一般从2月到7月，我们放四十五天暑假。

林小云：你到了北京，可以去找何娜玩儿。

丹：何娜去北京很久了吧？

林小云：是啊，她已经去了三年了。

王　美：丹也认识何娜吗？

林小云：那还用说？我哥哥认识何娜十年了，他们恋爱都谈了七年了。

丹：时间一下子就过去了。

王　美：是啊！我来曼谷也快一年了。

生词语

1.	哦(哦)	(叹)	ò	[คำอุทาน] อ้อ
2.	分(分)	(动)	fēn	แบ่ง
3.	成(成)	(动)	chéng	เป็น
4.	初中(初中)	(名)	chūzhōng	มัธยมต้น ม.ต้น
5.	部分(部分)	(名)	bùfen	ส่วน
6.	义务(義務)	(形)	yìwù	(การศึกษา)ภาคบังคับ
7.	接着(接着)	(连)	jiēzhe	ต่อเนื่อง
8.	考(考)	(动)	kǎo	สอบ
9.	进修(進修)	(动)	jìnxiū	เรียนเพิ่มเติม ศึกษาเพิ่มเติม
10.	学年(學年)	(名)	xuénián	ปีการศึกษา
11.	周(週)	(量)	zhōu	สัปดาห์
12.	寒假(寒假)	(名)	hánjià	ปิดเทอมภาคฤดูหนาว
13.	暑假(暑假)	(名)	shǔjià	ปิดเทอมภาคฤดูร้อน
14.	谈恋爱(談戀愛)		tán liàn'ài	มีความรัก
15.	一下子(一下子)	(副)	yíxiàzi	ครู่เดียว

丹的弟弟从房间里出来，丹和他用泰语说话

王　美：他们在争什么呢？

林小云：他打电子游戏，丹不准。

王　美：就让他玩一会儿吧。

林小云：他答应每天只玩儿一小时游戏，现在他已经打了一个多钟头了。

王　美：啊，那他应该说话算话。

(丹和弟弟说完了)

丹：我弟弟太爱玩儿了，不能控制自己。

王　美：他还小。不过我上个月在中文系做了一个小调查，发现一半同学除了上课，每天只学习十五到三十分钟汉语。

丹：有些人认为，泰国学生学习没有中国学生刻苦。

林小云：还有人说，东南亚人的工作态度都不太认真。

王　美：据说，不太认真刻苦的东南亚人比认真刻苦的东亚人快乐。

丹：王美老师，您有什么看法？

王　美：很难说。这个问题太大了，得让社会科学家来回答。

林小云：丹，我们毕业以后都去中国呆几年，怎么样？我们可以自己去找答案。

生词语

1. 争(爭)	（动）	zhēng	โต้เถียง เถียง ถกเถียง
2. 电子(電子)	（名）	diànzǐ	ไฟฟ้า อิเลคทรอนิก
3. 游戏(遊戲)	（名）	yóuxì	เกมส์
4. 准(准)	（动）	zhǔn	อนุญาต ยินยอม
5. 答应(答應)	（动）	dāying	ตอบรับ รับปาก ตอบตกลง
6. 钟头(鐘頭)	（名）	zhōngtóu	ชั่วโมง
7. 控制(控制)	（动）	kòngzhì	ควบคุม
8. 调查(調查)	（名）	diàochá	สำรวจ
9. 发现(發現)	（动）	fāxiàn	พบว่า ค้นพบ
10. 认为(認爲)	（动）	rènwéi	คิดว่า เห็นว่า
11. 刻苦(刻苦)	（形）	kèkǔ	ขยันหมั่นเพียร พากเพียร
12. 据说(據說)	（动）	jùshuō	เล่ากันว่า
13. 看法(看法)	（名）	kànfǎ	ความเห็น ความคิดเห็น

14. 社会(社會)	(名)	shèhuì	สังคม
15. 科学(科學)	(名)	kēxué	วิทยาศาสตร์
16. 科学家(科學家)	(名)	kēxuéjiā	นักวิทยาศาสตร์
17. 呆(呆)	(动)	dāi	พัก อาศัย พำนัก
18. 答案(答案)	(名)	dá'àn	คำตอบ

二 注释

1. "那还用说"

当然,表示十分肯定。

2. "说话算话"

答应了的事情一定要做。

3. "很难说"(พูดยาก)

表示不能确定。

4. 时间点和时间段 (จุดเวลาและระยะเวลา)

时点	今年	1月	12日/号	星期一/周一	三点	五分
时段	一年	一个月	十二天	一(个)星期/一周	三(个)小时/三个钟头	五分钟

5. "V 持续的时间 (V เวลาที่ต่อเนื่อง)"和"V 发生以后,过去的时间 (เวลาในอดีต อดีตกาล)"

A:姐姐学习了两年。　　A':老人病了一个星期。

B:姐姐毕业两年了。　　B':老人死了一个星期了。

A 组句子表示"V 持续的时间 (เวลาที่ต่อเนื่อง)":

学习持续了两年,病持续了一个星期。

B 组句子表示"V 发生以后,过去的时间 (เวลาในอดีต อดีตกาล)":

毕业以后,过去了两年;死以后,过去了一个星期。

三 重点词汇和用法

"小时"VS"钟头"

可以说"一小时",也可以说"一个小时";只能说"一个钟头",不能说"一钟头"。

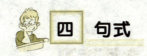

四 句式

表示时间段的句子（ประโยคที่แสดงระยะเวลา）

1 持续的时间（เวลาที่ต่อเนื่อง）

(1) S + V + 时段词
　　每天,我 学习　一小时
　　　S + V + 了 + 时段词
　　昨天,我 学习　了　一小时（我现在不学习）
　　　S + V + 了 + 时间段 + 了
　　　我　学习　了　三小时　了（我现在在学习）

(2) O = N
　　　S + V + 时段词 + O
　　每天,我 学习　一小时　汉语
　　　S + V + 了 + 时段词 + O
　　昨天,我 学习　了　一小时　汉语
　　　S + V + 了 + 时间段 + O + 了
　　　我　学习　了　一小时　汉语　了

　　O = Pr
　　　S + V + O + 时段词
　　每天,我 等　他　一小时
　　　S + V + 了 + O + 时段词
　　昨天,我 等　了　他　一小时
　　　S + V + 了 + O + 时间段 + 了
　　　我　等　了　他　一小时　了

2 过去的时间（เวลาในอดีต อดีตกาล）

(1) S + V + (了) + 时段词 + 了
　　我　来　了　一年　了
　　他们　认识　　　十年　了

(2) S + V + O + 时段词 + 了
　　他　离开 中国　一年　了

会话练习

一 读对话

1. 转述（การเล่าต่อ ถ่ายทอด(คำพูด)）

(1) A：你看那座大楼，建了三年还没建好。
B：我听人说那个公司没钱了。
A：我昨天看报纸，据调查，今年有很多公司关门了。

(2) A：你知道吗？有科学家说，多喝牛奶对身体不好。
B：什么？不是都说多喝牛奶长得高吗？
A：我也是刚从电视上看来的消息。
B：还好，我才喝了两年牛奶。

(3) A：据说那个电子游戏很好玩儿。
B：我现在不玩儿电子游戏了。据调查，每天打电子游戏的学生成绩都不好。
A：是吗？有不少文章介绍说，打电子游戏能锻炼大脑。

(4) A：根据天气预报，明天天气很好，我们去爬山吧！
B：我听爷爷说"蚂蚁搬家要下雨"，你看，那么多蚂蚁在搬家呢。
A：哦，你在那里看了半天，原来是在看蚂蚁。

生词语

1. 建（建）	（动）	jiàn	สร้าง
2. 根据（根據）	（介）	gēnjù	ตามที่
3. 蚂蚁（螞蟻）	（名）	mǎyǐ	มด
4. 半天（半天）	（数量）	bàntiān	นาน ครึ่งค่อนวัน

2. 无把握（ไม่มีความมั่นใจ ไม่มั่นใจ）

(1) A：你觉得这个关于中学教育的调查怎么样？
B：我可说不准。
A：是不好说，可你看了半天，一点看法也没有吗？

(2) A：你让小木做晚饭？他怎么干得了呢？
    B：他吃了十几年饭了，做一次也不行吗？
    A：可你一下子就让他一个人做饭，你想他能行吗？
    B：天知道！他答应了，你还担心什么？

(3) A：他是哪国人？
    B：我知道他是东南亚人，可是是哪国人，很难说。
    A：东南亚人？我还以为他是东亚人呢。
    B：他在日本呆了十年，接着又去韩国四年。

(4) A：我们两个人能搬那么多东西吗？
    B：不好说。哎，小李不是说好了要来帮忙的吗？
    A：天知道他去哪里了。

口语用法（วิธีใช้ในภาษาพูด）

1. 说不准（說不準）　　shuōbùzhǔn　　不能肯定
2. 天知道（天知道）　　tiānzhīdào　　只有天知道，没有人知道

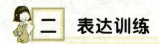

二　表达训练

1. 每个同学课后准备读/听/看一个新闻，上课时转述你们的新闻。
2. 三个同学一个小组讨论以下问题，分别表示同意、反对和无把握：
   (1) 有钱就快乐吗？
   (2) 东南亚学生不太努力吗？
   (3) 每天学习十五至三十分钟汉语，时间够吗？
   (4) 泰国的文化融合（rónghé）程度（chéngdù / ระดับการหล่อหลอมทางวัฒนธรรม）比其他东南亚国家更高。

第十三课　我去过中国

主课

一　课文

很多同学去过北京了,你们说:"我去过中国了。"这当然没错。可是你有没有问过你自己:"去过北京就等于去过中国吗?"你可能又会说:"我还去过上海呢。"去过上海和北京就等于去过中国了吗?

来没来过广州?听说过这个南方城市吗?它和上海一样,都是中国最发达的商业和贸易城市。我们来看看广州作家黄爱东西如何在《老广州》里写她自己的城市。

上海人一怀旧就会带你去咖啡馆和酒吧,听和平饭店的老年爵士乐,仔细地告诉你:这地方张爱玲住过,胡兰成敲过这里的门。在广州,如果你要怀旧,广州人会领你去一家老一点儿的茶楼,也会领你去吃我们小时候吃过的东西,还会带你去看西关的大屋。可是,谁在那里住过,谁敲过那里的门,我们就不知道了。

广州人很少在今天的世界里做过去的梦。因为我们还生活在旧里,我们的旧保留在日常生活的衣食住行里,

第十三课

从来没有断过。从前我们吃过的东西现在还在吃，从前我们拜过的神现在还在拜，从前的新娘穿过的衣服现在的新娘也还在穿……咖啡馆对广州人来说一直是新事物，爵士乐也一直是。

当一个广州人拒绝咖啡、选择凉茶的时候，他还需要怀旧吗？他自己就是旧的。

在中国，除了北京和上海，还有许多著名的城市，比如南京、天津、武汉、哈尔滨……这些城市的历史都很悠久，文化传统都很特别。希望有一天，你们能去这些地方走一走、看一看。"要走过多少地方，才算真的到过中国？"你会有你自己的答案。

生词语

1.	等于(等於)	（动）	děngyú	เท่ากับ
2.	发达(發達)	（形）	fādá	เจริญ เจริญรุ่งเรือง
3.	商业(商業)	（名）	shāngyè	การค้า พาณิชยกรรม
4.	贸易(貿易)	（名）	màoyì	ธุรกิจ ธุรกิจการค้า
5.	作家(作家)	（名）	zuòjiā	นักเขียน นักประพันธ์
6.	怀旧(懷舊)	（动）	huáijiù	คิดถึงอดีต รำลึกถึงอดีต
7.	咖啡馆(咖啡館)	（名）	kāfēiguǎn	ร้านกาแฟ
8.	酒吧(酒吧)	（名）	jiǔbā	บาร์
9.	饭店(飯店)	（名）	fàndiàn	ภัตตาคาร โรงแรม
10.	老年(老年)	（名）	lǎonián	วัยชรา
11.	爵士乐(爵士樂)	（名）	juéshìyuè	ดนตรีแจ๊ซ
12.	敲(敲)	（动）	qiāo	เคาะ(ประตู)
13.	茶楼(茶樓)	（名）	chálóu	ร้านน้ำชา
14.	保留(保留)	（动）	bǎoliú	เก็บรักษา
15.	日常(日常)	（形）	rìcháng	ประจำวัน
16.	行(行)	（名）	xíng	ถนนหนทาง(เป็นหนึ่งในปัจจัยสี่ของจีน)
17.	断(斷)	（动）	duàn	ขาด ขาดตอน
18.	拜(拜)	（动）	bài	ไหว้
19.	神(神)	（名）	shén	เทพเจ้า

20.	新娘(新娘)	(名)	xīnniáng	เจ้าสาว
21.	对…来说(對…來說)		duì... láishuō	สำหรับ...แล้ว ถ้าพูดถึง...แล้ว
22.	事物(事物)	(名)	shìwù	สิ่งของ
23.	当…的时候(當…的時候)		dāng... de shíhou	เมื่อ
24.	拒绝(拒絕)	(动)	jùjué	ปฏิเสธ
25.	选择(選擇)	(动)	xuǎnzé	เลือก
26.	凉茶(涼茶)	(名)	liángchá	一种用草药(สมุนไพร)做的茶,广州人认为喝凉茶对身体好,特别是在天气热的时候。
27.	著名(著名)	(形)	zhùmíng	ชื่อดัง มีชื่อเสียง
28.	悠久(悠久)	(形)	yōujiǔ	ยาวนาน

专名

1.	和平饭店(和平飯店)	Hépíng Fàndiàn	上海的老饭店。
2.	老年爵士乐(老年爵士樂)	Lǎonián Juéshìyuè	在和平饭店,有一个爵士乐队,成员都是老年人。
3.	张爱玲(張愛玲)	Zhāng Àilíng	女作家,她常写20世纪30—40年代的上海。
4.	胡兰成(胡蘭成)	Hú Lánchéng	张爱玲的爱人,也是作家。
5.	西关大屋(西關大屋)	Xīguān Dàwū	西关是广州地名,那里有很多老的大房子,一般叫"西关大屋"。
6.	南京(南京)	Nánjīng	นานกิง
7.	天津(天津)	Tiānjīn	เทียนสิน
8.	武汉(武漢)	Wǔhàn	อู่ฮั่น
9.	哈尔滨(哈爾濱)	Hā'ěrbīn	ฮาร์บิน

二 注释

衣食住行

衣=衣服,食=食物,住=住的房子,行=交通。四个词常在一起使用,表示日常生活的各个方面。

三 重点词汇和用法

1. "Pr+自己"

"自己"常常跟人称代词合用。("自己"(ด้วยตนเอง ...เอง) มักจะใช้ร่วมกับบุรุษสรรพนาม)

你会有你自己的答案。

你问你自己。

广州作家写她自己的城市。

2. "从来没断过"

"从来没"一般跟"过"配合使用。("从来没" โดยทั่วไปจะใช้ร่วมกับ "过")

我从来没听说过广州。

很多同学从来没去过酒吧。

小静从来没迟到过。

3. "对……来说"

表示从某人或事的角度来谈问题,可以放在主语后面,也可以放在句子前面。(แสดงถึงการพูดคุยปัญหาในมุมมองของคนบางคนหรือสิ่งของบางสิ่ง โดยจะวางไว้หลังประธานหรือต้นประโยคก็ได้)

咖啡馆对广州人来说一直是新事物。(不能说:"*咖啡馆对广州人一直是新事物。")

汉语对我来说太难了。(不能说:"*汉语对我太难。")

对一个餐厅来说,菜好吃是最重要的。(不能说:"*对一个餐厅,菜好吃最重要。")

 四 句式

表示经历的"过"字句 (ประโยคคำ) ("过" ที่ใช้แสดงถึงประสบการณ์ที่ผ่านมา)

(1) S + V + 过 + O
　　我　　去　　过　　中国
　　他　　来　　过　　广州

(2) S + 没 + V + 过 + O
　　我　　没　　去　　过　　中国
　　他　　没　　来　　过　　广州
　　妈妈　没　　吃　　过　　中国菜
　　我们　没　　喝　　过　　凉茶

(3) S + V + 没 + V + 过 + O？
　　你　　去　　没　　去　　过　　中国？
　　他　　来　　没　　来　　过　　广州？
　　妈妈　吃　　没　　吃　　过　　中国菜？
　　你们　喝　　没　　喝　　过　　凉茶？

 会话练习

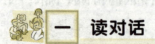 一 读对话

1. 否定 (การปฏิเสธ)

(1) A：李力，你怎么能说陈教授的文章写得不好呢？
　　B：什么？我哪儿说过这样的话？
　　A：小白昨天告诉我们的。
　　B：这怎么可能？我这半年都没见过她。

(2) A：爸爸，您是不是要带我们去日本旅行？
　　B：我什么时候说过这话？

A：我看见您拿了很多日本旅游的资料。

B：学习的时候你从来没这么聪明过。

(3) A：文才，你自己汉语学好了，就应该更多地帮助其他同学？

B：老师，我从来没拒绝过帮助同学啊。

A：我的意思是你应该主动一些。

(4) A：听说百分之九十以上的泰国人都是佛教徒，你表哥也一定是吧？

B：不，听说他从来没拜过佛。

A：为什么会这样？

B：我从来没跟他讨论过这个问题。

(5) A：大家都说你在跟明月谈恋爱呢。

B：哪儿有这样的事！

A：别不好意思啊。

B：真的，我和她连话都没说过几次！

(6) A：你在学校网站留言版的帖子太好了！

B：我的什么帖子？

A：上星期五的帖子啊。

B：上星期我连学校网站都没上过，更别说发帖子了。

生词语

1.	资料(資料)	(名)	zīliào	ข้อมูล
2.	主动(主動)	(形)	zhǔdòng	กระตือรือร้น กระทำเองโดยไม่ต้องบังคับ
3.	网站(網站)	(名)	wǎngzhàn	เว็บไซท์ (website)
4.	留言(留言)	(动)	liú yán	โน้ตข้อความ ฝากข้อความ
5.	帖子(帖子)	(名)	tiězi	ประกาศ แผ่นโน้ต
6.	连…都…(連…都…)		lián... dōu...	แม้แต่ก็

专名

佛教徒(佛教徒)　　　　　　Fójiàotú　　　　พุทธศาสนิกชน

口语用法（วิธีใช้ในภาษาพูด）

连…都…，更别说（連…都…，更別說）　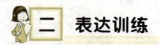

lián… dōu…, gèngbiéshuō

แม้แต่… ก็… ยิ่งไม่ต้องพูดถึง

二 表达训练

1. 两个同学一组，根据以下情况，用"连……都……，更别说"进行否定：

    (1) 这次考试××（一个学习不努力的同学）考了 100 分。
    (2) 同学请你回答一个很难的汉语语法问题。
    (3) 有人问你学没学过中国历史和哲学。
    (4) 有人问你是不是××的朋友，但你没有听说过他的名字。

2. 八个同学一组，每个同学选一个问题问另外七个同学，最后在组里报告每个人的答案。注意，回答的同学请给详细的答案，比如："我从来没抽过烟。"/"我很少抽烟。"/"我常常抽烟。"/"我抽过几次烟……"等等。

    (1) 你抽过烟吗？
    (2) 你吃过蛇(shé /งู)吗？
    (3) 你谈过恋爱吗？
    (4) 你想过去中国留学吗？
    (5) 你工作过吗？
    (6) 你住过医院吗？
    (7) 你出过国吗？
    (8) 你骗(piàn /หลอก)过你的好朋友吗？

第十四课　每个人都哭了

主课

一　课文

我到土耳其旅行。当汽车经过1999年发生大地震的地方时,导游讲了一个故事。这个故事就发生在地震后的第二天……

很多房子都倒了,房子下面还有人活着吗?救援者着急地到处找着。两天后,他们在石头堆中看到一个他们不敢相信的情景——一位母亲用手撑着地,用背顶着巨大的石头,她低着头喊:"赶快救我的女儿,我已经撑了两天了,就快没力气了……"她七岁的小女儿在地上躺着。

救援者马上想办法搬开在她们上面和周围的石头,但是石头又多又重,他们没有办法很快地到她们身边。救援者不停地搬着、挖着……救援行动从白天到深夜,终于,一个救援者拉出了小女儿,但是她已经死了。

母亲顶着石头着急地问:"我的女儿怎么样了?"那个救援者一听就哭了。他流着眼泪回答:"她还活着!"他明白,如果母亲知道女儿已经死了,一定会一下子就没力气了,那样,石头就会压死她。所以,他骗了她。

第二天，土耳其的报纸都登了这位母亲的照片：她低着头、撑着地、顶着石头。导游说："我不是一个容易感动的人，但是那天，我看着那张照片哭了。以后，每次带旅行团经过这儿，我都会讲这个故事。"

我也哭了，每个人都哭了……

生词语

1.	发生(發生)	(动)	fāshēng	เกิดขึ้น บังเกิด
2.	地震(地震)	(名)	dìzhèn	แผ่นดินไหว
3.	倒(倒)	(动)	dǎo	พัง ครืนล้มครืน
4.	活着(活着)		huózhe	มีชีวิต
5.	救援(救援)	(动)	jiùyuán	ช่วยเหลือ กู้(ภัย)
6.	者(者)	(名)	zhě	[คำปัจจัย] ผู้ที่...
7.	到处(到處)	(副)	dàochù	ทุกที่ ทุกหนแห่ง
8.	着(着)	(助)	zhe	[คำช่วย] ...อยู่
9.	石头(石頭)	(名)	shítou	ก้อนหิน
10.	堆(堆)	(量)	duī	กอง
11.	情景(情景)	(名)	qíngjǐng	สภาพการณ์
12.	撑(撑)	(动)	chēng	ค้ำ ยัน
13.	背(背)	(名)	bèi	หลัง
14.	顶(頂)	(动)	dǐng	ใช้หัวค้ำยัน เทินไว้บนหัว
15.	巨大(巨大)	(形)	jùdà	ยิ่งใหญ่ มหึมา
16.	低(低)	(动)	dī	ก้ม (หัว)
17.	喊(喊)	(动)	hǎn	ตะโกน
18.	救(救)	(动)	jiù	ช่วย
19.	躺(躺)	(动)	tǎng	เอนนอน
20.	挖(挖)	(动)	wā	ขุด
21.	白天(白天)	(名)	báitiān	กลางวัน
22.	夜(夜)	(名)	yè	กลางคืน
23.	拉(拉)	(动)	lā	ลาก จูง
24.	流(流)	(动)	liú	ไหล
25.	眼泪(眼淚)	(名)	yǎnlèi	น้ำตา

26. 力气(力氣)	(名)	lìqi	แรง กำลัง	
27. 压(壓)	(动)	yā	กด ทับ	
28. 骗(騙)	(动)	piàn	โกหก	
29. 登(登)	(动)	dēng	ตีพิมพ์ ลง (หนังสือพิมพ์)	
25. 感动(感動)	(动)	gǎndòng	ซึ้งใจ ซาบซึ้ง	

专名

土耳其(土耳其)　　　　　Tǔ'ěrqí　　　ประเทศตุรกี

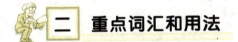 二　重点词汇和用法

1. "就"

(1) 表示强调。(แสดงการเน้น)

那就是我的老师。

故事就发生在地震后的第二天。

(2) 表示很快发生。(แสดงการเกิดขึ้นอย่างรวดเร็ว)

我就快不行了。

电影就要开始了。

(3) 表示早、快。(แสดงการเกิดขึ้นเช้า เร็ว)

一下子就没力气了。

六点就起床了。

(4) 后一个动作接着前一个动作发生。(การกระทำสิ่งหลังเกิดต่อเนื่องจากการกระทำสิ่งหน้า)

我下课以后就去买书。

他一听就哭了。

2. "感动"

这个故事感动了大家。

听了这个故事,我很感动。

不能说:

*这个故事很感动。

3. "也"

表示两事相同。(แสดงว่าถึงสองเรื่องเหมือนกัน)

（1）主语不同,谓语相同或意思相同。

我是泰国人,她也是泰国人。

妈妈起床了,爸爸也起来了。

（2）主语相同,谓语不同。

昨天,我们学了语法,也做了练习。

广州的夏天的很长,也很热。

（3）主语、动词相同,宾语不同。

她在中国没有亲人,也没有朋友。

中国人吃米饭,也吃面条。

三 句式

1. "着"字句:表示动作持续 (แสดงการกระทำต่อเนื่อง)

S	(+状)	+ V +	着	(+O)
他们	到处	找	着	
她	用手	撑	着	地
救援者	不停地	挖	着	石头

2. 连动句之四:表示动作伴随 (ประโยคกริยาต่อเนื่อง(4): แสดงถึงการกระทำที่เกิดตามกันมา)

S₁ + V + 着 (+O) + V (+了)

她	低	着	头	喊	
母亲	顶	着	石头	问	
他	流	着	眼泪	回答	
我	看	着	照片	哭	了

第 十 四 课

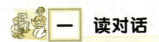 读对话

1 伤心和同情（เศร้าใจและเห็นใจ）

(1) A：你听说了吗？小李的母亲去世了。
　　B：遇到这样的不幸，他一定很伤心。
　　A：是啊，他才二十多岁，真是太可怜了。

(2) A：听说地震中死了很多人。
　　B：那些死者真不幸啊！
　　A：我觉得活着的人更痛苦。
　　B：是啊，没有什么比没了亲人更痛苦的了。

(3) A：张老师最近都没来上课，出什么事了吗？
　　B：他女儿小阳得了癌症，住医院了。
　　A：太不幸了。
　　B：是啊，小阳还那么年轻，太可怜了。

(4) A：你上班那么远，每天要坐三四个小时车，太不容易了！
　　B：是很累，不过有工作就不错了，那些没有工作的人才可怜呢。
　　A：是啊，听说王明一直在找工作。
　　B：还没找到？真为他难过。

生词语

1. 去世(去世)	（动）	qù shì	ตาย ถึงแก่กรรม
2. 不幸(不幸)	（形）	búxìng	โชคร้าย
3. 伤心(傷心)	（形）	shāngxīn	เศร้าใจ
4. 痛苦(痛苦)	（形）	tòngkǔ	ลำบาก ทุกข์ทรมาน
5. 出事(出事)	（动）	chū shì	เกิดเรื่อง
6. 癌症(癌證)	（名）	áizhèng	โรคมะเร็ง
7. 可怜(可憐)	（形）	kělián	น่าสงสาร

2 关心

(1) A：怎么回事？
　　B：我骑自行车骑得太快了，摔倒了。
　　A：哎呀，你也太不小心了！

(2) A：我看你脸色不好，怎么了？
　　B：感冒好几天了。
　　A：要紧不要紧？
　　B：没什么，不要紧。

(3) A：你去美国的事，办得怎么样了？
　　B：办好了，下个月就走了。
　　A：到了那里，你大概得每天吃面包了，你受得了吗？
　　B：有什么吃什么，没关系。

(4) A：下那么大的雨，淋着你没有？
　　B：没淋着，下雨的时候我们在车上呢。
　　A：忘了带水去，没渴着吧？
　　B：哎呀，我自己不会买吗？

生词语

1.	摔倒(摔倒)	（动）	shuāidǎo	หกล้ม
2.	要紧(要紧)	（形）	yàojǐn	สำคัญ ร้ายแรง
3.	办(辦)	（动）	bàn	ดำเนินการ
4.	受得了(受得了)		shòudeliǎo	รับได้ ทนได้
5.	淋(淋)	（动）	lín	ทำให้เปียก เปียก
6.	着(着)	（动）	zháo	[คำช่วย] ...อยู่

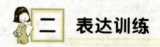 **二　表达训练**

1. 6—8个同学一组，每个同学都说一件自己遇到过的不幸/伤心的事情，其他的同学表示同情和关心。

2. 四个同学一组,看下面图,用"着"字句和表动作伴随的连动句口头准备一个故事,讲给老师和其他同学听。

1.

2.

3.

4.

5.

第十五课　谢谢老师的建议和鼓励

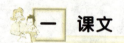

大为打算到中国留学。他去中文系办公室办一些事,小云也在办公室里

大　　为：小云,你也来办事?

林小云：你没看见我在这里办着公呢。系主任让我每个星期五来这里帮一个下午忙,有时替学习有困难的同学补补课,有时帮主任或者老师打打字。

大　　为：哦,你真是在这里办公啊。我还从来没上过班呢。主任在吗?

林小云：她正在会客呢。你找她有什么事?

大　　为：我跟你说过想去留学的事没有?

林小云：说过。手续快办好了吧?

大　　为：办着呢。可我父母建议我明年毕了业再去,我想听听主任的意见。

林小云：不然,你先跟王美老师谈谈吧,要是她能帮你解决这个问题,你就不用麻烦主任了。

大　　为：对,我本来就想请她给我写推

荐信。上午来找她的时候,她正给小丽补着课,没好意思打扰她们。现在她闲着吗?

林小云：也许在改作业呢,刚才二班班长交了一大堆作业。你先自己进去看看吧。

王美在办公室休息,她一边喝着茶,一边看着报纸。大为跟王美谈了一下目前的情况

王　美：我认为什么时候去并不重要。既然你在经济上还要依靠父母,那就考虑接受他们的意见吧。

大　为：我父母虽然说支持我去留学,可实际上却有点儿不放心。现在他们让我毕了业再去,等毕了业大概又会让我上几年班再去,那……

王　美：我明白了。我从来没留过学,特别羡慕别人有机会留学。如果你担心父母以后改变主意,那你就应该抓住机会赶快办成这件事,这叫"趁热打铁"。

大　为：我知道怎么办了。谢谢老师的建议和鼓励。

生词语

1.	留学(留學)	(动)	liú xué	ศึกษาต่อต่างประเทศ
2.	办(辦)	(动)	bàn	ดำเนินการ จัดการ
3.	办公(辦公)	(动)	bàn gōng	ทำงาน
4.	主任(主任)	(名)	zhǔrèn	หัวหน้า
5.	补课(補課)	(动)	bǔ kè	เรียนชดเชย
6.	打字(打字)	(动)	dǎ zì	พิมพ์ดีด
7.	会客(會客)	(动)	huì kè	ต้อนรับแขก
8.	手续(手續)	(名)	shǒuxù	พิธีการ ระเบียบการ ขั้นตอน
9.	建议(建議)	(动)	jiànyì	เสนอ เสนอแนะ ข้อเสนอ
10.	解决(解決)	(动)	jiějué	แก้ไข (ปัญหา)
11.	推荐(推薦)	(动)	tuījiàn	แนะนำ

泰国人学汉语 Ⅲ

12. 打扰(打擾)	（动）	dǎrǎo	รบกวน
13. 闲(閑)	（动）	xián	ว่าง
14. 也许(也許)	（副）	yěxǔ	บางที
15. 班长(班長)	（名）	bānzhǎng	หัวหน้าห้อง
16. 目前(目前)	（名）	mùqián	ขณะนี้, ปัจจุบัน
17. 并(不)(并(不))	（副）	bìng(bù)	(ไม่)เลย
18. 既然(既然)	（连）	jìrán	ในเมื่อ
19. 在…上(在…上)		zài... shàng	ในด้าน.. ในทาง...
20. 依靠(依靠)	（动）	yīkào	พึ่งพา
21. 接受(接受)	（动）	jiēshòu	รับ
22. 支持(支持)	（动）	zhīchí	สนับสนุน
23. 实际(實際)	（名）	shíjì	แท้จริง ความเป็นจริง
24. 抓(抓)	（动）	zhuā	จับ คว้า
25. 趁(趁)	（介）	chèn	ถือโอกาส ฉกฉวย(โอกาส)
26. 铁(鐵)	（名）	tiě	เหล็ก
27. 鼓励(鼓勵)	（动）	gǔlì	ให้กำลังใจ

二 注释

1. 一大堆

"一+大+M/N"表示数量多。如：

一大杯水 / 一大碗饭 / 一大群人

2. 抓住

"V+住+O",通过 V 使 O 留下 (ผ่าน"V"ทำให้"O"ยังคง อยู่), 如：

留住 / 记住 / 拿住

3. 办成

做成功。

4. 趁热打铁 (ตีเหล็กตอนร้อน)

抓紧时机做事。

三　重点词汇和用法

离合词总结 (สรุปการใช้คำผสม)

我们已经学习的离合词有

上课/下课	上班/下班	担心/放心	结婚/离婚	放假/请假
跳舞　唱歌	游泳　跑步	散步　起床	睡觉　洗澡	聊天　谈话
理发　抽烟	帮忙　念书	留学　毕业	办公　打字	补课　发言
开会　会客	见面　堵车	生气		

用法总结 (สรุปวิธีการใช้)

(1) "着/了/过"要放在 VO 之间 ("着/了/过" วางไว้ระหว่าง "VO")：

　　下了课　　　上着班　　　结过婚　　毕了业　　会着客　　留过学

　　唱了一首歌　抽着一支烟　见过几次面

(2) 动作的结果/时间/次数要放在 VO 之间 (ผลลัพธ์ของกริยา / เวลา / จำนวนครั้งให้วางไว้ระหว่าง "VO")：

　　上完课　　　请了三天假　　理三次发

　　洗干净澡　　谈了一会话　　帮一下儿忙

　　开好会　　　睡一晚上觉　　离过两次婚

(3) 后边一般不再跟其他宾语,如果有,要这样说 (ด้านหลังมักจะไม่ตามด้วยกรรม ถ้ามีกรรมต้องพูดดังนี้)：

　　跟朋友见面　跟女朋友结婚　　跟同学们开会

　　帮朋友忙　　生朋友气

(4) 重叠形式为 (รูปแบบการซ้ำคำ คือ)：

　　聊聊天　补补课　打打字　散散步

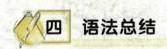

四　语法总结

动词的时态 (วาจกของคำกริยา)

1. 动作的完成 (การเสร็จสิ้นของการกระทำ): 了

(1) "V 了"表示动作的实现或完成 (แสดงถึงการสัมฤทธิ์ผลหรือการเสร็จสิ้นของการกระทำ)(第三册第六课句式)。

我吃了一碗米饭。

我吃了饭就去上课。

我和同学们一起在食堂吃了饭。

(2) 句子后的"了"表示一件事已经发生 ("了" ที่อยู่ท้ายประโยคจะแสดงว่าเรื่องราวหนึ่งได้เกิดขึ้นแล้ว)(第二册第三课句式)。

我昨天去他那儿了。

票我上午买了。

2. 情况的变化 (การเปลี่ยนแปลงของสภาพการณ์)：了(第二册第八课句式)

我已经习惯了。

天气冷了。

3. 动作的进行 (การดำเนินอยู่ของการกระทำ)：正在/在/正/呢/(正)在 V 呢(第二册第七课)

我们正在上课。

老师在改作业呢。

4. 动作的持续 (ความต่อเนื่องของการกระทำ)：V 着(第三册第十四课)

他们着急地找着。

雨不停地下着。

5. 过去的经验或经历 (ประสบการณ์ในอดีตหรือสิ่งที่ผ่านพบ)：V 过(第三册第十三课)

我去过中国。

泰国人都听说过这个故事。

6. 动作即将发生 (การกระทำกำลังจะเกิดขึ้น)：就/快/要/就要/快要 V 了(第二册第十三课)

电影就要开始了。

妈妈快回来了。

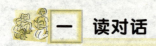 一 读对话

1. 犹豫 (ลังเล)

(1) A：听说你们打算买房子了？

B：是啊，不过到底买哪儿的房子，我们现在还在考虑呢。

A：是要好好考虑。

(2) A：你知道吗？小李和小王要在北京举行婚礼，你去参加吗？

B：去吧，北京太远；不去吧，又是那么好的朋友。真是拿不定主意。

A：还有时间再想一想。

(3) A：你想学文科还是学理科？

B：学文科，我喜欢，也学得好；学理科，以后容易找工作。决定不了。

A：你父母的意见是什么？

B：他们也拿不定主意。

(4) A：这两个男孩，你到底喜欢谁？

B：你让我再考虑一下，好吗？

A：还拿不定主意？

B：是啊，他们都那么好，让我怎么选择呢？

生词语

1.	到底(到底)	(副)	dàodǐ	(ท้ายที่สุด)ตกลงว่า
2.	婚礼(婚禮)	(名)	hūnlǐ	งานแต่งงาน
3.	文科(文科)	(名)	wénkē	สายวิชาศิลปศาสตร์ สายศิลป์
4.	理科(理科)	(名)	lǐkē	สายวิชาวิทยาศาสตร์ สายวิทย์
5.	选择(選擇)	(动)	xuǎnzé	เลือก

专名

1.	拿不定主意(拿不定主意)	nábudìng zhǔyi	ตัดสินใจไม่แน่นอน
2.	决定不了(決定不了)	juédìng bùliǎo	ตัดสินใจไม่ได้

2. 决定

(1) A：你真的要搬出去住吗？再考虑考虑吧。

B：我已经决定了，不想再依靠父母。

A：你要租房子，自己做饭，自己照顾自己……

B：别再劝我了，我已经拿定主意了。

(2) A：听说你在考虑去留学？

B：对，我已经决定去中国留学了。

泰国人学汉语 Ⅲ

A：去哪个大学,定了吗？
B：定了,去中山大学。

(3) A：经理,我们真的决定接受山本公司的条件了？
B：对,就这样决定了！
A：可是,我还是认为这些条件有问题。
B：不要再说了,我的决心已定。

(4) A：孩子,我和你爸爸还是希望你再考虑一下专业的事情。
B：妈妈,我已经下定决心了。
A：可是,历史系的毕业生不好找工作啊。
B：什么也改变不了我的决心！我喜欢历史。

生词语

1. 劝(勸)　　　　　　　　(动)　　quàn　　พูดโน้มน้าว เตือน
2. (下)决心((下)決心)　　(名)　　(xià)juéxīn　　ตัดสินใจ ตกลงใจ

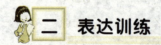 **二　表达训练**

1 两个同学一个小组,根据以下五种情况模仿会话练习,先表示"犹豫",再表示"决定"。

(1) 去不去留学？
(2) 学什么专业？
(3) 找什么工作？
(4) 跟朋友去旅行还是跟父母去旅行？
(5) 早结婚还是晚结婚？

2 五个同学一组,谈谈：

(1) 生活中遇到的最让你犹豫的事情。
(2) 你们决定要做的事。

听力文本

第一课　这是皮的吗

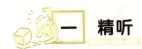 精听

1. 听一遍会话课文,回答问题

(1) 女：每次念字母,我都能看到它们的颜色。
　　男：真的？太奇怪了。A是什么颜色的？
　　女：深红色的。
　　男：I是什么颜色的？
　　女：浅蓝色的。
　　问题：深红色的是哪个字母？

(2) 女：今天小云穿得很漂亮。
　　男：真的吗？她穿什么？
　　女：她的衬衣是白的,裙子是花的,鞋子是红的。
　　问题：小云的衬衣是什么颜色的？

(3) 男：你的包是真皮的吗？
　　女：不是皮的,不过是人造革的。
　　男：你的衬衣是人造丝的吗？
　　女：不是,是真丝的。
　　问题：女的的衬衣是什么丝的？

(4) 男：这件衬衣很好看,是棉的吗？
　　女：是的,我只穿纯棉的。
　　男：那你的毛衣都是纯毛的吧？
　　女：对啊,都是毛的。
　　问题：女的的衬衣和毛衣各是什么的？

(5) 女：你家的饭桌是圆的还是方的？
    男：是圆的。
    女：是大的还是小的？
    男：是大的。我们家有六口人。
    问题：男的家的饭桌是方的吗？

(6) 女：我要去参加晚会，借你的裙子穿穿，行吗？
    女：行啊，你要长的还是短的？
    女：我想穿长的。
    问题：第一个人为什么要借裙子？

(7) 女：你想穿白的还是穿黑的？
    男：无所谓。
    女：你什么都无所谓。
    男：我觉得什么颜色都可以，没关系。
    问题：他们在说喜欢什么颜色，对吗？

(8) 女：我们晚上吃什么？
    男：随便吧。
    女：不能随便，有客人来。
    男：那就随他们的便。
    问题："随他们的便"是什么意思？

2. 听句子，选择正确答案

(1) 请你帮我拿那件衣服过来，那件黑的、长的、有汉字的。
    问题：你应该拿的衣服是？
    A. 有汉字的白色的   B. 没有汉字的长的
    C. 没有汉字的黑的   D. 有汉字的长的

(2) 这双鞋子是6号的，有点儿小，换一双大一点儿的试试吧。
    问题：他们可能要试的鞋子是：
    A. 6号的   B. 7号的   C. 5号的   D. 8号的

(3) 你们最好还是问问他的意见，他不是那种对什么都无所谓的人。
    问题：他这个人怎么样？
    A. 很随便   B. 对什么都无所谓
    C. 对事情有自己的意见   D. 喜欢问问题

(4) 这种包是真皮的,也是手工做的,所以价格比那种高一点儿。那种不是手工做的。

　　问题:为什么这种包贵一点儿?

　　　A. 因为是真皮的　　　　B. 因为是手工做的

　　　C. 因为高一点儿　　　　D. 因为是人造革的

(5) 我还想要一张桌子,方的、小的,放在床旁边。别的都不缺了。

　　问题:"我"还缺什么?

　　　A. 缺一张大桌子　　　　B. 缺一张大床

　　　C. 缺一张小方桌　　　　D. 缺一张小床

3. 听短文,判断正误

　　星期天,王美、甘雅和小云一起去买东西。王美很喜欢买衣服,特别是衬衣。她喜欢白色,所以她有很多件白衬衣,不过甘雅觉得蓝色更适合王美。王美从北京带了两双鞋子来,她想在曼谷再买一双。她想买一双上班和上课的时候能穿的鞋子,可是小云觉得她另外两双鞋都是这样的,她应该买一双样式新一点儿的参加晚会的时候也能穿的鞋子。王美同意了。她先试了一双深颜色的,然后试了一双浅颜色的。浅颜色的更适合王美一点儿。王美觉得穿上鞋子不太舒服,她想可能鞋子不是真皮的。但小云说鞋子是真皮的。甘雅说漂亮的新鞋子总是不太舒服,旧鞋子舒服一点儿,爱人也一样。王美听了就笑了,她知道甘雅最近正在想要不要换一个新的男朋友的问题。

(1) 王美的衬衣特别多。□
(2) 蓝色更适合甘雅。□
(3) 王美有两双鞋子,是从北京带来的。□
(4) 王美的鞋子都可以在参加晚会的时候穿。□
(5) 参加晚会穿的鞋子样式应该新一点儿。□
(6) 王美试了两双深颜色的鞋子。□
(7) 浅颜色的鞋子是真皮的,所以舒服一点儿。□
(8) 甘雅觉得跟现在的男朋友在一起比较舒服。□

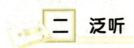

1. 听对话,选择正确答案

(1) 男:这本书我看到两个中文译本,一个是台湾的,一个是香港的。

女：我觉得香港那本好一点儿，翻译得更清楚。

问题：这本书原来是：

A. 台湾的　　　B. 香港的　　　C. 外语的　　　D. 中文的

(2) 女：我们考试以后要组织到外地去旅行。你们呢？

男：一样。不过我们的考试时间晚一点儿。

问题：男的什么和女的一样？

A. 考完试去旅行　B. 考试时间　　C. 旅行的地方　　D. 都一样

(3) 男：你怎么能那么快地知道这些东西是什么？

女：我可以摸，可以闻，可以听。

问题：女的可能什么有问题？

A. 鼻子　　　　B. 耳朵　　　　C. 手　　　　　D. 眼睛

(4) 女：我是个特别没主意的人，常常都听别人的。

男：是吗？我不一样，我很有主意，很少听别人的。

问题："没主意"的人可能常常说：

A. 我一定要……　B. 随你的便　　C. 我的看法是……　D. 我不同意

(5) 女：这条路有点儿黑，我们还是走那条吧。

男：那条路亮一点儿，可是旁边没有房子没有人，更不安全。

问题：那条路怎么样？

A. 有点儿黑，所以不安全　　　　B. 亮一点儿，所以安全

C. 没有房子没有人，所以不安全　　D. 更黑，所以更不安全

2. 听短文，选择正确答案

英仙座流星雨将在北京时间8月11日晚上爆发，在12日凌晨达到最高峰。在流星雨高峰期时，每小时可能有一百颗以上的流星出现。

英仙座流星雨是最有名的流星雨之一，流星很多，每年夏天都会在一样的时间出现。因为很亮的流星比较多，所以在晚上很亮的城市也能看到不少流星。如果在合适的观测地点，一个晚上可能看见差不多一千颗流星。这次英仙座流星雨的最好观测地点为欧洲东部、北非东部、俄罗斯中部、印度和中国西部。

(1) 流星雨的名字是：

A. 北京时间　　B. 英仙座　　　C. 有名　　　　D. 最有名

(2) 流星雨出现的时间是：
   A. 11日晚上   B. 12日凌晨   C. 北京时间   D. A和B
(3) 去年的这个流星雨在什么时候出现？
   A. 8月   B. 9月   C. 没有出现   D. 不知道
(4) 以下哪一句对？
   A. 高峰时，每小时出现100多颗流星   B. 每个小时出现100多颗流星
   C. 高峰时，每小时出现1000多颗流星   D. 每个小时出现1000多颗流星
(5) 为什么在城市也可以看到流星？
   A. 因为城市很亮   B. 因为流星很亮
   C. 因为城市是适合的观测地点   D. 因为流星很多
(6) 在哪里可以看到差不多一千颗流星？
   A. 欧洲中部   B. 东非北部   C. 俄罗斯北部   D. 中国西部

3. 听后复述

(1) 姐姐的衣服不是纯棉的，就是真丝的，还有纯毛的。
(2) 小林最喜欢蓝色，小南最喜欢黄色，小李最喜欢绿色。
(3) 方的大，圆的小，长方的不大不小，椭圆的不小不大。
(4) 我喜欢吃淡一点儿、嫩一点儿、热一点儿的菜。

第二课　就买又小又薄的

听力练习

一　精听

1. 听一遍会话课文,选择正确答案

(1) 女：这空调是多少匹的？
　　男：是1.5匹的。
　　女：我有两个房间,一个是15平米的,一个是10平米的,空调要买多大的？
　　男：15平米的房间可以用1匹的,10平米的用四分之三匹的。
　　问题：哪个房间用1匹的空调？

(2) 女：你家的冰箱和洗衣机都特别大。
　　男：是啊,我家人多。
　　女：冰箱多大？
　　男：是600立升的。
　　女：洗衣机呢？
　　男：洗衣机是10公斤的。
　　问题：男的家的冰箱多少立升？

(3) 男：这个小房间有什么用？
　　女：可以放东西。
　　男：这个大瓶子是做什么的？
　　女：就是看的,你不觉得它很好看吗？
　　问题：在哪里可以放东西？

(4) 男：这种酱是做什么菜的？
　　女：这是虾酱,很多泰国菜都用它。
　　男：这种油是吃的还是用的？
　　女：这是药油。一般是外用的,有时也可以跟水一起喝一点儿。
　　男：这种药油治什么病？

女：各种各样的小病。

问题：女的向男的介绍怎么做泰国菜，对吗？

(5) 女：小天真高啊。

男：对，不过跟他哥哥比，他还不太高。

女：什么？他哥哥更高？

问题：小天高不高？

(6) 女：这里有三张相片，你最喜欢哪张？

男：我喜欢这两张黑白的。

女：我最喜欢这张彩色的。我觉得跟黑白相片比，彩色照片更真实。

问题：女的喜欢什么相片？

(7) 女：这盏灯有些暗。

男：那盏灯亮一点儿。

女：我们用那盏吧。

问题：他们为什么用那盏灯？

(8) 男：我去欧洲好还是去亚洲好？

女：欧洲生活好一点儿。

男：可是欧洲跟美国一样，都是西方国家。

女：也对，亚洲国家有意思一些。

问题：男的现在可能在哪里？

2. 听句子，选择正确答案

(1) 王美做的冬荫功很好吃，不过我更喜欢辣一点儿的。

问题："我"喜欢怎么样的冬荫功？

A. 好吃的　　B. 辣一点儿的　C. 不辣的　　D. 王美做的

(2) 小王的DVD机坏了，几个朋友只好用小黄的电脑看。

问题：他们要看什么？

A. 小王　　B. 小黄　　C. 几个朋友　　D. DVD

(3) 从十点到现在，我一直在看这说明书。可是，看以前不明白，看以后更不明白。

问题：说明书可能怎么样？

A. 很长　　B. 写得很明白　C. 写得不明白　　D. 写得又长又不明白

(4) 那晚会参加不参加都行，反正也没什么特别有意思的节目。

问题：晚会怎么样？

A. 很有意思　　B. 一定要参加　　C. 不太有意思　　D. 节目不多

(5) 今天是星期五,又是发工资的日子,肯定堵车。

问题:这句话没有说,但是我们可以知道:

A. 今天星期五　　　　　　B. 今天发工资

C. 星期五常常堵车　　　　D. 人们拿工资以后都出去玩儿

3. 听短文,判断正误

王美家有四口人。她爸爸是大学教授,妈妈是医生,姐姐是电脑工程师,叫王明。王明今年三十二岁了,还没有男朋友。她太忙了,没有时间找男朋友。爸爸妈妈希望她找到男朋友、结婚,早一点儿有自己的家。可是王明不着急,她太喜欢工作了。她在一个电脑公司工作,工资不太高,可是工作特别有意思,人人都知道她是公司里最好的工程师。王明住在爸爸妈妈家,不买房子、不买车,也不爱买衣服,她就喜欢买新电脑。她不要的电脑,有的送给亲戚、朋友,有的卖给别人。她自己也不记得现在用的是她的第几台电脑了。王美问她,什么是好电脑?王明说,又好用又漂亮的就是好电脑,价格贵一点儿没关系。王美问:"电脑也要买好看的?"王明说:"那当然,你找男朋友不想找好看的吗?"王美明白了,原来电脑就是姐姐的男朋友。她告诉爸爸妈妈这件事,爸爸妈妈更担心了。

(1) 王美的妈妈是大学教授。☐　　(2) 王明今年三十二岁,是工程师。☐

(3) 王明希望早一点儿有自己的家。☐　　(4) 王明是一个非常好的电脑工程师。☐

(5) 王明记得她的每一台电脑。☐　　(6) 王明喜欢买又好用又好看的电脑。☐

(7) 王明不要的电脑都送给亲戚和朋友了。☐

(8) 爸爸妈妈担心王明以后没有钱。☐

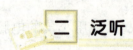

二　泛听

1. 听对话,选择正确答案

(1) 男:你怎么那么高兴?

女:我刚刚看到小林,他说我穿这条裙子特别漂亮。

男:他那人就是嘴巴甜,你还不知道吗?

问题:男的是什么意思?

A. 裙子不漂亮　　　　　B. 小林喜欢吃甜的

C. 小林说得不对　　　　　D. 小林爱说别人爱听的话

(2) 男：来，尝尝这汤味道怎么样。
    女：嗯，有点儿淡，咸一点儿就好了。
    男：行，再放一点儿盐。
    问题：关于"盐"，对的是：
    A. 它是一种菜　　　　　B. 它是一种味道
    C. 放盐以后，菜咸　　　D. 放盐以后，菜淡

(3) 女：跟农村比，我更喜欢生活在城市里，吃的用的都比较好，比较方便。
    男：不一定。农村现在生活也不错，而且又干净又安静。不过，城市的生活更有意思。
    问题：城市可能怎么样？
    A. 又干净又安静　　　　B. 吃的用的都又好又方便
    C. 没有意思　　　　　　D. 跟农村比，生活更好

(4) 男：你在收拾什么呢？
    女：收拾小丽扔的东西。
    男：什么？这些全是她不要的？
    问题：以下句子哪个对？
    A. 这些东西我不要了，扔了吧　　B. 这些东西很扔
    C. 扔的东西就是要的东西　　　　D. 扔东西就是收拾东西

(5) 男：好，我要一个意大利面条，丹要一个牛排，你要一个夏威夷PIZZA，你要吃厚饼还是薄饼？
    女：我还不饿，吃薄的吧。
    问题：女的想吃什么？
    A. 面条　　　B. 牛排　　　C. PIZZA　　　D. 薄饼

2. 听短文，选择正确答案

在德国法兰克福机场，我们遇到了五个大学生。他们都从同一个大学——清华大学来。他们就是参加雅典奥运会服务工作的中国志愿者！

每一次奥运会，为了能够更好地为运动员服务，都需要很多志愿者。在今年年初，雅典奥运会的组委会从一千多个报名的中国人中挑选了六个人。其中一个人因为生病了，不能去雅典，所以只有他们五个人。

现在来介绍一下我们遇到的五个大学生：

胡滨：爱说话的北京男孩，电机系的学生，最喜欢排球。
马泽仁：英俊的香港男孩，化工系的学生，热爱篮球。
蒋婕：总是高高兴兴的深圳女孩，软件系的学生，喜欢游泳。
丁容容：安静的福建女孩，外语系英语专业，什么运动都喜欢。
张跻朝：娇小的北京女孩，外语系英语专业，最喜欢乒乓球、体操。

选择正确答案

(1) 以下哪个不是中国的地方：
  A. 德国 B. 深圳 C. 福建 D. 香港

(2) 以下哪个不是清华大学里的专业：
  A. 电机 B. 外语 C. 软件 D. 游泳

(3) 谁最可能不爱说话？
  A. 胡滨 B. 马泽仁 C. 蒋婕 D. 丁容容

(4) 谁可能最矮小？
  A. 张跻朝 B. 马泽仁 C. 蒋婕 D. 丁容容

(5) 谁喜欢的运动最多？
  A. 张跻朝 B. 马泽仁 C. 蒋婕 D. 丁容容

3. 听后复述

(1) A：你的鞋子是几号的？

  B：六号半的。

  A：我的是六号的，你的鞋子大一点儿。

(2) A：你穿多大号的衣服？

  B：我穿中号的。

  A：你姐姐呢？

  B：她胖一点儿，高一点儿，要穿大号的。

(3) A：今天有点儿热，对吗？

  B：是啊，希望明天凉快一点儿。

(4) A：这个东西有什么用？

  B：我也不知道。

  A：放在厨房里，应该是做饭用的。

第三课　这里的房间比我们宿舍大

1. 听一遍会话课文,回答问题

(1) 女：这里不准照相。
　　男：对不起,我不知道。
　　问题：这里可以照相吗?

(2) 女：你看不懂那几个汉字吗?禁止吸烟!
　　男：好了,好了,我不吸了。
　　问题：那几个汉字是什么?

(3) 女：小强,不要看别人的,自己做。
　　男：老师,现在是做作业,不是考试。
　　女：什么时候都不能看别人的。
　　问题：小强自己做作业吗?

(4) 女：你怎么吃东西?
　　男：我饿了!
　　女：地铁里不准吃东西,你不知道吗?
　　男：公共汽车上可以吃,为什么地铁不许吃?
　　问题：他们在哪里谈话?

(5) 女：小亮,我们在喝酒呢,你也出来吧。
　　男：不行,我爸爸妈妈不准我晚上九点以后出门。
　　女：那就没办法了。
　　男：你也少喝一点儿。
　　问题：现在是什么时候?

(6) 女：他们又开晚会了,真讨厌。
　　男：是啊,声音那么大,他们不知道十点以后不得大声喧哗吗?

女：他们才不管宿舍的规定。

问题：宿舍的规定是什么？

(7) 男：这短裙很漂亮，买一条吧。

女：不行，不能穿。

男：为什么？

女：学校不准穿短裙。

问题：为什么不能穿短裙？

(8) 女：喝咖啡吗？

男：不，医生不许我喝咖啡。

女：茶可以喝吗？

男：可以，但是要少喝一点儿。

问题：男的可以喝一点儿什么？

2. 听句子，选择正确答案

(1) 那个导游不但汉语说得很流利，而且对游客特别热情。

问题：那个导游怎么样？

A. 汉语说得很流利，对游客不热情　　B. 汉语说得不流利，对游客也不热情

C. 汉语说得不流利，但是对游客很热情　D. 汉语说得很流利，对游客很热情

(2) 去不去泰国看父亲，还得问问孩子本人的意见。

问题："本人"是谁？

A. 泰国人　　　B. 孩子　　　C. 父亲　　　D. 其他人

(3) 全村人都知道白老师要走了，大家都希望他别走。

问题："大家"是谁？

A. 白老师　　　B. 村里的人　　C. 要走的人　　D. 白老师家里的人

(4) 这里的东西不但比那里便宜，而且比那里质量好。

问题："这里"和"那里"可能是什么地方？

A. 学校　　　B. 超市　　　C. 房子　　　D. 城市

(5) 107的布置比701现代，不过701没有107这么拥挤。

问题：107和701可能是什么？

A. 房间　　　B. 数字　　　C. 时间　　　D. 地址

3. 听短文,判断正误

文静来北京以前,她的朋友就帮她在学校附近租了一个房间。文静来了以后才知道,这座楼里住的全是泰国学生。文静想,来中国学汉语最好的是语言环境,可是现在她的语言环境跟在泰国一样。所以她想另外租房子。她在学校附近的居民楼找到一个房间,她对新房间很满意。

这里管得很严,外人进出的时候都要登记,很安全。房间是新布置的,很现代,也很干净。洗衣机、冰箱什么的都有,却不拥挤。而且房间在高层,空气和光线都很好,往西看,还能看到北京西山。只有两点不方便:一是晚上十二点以后没有电梯,文静周末喜欢跟朋友出去玩儿,常常十二点以后才回来,只好爬楼梯;二是规定房间内不得吸烟,文静不吸烟,可是几个吸烟的朋友来她这里就觉得不舒服。文静说没关系,爬楼梯和不吸烟都对身体好。

(1) 文静来北京以前,朋友帮她租房间。□
(2) 文静觉得跟泰国人一起住,对学习汉语没有帮助。□
(3) 文静每次进出她住的居民楼都要写名字。□
(4) 新房间不但布置得很现代,而且很干净。□
(5) 新房间东西很多,有点儿拥挤。□
(6) 在房间里能看到北京的山。□
(7) 周末,文静常常要爬楼梯。□
(8) 文静的朋友吸烟的时候觉得不舒服。□

二 泛听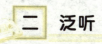

1. 听对话,选择正确答案

(1) 女:我不想去大城市,所有的大城市都一样,高楼林立,交通拥挤。
男:也不全是。有些城市比别的城市更美,特别是那些古老的城市。
问题:男的的意思是:
A. 大城市全都很美　　　　B. 古老的城市比别的城市美
C. 大城市都不一样　　　　D. 女的应该去古老的城市

(2) 女:快来看看这些规定,这个"禁止",那个"不得",真可怕。
男:是啊,看来这里也不比我们原来的学校好。
问题:他们可能喜欢什么样的学校

A. 管得很严的学校　　　　　　B. 原来的学校
C. 好学校　　　　　　　　　　D. 管得不严的学校

(3) 男：我租了一个新房子，有空来玩儿。
女：好啊，一起炒几个好菜，喝喝酒，聊聊天。
男：哎呀，不行，房东规定不准在房间里炒菜。
女：纽约那么大，你怎么找了这么个房子？
问题：女的的这句话是什么意思？
A. 男的应该去纽约(นิวยอร์ค)找房子　　B. 男的应该租可以炒菜的房子
C. 纽约为什么那么大　　　　　　　　D. 你为什么找这样的房子

(4) 男：小木，我觉得我们走错了。
女：没错，我们不是刚刚才看地图吗？
男：对啊，按地图，我们走的应该是直路，可是你刚刚拐了一个弯。
问题：男的的意思是：
A. 他们现在走的不是直路　　B. 他们现在走的是直路
C. 他们应该看地图　　　　　D. 他们应该走直路

(5) 女：别往里走了。
男：为什么？那里布置得挺舒服，我们进去坐坐。
女：没看见吗？"不得入内"。
问题：女的为什么说"别往里走了"？
A. 因为不能进去　　　　　　B. 因为那里不舒服
C. 因为她不想进去　　　　　D. 因为她没看见那个舒服的地方

2. 听短文，选择正确答案

8月12日到17日，由中国、韩国、日本三国90名青少年组成的夏令营在中国内蒙古举行。

30名中国青少年、30名韩国青少年和30名日本青少年参加了夏令营，队员中最大的19岁，最小的只有12岁。在5天的夏令营中，青少年们每天走30公里路，晚上都住在野外。

8月的天气特别热。日本少年全背着巨大的背包，有人想帮一些瘦小的孩子背，他们也不同意。他们说不累。中国孩子有的却整天打手机给父母，说太累了。夏令营结束的时候，日本、韩国的孩子都很满意，他们说："原来只知道书上说地球很大，现在才知道大地真的很大。"中国孩子却说,他们只希望早一点儿回家。

> (据《长江日报》2004年8月19日《中日韩少年夏令营,
> 韩日孩子坚强,中国孩子怕吃苦》)

(1) 哪个国家的青少年没参加夏令营?
    A. 中国   B. 日本   C. 蒙古   D. 韩国

(2) 哪一句对?
    A. 中国青少年比日本多   B. 韩国青少年比日本大
    C. 青少年们每天走5公里   D. 夏令营12号开始,17号结束

(3) 日本青少年:
    A. 都没有手机   B. 都背大背包
    C. 都很瘦小   D. 都对夏令营不满意

(4) 中国青少年:
    A. 都回家了   B. 都背大背包
    C. 可能都有手机   D. 对夏令营很满意

(5) 哪一句对?
    A. 日本和韩国青少年的身体比中国青少年好
    B. 中国青少年比日本和韩国青少年喜欢打电话
    C. 日本和韩国青少年比中国青少年喜欢走路
    D. 中国青少年比日本和韩国青少年怕(กลัว)累

3. 听后复述

(1) 中学的规定比大学的规定多,而且严格。
(2) 黄河没有长江长,水量也没有长江大。
(3) 非本酒店住客谢绝入内。
(4) 夏天的时候,广州不比曼谷凉快,冬天的时候,广州比曼谷冷得多。
(5) 这张床没有那张床宽,两个人睡,当然是睡那张床比较舒服。
(6) 现在的自然环境比一千年前差得远了。

第四课　北方人长得比南方人白

听力练习

一　精听

1. 听一遍会话课文,回答问题

(1) 男:你哥哥在看足球呢。
    女:他是足球迷。
    男:我也爱踢足球。
    女:他不爱踢足球,他爱看足球。
    问题:男的爱做什么?

(2) 女:我觉得在所有老师中,张老师是最好的。
    男:当然,因为他最热爱教师工作。
    问题:为什么张老师最好?

(3) 男:你在看什么电视剧呢?
    女:《真爱》。
    男:原来你对爱情故事感兴趣?
    女:是啊!你看,这个女的很爱那个男的,可是那个男的却深爱他的初恋情人,他的初恋情人又在跟另一个男的热恋呢。
    男:爱情真是有趣啊。
    问题:电视剧里的男的爱谁?

(4) 女:我姐姐最近在谈恋爱。
    男:你怎么知道?
    女:她变得爱漂亮了,而且爱在房间里打电话。
    问题:女的的姐姐最近怎么样了?

(5) 男:中文系女生特别多。
    女:是啊,百分之七十都是女生。
    问题:如果中文系有两百个学生,女生有多少?

(6) 男：进度怎么样？
　　女：已经完成了一大半了。
　　男：还有一小半？
　　女：对,还有大概百分之二十。
　　问题：大概完成了多少？

(7) 女：他吃得真多,一桌菜他吃了三分之二。
　　男：没那么多,二分之一吧。
　　问题：二分之一多还是三分之二多？

(8) 男：你们同意不同意这个计划？
　　女：大部分同意,小部分不同意。
　　男：大部分是多少？小部分是多少？
　　女：大部分是百分之六十,小部分是百分之三十。
　　男：还有十分之一的人呢？
　　女：他们说无所谓。
　　问题：有多少人同意？多少人不同意？多少人无所谓？

2. 听句子,选择正确答案

(1) 华泰电影公司在北京的合作对象是北方公司。
　　问题：哪个公司跟哪个公司合作？
　　A. 电影公司和北方公司　　　B. 华泰公司和北方公司
　　C. 华泰公司和北京公司　　　D. 电影公司和北京公司

(2) 曼谷是泰国的首都,是泰国的政治、经济和文化中心,人口六百万。
　　问题：曼谷不是什么？
　　A. 首都中心　　B. 政治中心　　C. 文化中心　　D. 经济中心

(3) 大家对于南方人和北方人的"同"和"不同"了解得不多。
　　问题：大家了解得不多的是什么？
　　A. 南方人和北方人　　　　B. "同"和"不同"
　　C. 南方人和北方人的"同"和"不同"　　D. 南方人和北方人的"不同"

(4) 关于酒店,我现在就去向导游了解,你们放心吧。
　　问题："我"要去做什么？
　　A. 了解导游　　　　　　　B. 向导游了解去哪里
　　C. 了解酒店的情况　　　　D. 请你们放心

(5) 如果你看不起他们,他们就不会好好跟你合作。
问题:如果想好好跟他们合作,你应该怎么样?
A. 看他们　　B. 看不起他们　　C. 别看不起他们　　D. 好好跟他们合作

3. 听短文,判断正误

小云长得比爸爸白,比妈妈高,比爸爸妈妈都漂亮,全家都喜欢她。在学校里,她学什么都比其他同学学得好,汉语说得比二年级的同学还流利。同学们都说:"我们没有小云那么聪明。"小云看书也看得比一般的大学生多,她哥哥林小平对中国文化的了解可能还没有她深。不过,小云不喜欢运动。她跑步跑得没有其他同学快,打球也没有其他同学打得好。小云做家务也没有其他人做得好,她炒菜没有小平炒好吃,打扫房间没有丹打扫得干净。在家里跟好朋友说话,小云说得比大家都多,但是如果人很多,小云就变得很安静。有一次,她和王美一起去甘雅那里,遇到很多甘雅的朋友,她差不多没说话,甘雅说:"小云说得比外国人还少。"然后,他们一起出去吃饭,开了五辆车。小云开甘雅的车,她的车开得比其他车都快。

(1) 小云长得比爸爸高,比妈妈白。☐　　(2) 小云学得比二年级的学生好。☐
(3) 小云对中国文化了解得比小平深。☐　　(4) 小云跑步跑得没有其他同学快。☐
(5) 丹炒的菜比小云炒的好吃。☐　　(6) 小云说话总是说得比别人多。☐
(7) 如果有外国人,小云就说得不多。☐　　(8) 小云开第五辆车,开得最快。☐

二 泛听

1. 听对话,选择正确答案

(1) 男:这次又合作得很不好,我再也不想跟外国公司合作了。
女:如果你先好好地了解你的合作对象,就不会有那么多问题。
问题:为什么合作得不好?
A. 因为有很多问题　　　　　　　　B. 因为不了解外国
C. 因为不了解合作的外国公司　　　　D. 因为不想跟外国公司合作

(2) 男:我喜欢跟北京人聊天,听他们谈政治。
女:听说对于政治,北京的出租车司机了解得比外地的大学教授还多。
问题:女的的意思是:
A. 出租车司机比大学教授更了解政治　　B. 大学教授比出租车司机更了解政治
C. 北京人非常了解政治　　　　　　　　D. 北京的出租车司机非常了解政治

(3) 女：都说丽江比大理漂亮，可是我觉得丽江没有大理好。
   男：每个地方都有好和不好，你应该说你在丽江玩儿得没有在大理好。
   问题：男的觉得哪里好？
   A. 丽江   B. 大理   C. 都不好   D. 他没说

(4) 男：在看什么书？《霍乱时期的爱情》？是关于什么的？
   女：还要问吗？
   问题：这本书是关于什么的？
   A. 不知道   B. 要问一问   C. 爱情   D. 时间

(5) 男：你女儿今年大学毕业吧，开始找工作了吗？
   女：开始了，现在大学生越来越多，好工作越来越不容易找。
   男：特别是女孩子，机会更少。
   问题：从他们的对话我们可以知道：
   A. 男孩子找工作比女孩子更难   B. 女孩子找工作比男孩子更难
   C. 男孩子女孩子找工作都不难   D. 大学生的机会比较多

2. 听对话，选择正确答案

王美：刚从北京回来，感觉怎么样？

小云：我喜欢北京。不过，对于北京人我有一些奇怪的感觉。

王美：哦？快说说，我也是北京人啊。他们对你热情吗？

小云：认识我的人，比如哥哥的朋友、何娜的同学，对我特别热情。可是，不认识的人有时不太热情。

王美：是吗？你遇到不愉快的事情了吗？

小云：比如我住在爸爸朋友的家里，那是一座高楼，坐电梯的时候我跟其他人打招呼，他们却奇怪地看我，不跟我打招呼；我在路上常常对其他人微笑，他们也很奇怪地看我，也不对我笑。

王美：对，中国人对陌生人没有泰国人那么客气和友好。泰国是微笑的国家啊。

小云：北京人比泰国人更容易着急。我回来的时候，飞机晚点了，等飞机的北京人都很生气。其实，生气也没用，对吗？

王美：听起来，你好像不太喜欢北京人啊！

小云：不是的。我就是觉得北京人没有爸爸说的那么好。

王美：可能是因为爸爸对北京人了解得比你深吧。

小云：我知道，我跟北京人聊天聊得比爸爸少多了。我也想多跟他们聊，可是他们说普通话说得比你快,而且特别不清楚,我常常听不懂。
王美:他们说的是北京话。

(1) 以下哪个句子对?
  A. 北京人好像比较容易着急   B. 北京人对外国人不热情
  C. 北京人不跟外国人打招呼   D. 北京人不了解外国人

(2) 北京人:
  A. 对所有人都很热情   B. 对认识的人很热情
  C. 对不认识的人不太热情   D. B 和 C

(3) 小云在北京住哪里?
  A. 哥哥的朋友那里   B. 何娜的同学那里
  C. 爸爸的朋友那里   D. 自己的朋友那里

(4) 根据对话,可以知道北京人:
  A. 喜欢微笑   B. 对陌生人没有泰国人友好和客气
  C. 喜欢生气   D. 不爱跟外国人聊天

(5) 根据对话,我们知道小云:
  A. 普通话学得不好   B. 不喜欢北京人
  C. 不太了解北京人   D. 看不起北京人

3. 听后复述

(1) 她跳舞跳得没有她姐姐那么优美。
(2) 北京是中国的首都,北京也是中国的经济、文化和政治中心。
(3) 如果这次我跑步跑得比你快,你就要请我吃饭。
(4) 长得漂亮的演员不一定演得比长得不漂亮的演员好。
(5) 在时代广场有一个古迹展览。

第五课　怎样才能学好汉语

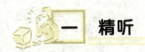

1. 听一遍会话课文,回答问题

(1) 男：下那么大的雨,我看她不会来帮我们了。

女：不,我相信她一定说到做到。

问题：她一定会来做什么？

(2) 男：小林考试不及格,你信不信？

女：不可能！

男：是真的！刚听到的时候我也不信。

问题：小林平时的成绩可能怎么样？

(3) 女：听说王小月跟她男朋友分手了。

男：我才不信呢,昨天还看见他们在一起。

问题："分手"可能是什么意思？

(4) 女：陈美儿告诉我考试不用考语法。

男：不会的,每年考试都考语法。

问题：谁告诉"我"考试不用考语法？

(5) 女 A：张强说他能一边听录音一边背生词。

男：你信吗？

女 A：我不太相信。

男：对啊,这怎么可能呢？

女 B：我信,很多人有特别的能力。

问题：张强有什么特别的能力？

(6) 男：我特别怕听写。

女：你的汉字学得不错,为什么要怕？

男：我也不知道。

女：这样好吗？我每天帮你听写，你习惯了，就不怕了。
男：好，我去拿纸和笔。
问题：他们现在要做什么？

(7) 男：你晚上敢一个人走那条路吗？
女：不敢，我怕黑。
问题：女的不敢做什么？

(8) 女：我们已经工作了十个小时了，不能再继续了。
男A：你敢跟经理说吗？
女：我不敢，我怕他。
男B：你们不敢，我敢，我不怕他。
问题：第二个男的要去跟经理说什么？

2. 听句子，选择正确答案

(1) 两年不见，你长得越来越漂亮了，我都快不认识你了。
问题：为什么不认识你了？
A. 因为我们第一次见面　　B. 因为我们两年不见了
C. 因为你比以前漂亮了　　D. 因为你长得不一样了

(2) 我相信你能得到那份工作，因为你比别人更有能力。
问题：以下哪句话最准确？
A. 你得到那工作了　　B. 你可能能得到那工作
C. 你会得到那工作　　D. 你应该能得到那工作

(3) 小强对真真好极了，说话也很小心，就怕说错话，真真还有什么不满意吗？
问题：说话人：
A. 觉得真真不应该对小强不满意　　B. 想知道真真有什么不满意
C. 想知道真真对小强满意不满意　　D. 觉得小强怕真真不满意

(4) 一件小事马大姐要说十分钟才说完，这件事情她大概得说一小时。
问题：说话人在：
A. 估计马大姐说话的时间　　B. 批评马大姐说得太多
C. 表扬马大姐很能说话　　　D. 告诉别人马大姐很能说话

(5) 王老师努力工作，对学生特别热情，得到全班同学的喜爱。
问题：这句话的意思是：
A. 王老师喜爱学生　　B. 学生对王老师很热情
C. 王老师对工作很热情　　D. 学生喜爱王老师

3. 听对话，判断正误

女：陈先生，你的英语说得真好，你在国外学的吗？

男：不，我是北京外国语大学英语系的毕业生。

女：你的同学英语都说得那么好吗？

男：有些同学说得比我更流利，发音特别标准，说得差不多跟英国人或者美国人一样。

女：你们怎样才能学得那么好呢？有什么好办法吗？

男：很简单，就是多听、多说、多读、多写，还有多记。

女：你们听什么？

男：听课文录音，也听BBC和VOA的广播新闻，还有其他的节目。

女：你们能听得懂吗？

男：一年级的时候比较困难，到三四年级就差不多都能听懂了。

女：你们读英文小说吗？

男：读。但是还应该读其他的书，什么内容的都要读，这样才能学习到不同的词和句。

女：你可以再给我介绍一下怎么记吗？

男：你得给自己定一个目标：每天记十个、二十个或者三十个生词。先是会认，就是看到这些生词能认识它们，然后是会读、会写，最后是会用。

女：哦，要记生词。

男：我们还记课文，从第一句到最后一句都能记住。

女：那有用吗？

男：课文里的句子应该都是最好的，记多了，慢慢就会自己用了。

女：你们学得很累吧？

男：不要这样说，学习外语是一件有意思的事情。

(1) 陈先生在外国学英语。□

(2) 陈先生的英语说得跟英国人一样。□

(3) 学英语的办法就是多听、多说、多读、多写和多记。□

(4) 一年级的学生听不懂BBC和VOA的新闻。□

(5) 应该多读英文小说。□

(6) 多记就是记生词和课文。□

(7) 记生词的时候，先要会认，然后是会读会写，最后是会用。□

(8) 要记课文的内容，不用记课文里的句子。☐
(9) 陈先生觉得学习外语不但不累，而且很有意思。☐

二 泛听

1. 听对话，选择正确答案

(1) 女：你会打字吗？
男：你知道我一分钟能打多少个字？100。
问题：男的会不会打字？
A. 他会　　　B. 他会，但是不能　　　C. 他能，但是不会　　　D. 他没回答

(2) 女A：我觉得这次中国队可能能赢。
男：中国队准备得很好，应该能赢。
女B：他们一直打得特别好，今天他们会赢的。
问题：以下哪个句子对？
A. 第一个人认为中国队赢的可能性最大
B. 第二个人认为中国队赢的可能性最大
C. 第三个人认为中国队赢的可能性最大
D. 他们都认为中国队一定赢

(3) 女：你可以帮我照一张照片吗？
男：当然可以。不过，这里好像不能照相。
女：不会吧？这里是公园，为什么不能照相。
男：好吧，我来照。哎呀，你的相机坏了，不能照！
问题：女的为什么没有照相？
A. 男的不愿意帮他照　　　B. 公园里不能照
C. 男的不会照　　　D. 相机坏了

(4) 男：我们今天晚上要记住课本里所有的生词。
女：我不是不想记，但我真是很累，很想睡觉。
男：我也很想睡觉。可是明天要考试了，你不想得到好成绩吗？
问题：他们现在想做什么？
A. 记生词　　　B. 睡觉　　　C. 考试　　　D. 得到好成绩

(5) 男：请同学们阅读第一篇文章。遇到生词不要翻词典，也不要互相讨论。
女：老师，生词太多，不查词典看不懂。

男：你们不用看懂全部的内容,懂一半就可以了。

问题：老师说不要做什么？

A. 读文章　　　B. 互相讨论　　　C. 翻词典　　　D. B 和 C

2. 听短文,选择正确答案

田径比赛

"欧洲人这么喜欢看田径比赛！"在雅典奥林匹克体育场,看到全场七万多个座位全部坐满了,一些中国人非常吃惊地说。在中国,不可能有那么多人来看比赛。

田径是所有体育运动项目的基础,同时也是拥有奥运会最多金牌的运动,是奥林匹克运动中最精彩、最激动人心的运动之一。其实,并不只是欧洲人特别喜爱田径。四年前,在悉尼的奥运会赛场上,观众人数最多的也是田径项目,那里的人数一定不比雅典少。

现在在奥运会的田径赛场上,亚洲运动员不多,能得到金牌的更少。希望亚洲在今后能提高田径运动的水平,中国、日本、韩国等亚洲国家的运动员都在努力！如果有一天,亚洲田径运动员的水平也跟欧美运动员一样高,亚洲的体育场上也会坐满观众的。

（据 2004 年 8 月 29 日 SPORTS.SOHU.COM 陈伟胜:《田径"高烧"》）

(1) 中国人为什么吃惊？

　　A. 雅典体育场太大了　　　　　　　B. 人太多了
　　C. 欧洲人很喜欢看田径比赛　　　　D. 座位坐满了

(2) 谁不太喜欢看田径比赛？

　　A. 欧洲人　　　　　　　　　　　　B. 澳大利亚人
　　C. 中国人　　　　　　　　　　　　D. 奥林匹克人

(3) 关于田径比赛,不对的是：

　　A. 它是所有体育运动项目的基础　　B. 最精彩
　　C. 最容易得到金牌　　　　　　　　D. 有最多奥运会金牌

(4) 以下句子对的是：

　　A. 亚洲运动员不喜欢参加田径比赛　B. 亚洲运动员田径水平不高
　　C. 欧美的田径水平没有亚洲高　　　D. 亚洲运动员得到的田径金牌不少

(5) 最后一句话的意思是：

　　A. 现在亚洲运动员的水平没有欧美高

B. 以后,亚洲人也会喜欢看田径比赛

C. 如果运动员水平高,观众就会多

D. 以后,亚洲运动员的水平一定比欧美高

3. 听后复述

(1) 你需要参加口语、听力和综合考试,最后得到一个总成绩。

(2) 我们是好朋友,应该互相理解、互相帮助、共同努力。

(3) 首先你要看清楚说明书的内容,然后再安装。

(4) 我很想继续学习,可是我已经二十五岁了,应该找个工作了。

(5) 我们一边听可怕的音乐一边听可怕的故事,我越来越怕,最后不敢听了。

(6) 大家对中国运动员在奥运会上的表现都很满意。

第六课　昨天晚上我们听了很多好听的故事

1. 听一遍会话课文,回答问题

(1) 男 A：比赛结束了,大家说说谁该得第一？
　　女：我认为小强讲得最好！
　　男 B：我的意见跟小云一样。
　　问题：第三个人认为谁讲得最好？

(2) 男：明天的讲故事比赛,我们要不要准备一些吃的？
　　女：好主意！
　　男：那每个同学交五十铢,怎么样？
　　女：就这么办。
　　问题：为什么每个同学要交五十铢？

(3) 女：我们应该布置一下教室,对吗？
　　男：那还用说？
　　女：请陈亮来办吧。
　　男：我赞成。
　　问题：陈亮要做什么？

(4) 女：小强第一名,小云第二名,大为第三名。大家有意见吗？
　　男：我们完全赞成！
　　问题：大家都同意吗？

(5) 女：大家说说谁讲得最好？
　　男 A：我认为大为讲得最有意思。
　　男 B：我不这样认为,他的故事太简单了。
　　问题：大为的故事怎么样？

(6) 女：明天我们要不要做一些吃的？
男：我反对，做吃的太麻烦了。要不你一个人做吧。
女：怎么能这样说呢？大家应该互相帮助。
问题：他们在讨论什么？

(7) 女：大为，你来布置教室，行吗？
男A：行是行，不过我真的不懂怎么布置。
男B：我看不用布置了。
女：怎么能不布置呢？
问题：大为不愿意布置教室，对吗？

(8) 女：小云的故事讲得很好，得第一名没问题吧？
男：她讲得好是好，可是那个故事太一般了。
问题：男的认为小云能得第一名吗？

2. 听句子，选择正确答案

(1) 我喜欢这个地方，周围都是树，很安静，离热闹的地方又不太远。
问题：这个地方怎么样？
A. 很热闹　　B. 不太远　　C. 树很多　　D. 很干净

(2) 他一着急脸就红，特别可爱。
问题：他为什么可爱？
A. 他爱着急　B. 他的脸很红　C. 他的脸很可爱　D. 他着急的时候脸红

(3) 这几天冷得要死，我得去买件大衣穿。
问题：句子没有说，但"我们"可以知道？
A. 我要死了　B. 天气很冷　C. 我要去买大衣　D. 我没有大衣

(4) 她大学毕业了，想找工作，可是她母亲希望她继续深造。
问题：她母亲希望她：
A. 找工作　　B. 继续学习　　C. 大学毕业　　D. 继续找工作

(5) 其实我的汉语不行，听不懂他们说什么，就是来看看热闹。
问题："我"来做什么？
A. 看热闹　　B. 听汉语　　C. 听他们说什么　　D. 看他们

3. 听短文,判断正误

昨天,中文系举行了一个讲汉语故事比赛。下午,七八个女同学买了很多水果,做了好几种点心,还做了很好喝的汤。七点,都准备好了,同学们也都来了。参加比赛的同学都穿得很漂亮。特别是李新,她穿了一条白色的长裙子,大家都说她像灰姑娘一样漂亮。对了,她讲的就是灰姑娘。

大为第一个讲。他讲了一个马虎教授的故事。这个故事很有意思,也很简单,大家都听懂了,人人都笑了。小强第二个讲,他拿来了自己的CD机,一边放音乐一边讲他的猫和狗的故事。小丽的故事不长,可是她很紧张,中间停了两次,喝了三杯水,才讲完她的故事。

九点,小云正在讲《白雪公主和七个小矮人》的故事,突然停电了。小云没停,她继续讲。过了十分钟,电又来了。小云的故事有点儿难,但是大家原来都知道这个故事,所以差不多都听懂了。

十一点,比赛才结束,大家一个晚上听了十几个故事,真丰富啊。

(1) 昨天下午中文系举行了汉语故事比赛。☐ (2) 女同学买了好几种点心。☐
(3) 同学们准备了点心、水果和汤。☐ (4) 李新穿了一条灰裙子。☐
(5) 大为的故事很简单,但是很有意思。☐ (6) 教室里有CD机。☐
(7) 小丽讲故事的时候,停了两次电。☐
(8) 小云不能继续讲故事,因为没有电。☐
(9) 大家原来都知道《白雪公主和七个小矮人》的故事。☐
(10) 比赛一共是三小时。☐

二 泛听

1. 听对话,选择正确答案

(1) 女:昨天他们做了什么好吃的招待你们?
    男:他们做了一个红烧鱼,炖了一个排骨,熬了一个汤,炒了两个青菜。
    问题:他们没吃什么?
    A. 青菜   B. 鱼   C. 鸡   D. 汤

(2) 男:你喜欢什么动物?
    女:猫啊、狗啊,都喜欢。
    男:你喜欢马和老虎吗?

女：马马虎虎。

问题：女的喜欢什么动物？

A. 猫和狗　　　　B. 马和老虎　　C. 都不喜欢　　D. 都喜欢

(3) 女：刚才，那个演员表演了一个很危险的节目。

男：是吗？精彩吗？

女：我没看。太紧张了，不敢看。

问题：为什么女的没看？

A. 因为节目太危险了　　　　　　B. 因为她紧张

C. 因为节目不精彩　　　　　　　D. 因为她不想看

(4) 女：人人都知道我们的讨论结果了，为什么他不知道？

男：他一到五点就离开了，那时我们还没讨论完呢。

问题：他们什么时候讨论？

A. 一点到五点　　B. 五点以后　　C. 五点以前　　D. 五点以前到五点以后

(5) 女：那个姑娘一定要跟那个老人结婚，不但她父母亲反对，她周围没有一个人赞成。

男：她已经满二十岁了，可以自己做决定了。

问题：男的的意见是什么？

A. 他没有意见　　B. 反对　　　　C. 不反对　　　D. 听不出来

2. 听短文，选择正确答案

牢房，我挑这一座

如果一定要坐牢的话，那就挑一个自己喜欢的地方去坐。一名意大利男子大概就是这么想的，他跑到了意大利另外一个城市，因为他觉得那里的监狱比家乡的好。

这名三十二岁的男子跑到意大利北部城市维切利的警察总局要求警察抓他。他说，北方另一个城市比埃拉的警察正在想办法抓他，因为他应该在那里坐五年牢，他还没坐满五年就逃出来了。不过，他对维切利的警察说："抓我吧。你们的监狱要好一些。"警方对他的说法进行了调查，发现他确实是逃出来的罪犯，于是警察把他送进了监狱——他喜欢的那一座。

不知道这位先生会不会写信给他朋友，告诉他们："我最近搬了新家，环境比原来的好，有空儿来坐坐。"

(据新浪网2004年9月2日《英语学习》)

选择正确答案

(1) 这个男人是：

  A. 警察 B. 正在坐牢的人 C. 刚搬家的人 D. 不喜欢家乡的人

(2) 这个男人的家乡是

  A. 意大利 B. 比埃拉 C. 维切利 D. 牢房

(3) 这个男人逃出来，是因为：

  A. 他不喜欢家乡 B. 他不喜欢坐牢

  C. 他觉得自己不应该坐牢 D. 他想换一个好监狱

(4) 现在，这个男人在哪里？

  A. 原来的监狱 B. 他喜欢的监狱

  C. 他的家乡 D. 他的新家

(5) "监狱"的量词是：

  A. 座 B. 坐 C. 个 D. 家

3. 听后复述

(1) 女：你觉得这个计划行得通吗？

  男：行是行得通，可是不是太危险了？

(2) 女：我们明天搬家，你能来帮忙吗？

  男：那还用说。我让小李也来，他还有车。

  女：好主意，我怎么就没想到？

(3) 女：投票结果出来了吗？

  男：出来了，十票赞成，五票反对。

  女：看来，反对的人还不少。

  男：还是赞成的人多一些。

(4) 女：你看那个电影了吗？听说特别好。

  男：对啊，人人都哭了。

  女：你们认为能让人哭的电影就是好电影吗？

  男：我不这么认为。

第七课 我完成了作业就去看比赛

1. 听一遍会话课文,回答问题

(1) 女A:小娜,你怎么能忘了奶奶的生日呢?
　　女B:咳,我真该死!
　　问题:小娜怎么了?

(2) 男:小林借了我两千块,现在还没还。
　　女:是吗?太不像话了!那你怎么办呢?
　　男:我真不该相信他,现在我后悔得要死。
　　问题:小林借了多少钱?

(3) 男A:爸爸,我的手机又丢了。
　　男B:一个月丢两个手机,哪有你这样的!
　　女:是啊,你也太不小心了。
　　男A:我不该带手机去打球,我真的很后悔。
　　问题:孩子一个月丢了几部手机?

(4) 女:大为,这么简单的题目你怎么能做错呢?
　　男:唉!做完以后我再检查检查就好了。
　　女:现在后悔也晚了!
　　问题:大为做错了什么?

(5) 女:楼梯的灯坏了一个月,也没人管。
　　男:我们会告诉电工,看看怎么办。
　　女:明明是很简单的问题,为什么不能马上解决?
　　问题:有什么问题?

(6) 男：这个电视我才看了两天就坏了，我希望退货。
　　女：先生，退货可能不行，我们可以替您修理。
　　男：不，这样的电视我不能要。你们看怎么办吧！
　　问题：男想做什么？

(7) 男：七点的飞机，现在已经九点了，还是没有起飞的消息，为什么？请给我们一个说法。
　　女：对啊，如果你们没有合理的解释，我们就去告你们。
　　问题：他们可能在哪里说话？

(8) 女：能不能增加听和说的课时？
　　男：希望学校认真考虑。
　　问题：他们喜欢多上什么课？

2. 听句子，选择正确答案

(1) 我用了十分钟才读懂那个句子。
　　问题：那个句子怎么样？
　　A. 很长　　　　B. 很短　　　　C. 很容易　　　　D. 很难

(2) 昨天的考试，他用两个小时就做完了。
　　问题：其他同学可能怎么样？
　　A. 做得比他快　　B. 做得比他慢　　C. 也用两个小时　　D. 不知道

(3) 大家都批评小林不该不照顾他的爷爷。
　　问题：大家为什么批评小林？
　　A. 因为他照顾爷爷　　　　　　B. 因为他不该照顾爷爷
　　C. 因为他不照顾爷爷　　　　　D. 因为他应该不照顾爷爷

(4) 这里环境又脏又乱，坐公共汽车也不方便，我看你还是再找找有没有别的地方吧。
　　问题："你"可能在找什么？
　　A. 朋友　　　B. 公共汽车　　　C. 别的地方　　　D. 住的地方

(5) 我们已经知道你们对宿舍不满意的地方，你们还有什么需要明天再说好吗？
　　问题：刚才"你们"在谈什么？
　　A. 时间　　　B. 需要　　　C. 不满意的地方　　　D. 住的地方

3. 听短文，判断正误

明月：李力，你在算分呢？

李力：啊，你怎么现在才来，比赛都进行了一半了。
明月：本来想做完作业再来，可是作业又多又难，两个小时都没做完。现在谁赢了？
李力：留学生队二十五分，中国队二十二分。
明月：是吗？中国队不是有几个学校篮球队的队员吗？怎么还输了呢？
李力：才打了一半，还不知道谁赢谁输呢。
明月：哎呀，我们班的白大为！他打得真不错！白大为，加油！好球！欸？你怎么不上场，你要是上场，我也给你加油。
李力：我不太喜欢打篮球，我喜欢踢足球。
明月：嘿，小雨，你也来了！
小雨：明月，你好，现在才来？
明月：啊。你也喜欢看篮球？
小雨：不太喜欢，来看看热闹。
明月：我也是。你认识不认识中国队的队员啊？
小雨：认识一些。
明月：谁是学校篮球队的？
小雨：他们今天都请假了，没来，不然中国队打得一定比现在好。
明月：哦，我明白了。

(1) 明月做了三小时作业才做完。☐ (2) 明月到的时候，留学生队赢了三分。☐
(3) 比赛已经打了一半了。☐ (4) 中国队里有学校篮球队的队员。☐
(5) 明月跟白大为是同班同学。☐ (6) 明月有两个同学参加了比赛。☐
(7) 中国队打得很好。☐ (8) 小雨喜欢看热闹的篮球比赛。☐
(9) 白大为不喜欢打篮球，所以不参加比赛。☐

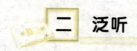

二　泛听

1. 听对话，选择正确答案

(1) 男：今天你怎么了，脸色很不好。
女：昨天晚上睡得不好，今天早上又没吃早饭。
男：怎么又不吃早饭？
女：我七点半才起床。
问题： 女的为什么脸色不好？
A. 她常常不吃早饭　　　　　　　B. 她睡得不好，没吃早饭

C. 她起床太晚,没吃早饭   D. 她常常睡得不好

(2) 女:别着急,过两天就有消息了。
    男:什么,还要过两天才有消息?
    问题:以下句子哪一个对?
    A. 女的认为两天不长,男的认为很长
    B. 女的和男的都认为两天很长
    C. 女的和男的都认为两天不长
    D. 男的认为两天不长,女的认为两天很长

(3) 女:我们先去邮局寄信,再去医院检查身体,检查了身体就去吃饭,怎么样?
    男:医院人多,我们还是检查了身体再去寄信吧。
    问题:他们今天先后(ก่อนและหลัง)要做什么?
    A. 寄信,检查身体,吃饭   B. 检查身体,寄信,吃饭
    C. 吃饭,检查身体,寄信   D. 检查身体,吃饭,寄信

(4) 男:门口有一张通知,你看到了吗?
    女:我没看到,有什么消息?
    男:宿舍楼最近有人被偷了东西,大家要小心。
    问题:宿舍楼门口有什么?
    A. 通知   B. 消息   C. 人   D. 东西

(5) 男:老师,我想请两天假。
    女:你又要请假?你最近已经请过好几次假了。
    男:老师,请您原谅。我爸爸病了,我妈妈工作又很忙,我要在家照顾妹妹。
    问题:学生最近怎么了?
    A. 常常请假   B. 常常生病   C. 要照顾爸爸   D. 工作很忙

2. 听短文,选择正确答案

"黑色星期五"一天内死亡至少五十二人

9月17日,是伊拉克的一个"黑色星期五",一辆载有炸弹的汽车在巴格达攻击了几辆警车。同时,美军在费卢杰打击了一个跟"基地"有关的组织。当天一共有至少五十二人死亡。

在巴格达市中心,有几辆警车停在一座桥上,突然一辆汽车开过来,并发生爆炸。造成三人死亡,二十三人受伤。自从2003年3月以来,伊拉克的武装分子多次攻击伊拉克警察,已有几百人死亡。只是最近一周,就有超过二百五十人死亡。

9月17日,美军在费卢杰打击了一个与"基地"有关的组织。这次打击行动至少造成四十四人死亡,二十七人受伤,其中包括妇女和儿童。

9月17日早些时候,在巴格达,有一辆车经过美军检查站时不肯停车,美军马上开火,汽车爆炸,车内两人死亡,一名伊拉克士兵受伤。

(据 http://www.sina.com.cn 2004年9月18日《中国日报》)

选择正确答案

(1) 9月17号在伊拉克发生了几件有人死亡的事件?
　　A. 一　　　　B. 二　　　　C. 三　　　　D. 四
(2) 9月17号攻击警察的是:
　　A. 炸弹　　　B. 汽车　　　C. 有炸弹的汽车　　D. 美军
(3) "费卢杰"是什么?
　　A. 人的名字　B. 地方的名字　C. 美军的名字　　D. 一个组织的名字
(4) 在检查站,为什么美军开火?
　　A. 有一辆车不肯停车　　　　B. 美军看到炸弹
　　C. 有人攻击警察　　　　　　D. 美军攻击跟"基地"有关的组织
(5) 为什么说9月17号是"黑色星期五"?
　　A. 因为天气不好　　　　　　B. 因为很多警察死了
　　C. 因为死了很多人　　　　　D. 因为"基地"组织攻击伊拉克

3. 听后复述

(1) 男:小姐,我们一来就点了菜,怎么现在还没上菜?
　　女:对不起,今天吃饭的人太多,你们还得再等等。
　　男:早知道不来这里吃了。
(2) 男:昨天有些球迷不肯离开球场,要打那些输球的球员呢。
　　女:太不像话了。后来怎么了?
　　男:警察来了。
(3) 女:大学就要毕业了,真快啊。
　　男:就要开始工作了,也不知道自己行不行。
　　女:我特别后悔没好好学习,浪费了很多时间。
(4) 女:先生,这是留给老人和孩子的座位,您不能坐。
　　男:我就坐了,你看怎么办吧。
　　女:有你这样的吗?

第八课　我上前边那座楼去了

听力练习

一　精听

1. 听一遍会话课文,回答问题

(1) 女:阿里,你出来一下,跟你说件事。
男:明月,什么事?进来说吧。
女:不了,我拿了很多东西。何娜让我告诉你,她今天没空儿跟你一起写报告了。
男:哦,可是今天不写就没时间了。你跟她说一声,有空儿还是下来一下儿。
问题:为什么明月不进阿里的房间去?

(2) 女A:何娜,阿里让你有空儿下去一下儿。
女B:我不是让你告诉他我今天没空儿吗?
女A:他让我告诉你,今天再不写就没时间了。
问题:阿里让何娜做什么?

(3) 男:王红,老师让你去一下儿。
女:啊?你知道是什么事吗?
男:不知道。我在办公室看见老师,她让我叫好几个同学去呢。
女:那我得去了。要是夏子来电话,请你跟她说一声。
问题:女的请男的跟夏子说什么?

(4) 女:周奇,经理让你写这个月的工作报告。
男:经理什么时候要?
女:他没说,要不要我帮你去问问小星?
男:那就谢谢你了。顺便告诉她,今天我不下去了。
问题:小星可能知道什么?

(5) 女:阿里,能不能帮我一个忙?
男:当然,让我帮什么忙?
女:帮我拿这些东西上楼去,行吗?

问题：阿里要做什么？

(6) 女：老师，请帮帮我吧。
男：怎么了？
女：这次考试，您给我五十九分。可以多给我一分吗？
男：对不起，这个忙我不能帮。

问题：学生想要多少分？

(7) 女：你要去上海旅行，对吗？
男：对，有什么事要帮忙吗？
女：我家在上海，可以帮我带一点儿东西回去吗？
男：没问题。

问题：女的请男的做什么？

(8) 女：你认识《世界报》的记者甘雅吗？
男：认识啊，怎么了？
女：我女儿是新闻系的学生，今年想找个实习的地方，你能不能和甘雅说说？

问题：女的的女儿想到哪里实习？

2. 听句子，选择正确答案

(1) 妈妈打电话来，她病了，我得过去一下。

问题：以下句子哪个不对？

A. 妈妈病了　　　　　　B. 妈妈给我打电话

C. 我和妈妈住在一起　　D. 我要去看妈妈

(2) 上午十点，很多同学进教学楼去准备上第三四节课，也有很多上完第一二节课的同学出来，教学楼门口拥挤极了。

问题：同学们为什么进教学楼去？

A. 他们上完课了　　　　B. 他们要去上课

C. 他们上三、四层去　　D. 他们在那里见同学

(3) 我昨晚从你那儿回家回得太晚了，刚一进门来，就看见爸爸坐在椅子上生气呢。

问题：说话人现在可能在哪里？

A. 你那儿　　B. 家　　C. 门口　　D. 椅子上

(4) 小平，你去银行吗？经过邮局的时候顺便替我买几套邮票。

问题：以下句子哪个对？

A. 小平要去邮局　　　　　　B. 小平要买邮票

C. 说话人要替小平买邮票　　D. 去银行要经过邮局

(5) 今天下午,我们买了很多零食招待客人,晚上一算,用了差不多三百块。

　　问题:他们用三百块做什么?

　　A. 买零食　　　B. 招待客人　　　C. 给客人　　　D. 晚上算一算

3. 听短文,判断正误

　　今天,玛丽要过来看何娜。何娜一早就起来打扫房间。明月帮何娜两个忙:第一个忙是出去帮她买吃的东西招待客人;第二个忙是下楼去告诉阿里,何娜不能跟他一起写研究报告了。

　　玛丽进了大学的门,找第五座楼,可是她数错了,上了第四座楼。她在那座楼上往下看,正好看见明月从前边的楼里出来。她才知道找错了,她赶快下楼去。

　　玛丽也认识明月。有一次,何娜和明月一起去玛丽的大学听一个美国教授做报告,在礼堂门口,她们遇到了玛丽。听完报告以后,她们一起去吃面条。何娜记得他们进饭馆的时候,饭馆里的服务员一起大声地喊:"三位请进,欢迎,欢迎!"她们觉得很有意思,也有点儿不好意思。

　　何娜和玛丽正在谈那次吃面条的事情,明月在门口大声叫何娜出去帮忙拿东西。她买了很多东西,有何娜要的零食,可乐、冰激凌和香蕉,还有她经过一个小商店时买的漂亮盘子和杯子。明月就喜欢买这些好看但是没有用的东西,所以她们的房间才会那么乱那么挤。

(1) 明月帮何娜打扫房间。☐

(2) 阿里住在她们楼下。☐

(3) 何娜的宿舍是进门以后的第五座楼。☐

(4) 玛丽遇到明月,才知道自己上错了楼。☐

(5) 明月和何娜去听一个美国教授做报告。☐

(6) 饭馆里的服务员大声地欢迎她们,她们觉得很不好意思。☐

(7) 明月在楼下叫何娜。☐

(8) 明月买的东西都是何娜要买的东西。☐

(9) 明月买的盘子和杯子好看但是没有用。☐

(10) 她们的房间又挤又乱。☐

二 泛听

1. 听对话,选择正确答案

(1) 女:这么晚了,你还上实验室去?
男:我的研究报告快完成了,还差几个实验数据。
女:这是实验室的钥匙,你出来的时候记得锁门。
问题:男的去实验室做什么?
A. 锁门　　　　　　　　B. 要钥匙
C. 写研究报告　　　　　D. 拿实验数据

(2) 男:我跟周全约好了晚上一起吃饭,我得走了。你晚上打算怎么吃?
女:我还有好多题目没算出来呢,不想出去吃饭了,你顺便替我买点儿什么回来吧。
问题:为什么女的不想出去吃饭?
A. 因为她不想吃　　　　B. 因为男的可以替他买
C. 因为她不知道吃什么　D. 因为她要做题

(3) 女:今天晚上客人来吃饭,你把那套新买的盘子拿出来吧。
男:在哪里呢?
女:不是你放的吗?好像放进哪个柜子里了。
男:对,我想起来了。
问题:男的要做什么?
A. 想盘子在哪里　B. 放盘子　C. 拿盘子　D. 等客人

(4) 女:这几天真热啊!咦?你怎么感冒了。
男:啊,我们办公室的空调太冷了。我一会儿进办公室,一会儿出办公室,进进出出,一冷一热,就感冒了。
女:你应该放一件外套在办公室里。出去的时候脱下来,进来的时候再穿上。
男:太麻烦了。
问题1:他们可能在哪里说话?
A. 办公室外边　B. 办公室里边　C. 在医院里　D. 在家里
问题2:为什么男的感冒了?
A'. 他脱了衣服　　　　　B'. 里边太冷了
C'. 他进进出出　　　　　D'. 外边太热了

(5) 男：老王，你跟我不用客气，有什么事就跟我说一声。
    女：行，老李，有事我一定来找你。
    男：你的意思是没事就不来找我了？
    女：哪里？哪里？有事没事我都来找你，行了吧？
    问题：老李可能是个怎么样的人？
    A. 客气的人   B. 爱说话的人
    C. 热情的人   D. 很忙的人

2. 听短文，选择并回答问题

来泰国旅行吗？在开始你的旅行之前，请先到位于曼谷的泰国国家博物馆去一次吧。从博物馆出来，你将对泰国历史上各个时期的雕塑和建筑有一个大概的了解，这样你就会知道应该到哪里去看你想看的。

在博物馆里，有一座两层的楼房，在这座楼里陈列着各个历史时期的佛像：从一层进去，你首先看到曼谷时期和阿瑜陀耶时期的佛像；上楼去，你看到洛布里和素可泰时期以及更早期的佛像。下楼以后，你就已经知道自己最喜欢哪一个时期的佛像了。一般人都喜欢素可泰时期的佛像，那个时期的佛像有一种既简单又神秘的美。你也喜欢吗？那么就从曼谷出发，到素可泰去吧。

对了，进博物馆的时候，要脱鞋啊。如果你不想在外边走来走去找你的鞋子，最好记住你是从哪一个门进去的，然后就从那个门出来。

选择正确答案

(1) 为什么应该先去博物馆？
    A. 可以了解泰国历史   B. 可以了解泰国的建筑和雕塑
    C. 可以安排以后的旅行   D. B 和 C

(2) 关于陈列了佛像的楼，下边哪个句子不对？
    A. 进去以前要脱鞋
    B. 这里的佛像都有一种既简单又神秘的美
    C. 楼下陈列的佛像的历史比楼上的短
    D. 最早期的佛像在二层

(3) 一般人喜欢哪个时期的佛像？
    A. 不知道   B. 素可泰   C. 曼谷   D. B 和 C

(4) 从博物馆出来，你先做什么？
  A. 穿鞋　　　　　　　　B. 想一想去哪里旅行
  C. 在外边找鞋子　　　　D. 去素可泰

用汉语说一说泰国历史上各个时代的名称

3. 听后复述

(1) 你帮我跟小美说一声，我今天事儿太多，不能跟她一起去逛街了。

(2) 很多女人有吃零食的习惯，其实吃零食对身体不好，而且吃多了容易发胖。

(3) 他们进礼堂的时候，教授的报告刚刚开始，他们赶快找座位坐下来。

(4) 我听到有人在楼下叫我的名字，我下楼去看，又没有人。

(5) 研究人员在研究报告里报告了他们的研究结果。

第九课　从前的故事

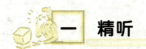

1. 听一遍会话课文，回答问题

(1) 女：星期天你有空儿吗？有空儿的话，到我家来坐坐吧。

男：有空儿是有空儿，不过不打扰你们吗？

女：怎么会呢？我们一家都欢迎你。

问题：女的请男的做什么？

(2) 女：张经理，我们想请您参加我们的婚礼。

男：啊，太好了。婚礼什么时候举行？

女：十月一号下午六点，不知您有没有时间？

男：可以，可以，我一定准时出席。

问题：女的结婚了吗？

(3) 男：王老师，我们想邀请您参加我们的新年晚会。

女：好啊，时间定了吗？

男：十二月二十九号晚上七点开始。您方便吗？

女：方便，方便。我一定准时到。

问题：晚会是为了庆祝什么的？

(4) 男：快来尝尝我的拿手菜。

女：嘀，你可真有两下子。

问题：他们正在做什么？

(5) 男：文子才学了半年汉语，就能用汉语写信了，真不简单。

女：是啊，她学得棒极了！

问题：文子学汉语半年，能写很简单的汉语信，对不对？

(6) 女：我的电脑坏了,送到店里去修也没修好,李力一来就修好了。
   男：是啊,除了电脑,其他电器他也能修。
   女：他真有两下子!
   问题：李力可能会修洗衣机,对吗?

(7) 男：你知道吗,王老师工作了二十年,从来没迟到过。
   女：啊!真的吗?真不简单啊。
   男：她语法也教得特别棒,没人比得上!
   问题：他们称赞王老师什么?

2. 听句子,选择正确答案

(1) 他们家五个孩子,除了最大的哥哥,全都是在曼谷生曼谷长的。
   问题：这句话要告诉我们什么?
   A. 他们家有五个孩子　　　B. 他们家有四个孩子是曼谷生长的
   C. 他们家哥哥最大　　　　D. 他们家的孩子只有哥哥是在曼谷生长的

(2) 妈妈写信写得特别好,字也写得很漂亮,没人相信她只受过小学教育。
   问题：妈妈怎么样?
   A. 特别好　　B. 很漂亮　　C. 没人相信她　　D. 没上中学和大学

(3) 我前天跟这张照片里的张先生一起吃饭,他从前吃了很多苦,现在是个大银行家。
   问题："我"前天跟张先生一起做什么?
   A. 吃饭　　B. 照相　　C. 吃苦　　D. 去银行

(4) 小雨大学毕业以后就离开了父母,一个人在外地工作,今天过生日,也没人跟她庆祝。
   问题："我们"不知道小雨什么?
   A. 她大学毕业了　　　　B. 她不跟父母一起住
   C. 今天过生日　　　　　D. 怎么庆祝生日

(5) 来,来,让我们为爷爷的健康干杯!喝了这杯酒以后,再也不得病。
   问题：爷爷可能怎么了?
   A. 很健康　　B. 没来　　C. 喜欢喝酒　　D. 身体不太好

3. 听短文,判断正误

　　林广山是林阿发的叔叔。他结婚后生了两个孩子,都得病死了。后来又生了一个儿子林阿才,从小就特别聪明,在学校里总是第一名。林广山认为他的孩子应该受最好的教育。所以,阿才是在广州上的中学。中学毕业以后,他上了北京的大学。大学毕业以后,他留在北京工作,跟一个北京姑娘结婚,生了一个儿子,就是林大海。林大海出生那年,林广山去世了。

林大海在北京生长、受教育、工作,又结婚、生孩子。所以,他一直觉得自己是北京人。林阿才也不常跟他讲家乡的事情。1995年,林阿才得了重病,在医院里,他告诉林大海,他很想念家乡的山和河、小街和老房子。他记得他最后一次离开家乡回北京的那天,下了很大的雨,父母送他到码头。

几个月以后,林阿才去世了。林大海收拾父亲留下的信和照片,才知道自己可能还有亲人在泰国。他想,他一定要替父亲回一次家乡,替父亲找到在泰国的亲人。

(1) 林广山结婚后生了三个孩子。□ (2) 林阿才学习特别好。□
(3) 林广山很喜欢林大海。□ (4) 林大海常常听父亲讲家乡的事情。□
(5) 林大海得了重病。□ (6) 林阿才常常想念家乡。□
(7) 他们的家乡有山也有河。□ (8) 林阿才是坐船离开家乡的。□
(9) 林阿才不知道他有亲人在泰国。□
(10) 父亲去世以后,林大海决定要回家乡。□

二 泛听

1. 听对话,选择正确答案

(1) 女:你叔叔得癌症的消息,你们全家都知道了吗?

男:除了我爷爷,都知道了。

女:是啊,你爷爷岁数那么大了,最好还是别让他知道。

问题:"癌症"可能是什么?

    A. 好成绩   B. 一个工作   C. 一种小病   D. 一种重病

(2) 男:服务员,请给我们倒上酒。

女:这酒真香啊。是什么酒?

男:是茅台酒。

女:真的?我听说茅台是中国最好的酒,可是从来没喝过。

问题:他们在哪里做什么?

    A. 在家里喝酒   B. 在餐厅喝酒   C. 在商店买酒   D. 在中国旅行

(3) 女：我奶奶年轻的时候受过很好的教育，英语说得很好。
男：是吗？真不简单！在她们那个年代的女人中，很少有人能受到这么好的教育。
女：是啊，我们能生活在这个时代，真应该庆祝一下。
问题：说话的人为什么要庆祝？
A. 因为这个时代的女人也能受到好的教育
B. 因为她们的英语也说得很好
C. 因为奶奶受过很好的教育
D. 因为生活在这个时代的女人都不简单

(4) 女：小美怎么哭了？
男：她考试考得不好，她父亲批评她了。
女：你怎么不去安慰安慰她？
男：她平时不努力，现在哭也是应该的。
问题：关于小美，哪句不对？
A. 她正在哭呢　　　　　　B. 她考得不好
C. 她平时爱哭　　　　　　D. 她平时不努力

(5) 男：1949年10月1号，中华人民共和国成立，对吗？
女：是啊，1949年以后中国发生了很大变化，很多事情都跟以前不一样了。
男：1987年以后，中国实行了改革开放，对吗？
女：不，是1978年。改革开放使中国人的生活比以前好得多了。
问题：哪一年对于中国人很重要？
A. 1949年　　　B. 1987年　　　C. 1978年　　　D. A和C

2. 听短文，回答问题

泰国国王昨天在皇宫接见了中国驻泰国大使张九桓。张九桓大使向国王递交了国书。张九桓大使是2004年5月28日到任的。

国王请张大使转达他对中国国家主席和其他领导人的问候。国王说，中国人民在新的领导人和政府的带领下，进一步改革开放，国家建设得非常好。国王对泰国和中国在各个方面的联系和合作都感到满意，他希望两个国家一起努力，使中泰关系越来越好。

张九桓大使赞扬泰国政府和人民在国家建设中取得的成绩，还赞扬了中泰两国友好的关系。他说，他愿意为两个国家以后在各个方面的联系和合作努力。

张大使和张夫人将在今天晚上，即9月30号在曼谷皇后花园酒店举行招待会，庆祝中华人民共和国成立55周年。

(1) 新的中国驻泰国大使叫什么名字？
(2) 国王在哪里接见他？
(3) 他给国王什么？
(4) 他是什么时候到任的？
(5) 国王对中国和泰国在各方面的合作和联系满意吗？
(6) 国王希望什么？
(7) 张大使愿意为什么努力？
(8) 为什么举行招待会？

3. 听后复述

(1) 作为一个老师，除了要教学生知识，还要关心他们的成长。
(2) 除了大伯伯因为岁数太大没有来以外，其他人都出席了庆祝会。
(3) 接到了从大陆来的银行行长之后，就送他到酒店休息。
(4) 从来没吃过苦的人常常不知道怎么去照顾别人。
(5) 我相信你一定能做出正确的决定。

第十课　一个民工的账单

1. 听一遍会话课文,回答问题

(1) 女:小林是不是不喜欢念书?
　　男:是,他是不喜欢念书。他想进城找工作。
　　问题:小林是不是不想工作?

(2) 男A:爸爸,你是不是一个月能挣五万?
　　男B:怎么了,儿子? 是不是又来跟我要零花钱了?
　　问题:儿子是不是可能每个月都用很多钱?

(3) 男:你是不是跟那个民工很熟?
　　女:不是,我跟他就见过几面。
　　问题:女的是不是常常跟那个民工见面?

(4) 女:你帮我看看,我的脸是不是有点儿脏?
　　男:不是啊,怎么了?
　　女:那几个人为什么看我?
　　男:谁看你了? 你眼睛是不是有问题啊?
　　问题:女的是不是觉得因为她脸脏,所以别人看她?

(5) 女:泰国都是月底发工资的,对吗?
　　男:是啊,跟中国不一样吗?
　　女:不一样,中国是月初发工资的。
　　问题:泰国是什么时候发工资的?

(6) 女:小强,怎么那么脏? 在哪里弄的?
　　男:我去踢足球了。
　　问题:小强怎么了?

(7) 男：你是怎么来的？
女：我走路来的。
男：啊？走路来的？
女：对啊，坐车坐到半路，遇到交通意外，堵车堵得厉害，我就下车走过来了。
问题：为什么堵车？

(8) 女：他每个月收入那么低，真不知道他是怎么过的？
男：你太年轻了，所以不知道我们以前也是那么过的。
问题：以前"我们"怎么样？

2. 听句子，选择正确答案

(1) 6月份的账单来了，房租、水电费还跟上个月一样，但是通讯费比前几个月高得多。
问题：账单上没有什么？
A. 生活费　　　　B. 房租　　　　C. 水电费　　　　D. 通讯费

(2) 公司这个月的通讯费高得不正常。
问题：公司可能有以下哪种情况？
A. 这个公司的人常常打很多电话　　B. 这是一个电话公司
C. 公司这个月打的电话比平时多　　D. 这个月公司收到很多不正常的电话

(3) 今年9月，外国投资人在泰国买的股票超过了二百亿铢。这样，在今年的头九个月，他们一共买了一千一百亿铢股票。
问题：今年头八个月，外国投资人在泰国买了多少股票？
A. 二百亿　　　　B. 九百亿　　　　C. 一千一百亿　　　　D. 一千三百亿

(4) 他一个月能挣三万多铢，可是支出也很大，所以没存钱。
问题：以下哪句对？
A. 他的收入和支出差不多　　B. 他的钱都在银行里
C. 他的收入比支出多　　　　D. 他的收入没有支出多

(5) 九点了，他们还没到，是不是有什么意外？
问题：他们应该什么时候到？
A. 九点以前　　　　B. 九点　　　　C. 九点以后　　　D. 不知道

3. 听对话，判断正误

女：老张，你是不是在记账？
男：嗯。

女：可以看看你的账单吗？
男：行啊，给您。
女：收入还可以嘛。
男：比在农村多，可是用得也多啊。
女：房租那么便宜？才五十？
男：我和三个朋友一起租一个房间。
女：你自己做饭吗？
男：早饭午饭在外边吃，晚饭跟同屋一起做。
女：你烟抽得不多啊，一个月才买二十块钱烟。
男：三天一包，买两块钱一包的。
女：三元交通费？你是不是写错了？是不是三十元啊？
男：没写错，我基本上都是走路。我们农村人不会什么，就会走路。
女：你儿子在哪里？
男：他在我们县里念高中。
女：你老婆是不是也在城里？
男：不，她留在家里照顾我妈妈，我妈妈身体不好。她是个好老婆。
女：你也是个好丈夫吧？
男：哪里？很久没给她买新衣服了。上个星期搬东西，不小心弄脏了一个年轻人的衣服，他要我给他五十块，说是洗衣费，我买一件衣服才二十元，他洗一件衣服要那么多钱？
女：咳，真不容易啊。以后会好的。
男：我也不敢多想，一天能多挣十元就可以了。

(1) 老张在城市里工作的收入比在农村高。☐　(2) 老张一天三餐都在外边吃。☐
(3) 老张有四个同屋。☐　(4) 老张两天抽一包烟。☐
(5) 老张基本上不坐公共汽车。☐　(6) 老张的太太身体不好。☐
(7) 老张的儿子已经是高中学生了。☐
(8) 老张的太太和老张的妈妈住在一起。☐
(9) 老张不知道为什么洗衣服比买衣服贵。☐
(10) 老张觉得以后的生活会好的。☐

二 泛听

1. 听对话，选择正确答案

(1) 女：你看完那本书了吗？
   男：基本上看完了，还有十几页。
   女：看完了马上还给我，好吗？
   男：行，没问题。

   问题：男的看完了吗？
   A. 看完了　　　　　　　　　　B. 还有很多没看
   C. 就快看完了　　　　　　　　D. 可能看完了，也可能没看完

(2) 女：你看，电视机坏了，看不了了。
   男：是吗？我来弄一弄。
   女：你行吗？我看还是送到修理店去弄吧。

   问题：他们要做什么？
   A. 看电视　　B. 弄电视　　C. 修理电视　　D. 请人修理电视

(3) 男：徐老师刚来，周末你带她在曼谷玩儿玩儿吧。
   女：哎呀，我对曼谷也不是很熟悉。
   男：你不是有地图和旅游书吗？

   问题：下面哪句话对？
   A. 女的刚来曼谷　　　　　　　B. 男的有地图和旅游书
   C. 女的周末可能要带徐老师去玩儿　D. 男的对曼谷不是很熟悉

(4) 女：你在看什么呢？
   男：看报纸呢。
   女：国内有什么大新闻吗？
   男：没什么！对了，印度有一辆火车发生了意外，死了两百多人。

   问题：火车是哪里的？
   A. 报纸的　　B. 印度的　　C. 火车的　　D. 国内的

(5) 女：孩子他爸爸，5月份的账单都来了。
   男：我看看，房租、水费、电费、通讯费……
   女：孩子的学费和生活费也要交了。
   男：我挣多少钱也不够啊。

   问题：爸爸的意思是什么？

A. 5月他的收入没有支出多   B. 他不知道应该挣多少钱
C. 要用钱的地方太多了   D. 他想知道自己挣的钱够不够

2. 听短文,选择正确答案

纽约的出租车司机

纽约的出租车司机给这座城市带来更多有趣的地方。这些司机有的从亚洲来,有的从非洲来,有的从东欧来,他们会说不同的语言,除了英语说得不太好。他们开车开得都很快,大部分都能"飞车",胆小的人最好不要坐纽约的出租汽车。

有一次,我在纽约叫了一辆出租车。一上车,我对司机说:"请到肯尼迪机场,别太快。"司机听错了:"啊,要快?"接着他一踩油门,汽车就"飞"了起来。我大声叫起来:"我是说别太快,别太快!"

有一个有名的运动员很早就退休了,他说这运动很危险,他希望能保存一口完整的牙齿。他最近坐出租车时遇到了交通意外,丢了两颗牙齿,他说:"危险的运动做不到的,出租车做到了!"

(据曼谷《亚洲日报》2004年10月13日遨天《纽约的士司机》)

选择正确答案:

(1) 纽约的出租车司机:
   A. 很有趣   B. 开车开得很快   C. 英语说得很好   D. 不欢迎胆小的人

(2) "飞车"是什么意思?
   A. 一种车   B. 开车   C. 一种飞机   D. 开车开得很快

(3) "我"叫出租车去哪里?
   A. 飞机场   B. 肯尼迪机场   C. 纽约   D. 运动场

(4) 那个运动员为什么很早就退休了?
   A. 因为他想当出租车司机   B. 因为他怕危险
   C. 因为他不喜欢运动   D. 因为他牙齿很好

(5) "危险的运动做不到的,出租车做到了。"这句话是什么意思?
   A. 坐出租车比危险的运动更危险   B. 危险的运动比坐出租车危险
   C. 坐出租车对牙齿不好   D. 危险的运动对牙齿不好

3. 听后复述

(1) 我们家附近就是一家大超市,走路去就可以,我们的日用品都是在那里买的。

(2) 你弟弟是不是在那个国际学校念初中?学费是不是很贵?

(3) 每个月的生活费只有那么少,你的支出却那么多,一定不够用。
(4) 虽然车站广场很脏,但是很多民工还是在那里休息。
(5) 爸爸没什么爱好,每天就是看看报纸、翻翻杂志,日子过得很无聊。

第十一课 我还要再来一次

听力练习

一 精听

1. 听一遍会话课文,回答问题

(1) 男:能找到那么好的老师,你运气真好。
女:是啊,我觉得自己的汉语水平提高得特别快。
男:要是我也有机会跟那么好的老师学习,该多好。
问题:为什么女的汉语水平提高得特别快?

(2) 男:你们每星期上几次课?
女:一星期三次。
男:真令人羡慕啊,我们一星期才上一次课。
问题:男的有什么希望?

(3) 女:小林真幸运,一毕业就找到好工作。
男:那个公司正好需要一个懂日语的人。
女:要是我也会日语多好啊。
问题:为什么小林能找到好工作?

(4) 男A:看那些模特儿,走走路,照照相,就拿那么多钱,多舒服啊!
女:是啊,要是我也长得那么高、那么漂亮,该多好!
男B:你们别羡慕别人了,快努力学习,找个好工作吧。
问题:他们羡慕什么人?

(5) 女:你奶奶怎么样了?还住医院吗?
男:是啊,医生说情况不太好。
女:你也别太难过了。照顾好她是最重要的。
问题:男的应该照顾谁?

(6) 男:我的钱包丢了。
女:是吗?在哪里丢的?

男：在公共汽车上，肯定是被偷了。里面有差不多一千块钱呢。
女：想开点儿吧，丢几个钱没关系，可以再挣。
问题：男的丢了多少钱？

(7) 女：你怎么了？
男：考试成绩出来了，我不及格。
女：一次考试不及格没什么，可以再考一次吧？
问题：男的考得好不好？

(8) 男：小李，你身体好点儿了吗？
女：我觉得好了，可是医生就是不让我出院。
男：别着急，慢慢来，听医生的。
女：我知道，你工作也很忙，也多注意身体。
问题：小李现在在哪里？

2. 听句子，选择正确答案

(1) 星期天的晚会，每件事情都有专人负责。小张负责服装，小李负责灯光，小王负责接待客人。
问题：校长来参加晚会，谁有可能去接待？
A. 专人　　　B. 小张　　　C. 小李　　　D. 小王

(2) 他们有钱，不怕浪费。我们可不一样，一分钱也不能乱花。
问题："一分钱也不能乱花"的意思是：
A. 我们没有钱　　　B. 我们有一分钱
C. 我们不能浪费　　D. 我们有花

(3) 这几句可以不要，都是在重复前面写过的话。
问题：说这句话的人可能在做什么？
A. 造句　　B. 改文章　　C. 重复以前说的话　　D. 写文章

(4) 大家知道张文和小凡离婚的消息，都很难过。不过也有例外，比如赵林，他一直觉得他们不合适。
问题：赵林为什么不难过？
A. 因为他和张文不合适　　　B. 因为他认为张文和小凡不合适
C. 因为他和张文、小凡不合适　D. 因为他和小凡不合适

(5) 今天我去见了两个表婶、三个表舅、四个表姨，累死了。
问题："我"怎么样？
A. 我很热情　　B. 我工作很忙　　C. 我家里有很多人　　D. 我亲戚很多

3. 听短文，判断正误

　　林小平和何娜认识的时候，都还是中学生。他们在同一个中文学校学习汉语：林小平每星期去学校学两次汉语，星期一下午和星期六上午；何娜每星期学三次，每星期一三五下午。

　　小平知道何娜就是那个瘦瘦小小、长头发的女生，何娜知道小平就是那个高高大大、短头发的男生，但是他们从来没说过话。

　　暑假到了，中文学校组织学生到中国旅行，他们都参加了。就是那一次的旅行，让他们成了好朋友。他们还发现，他们的家都在同一条路上，只隔几百米。暑假以后，小平也上星期五下午的课了。这样，他们每个星期有两天一起学习，然后一起复习，再一起回家。

　　这样过了三年，他们的感情越来越深。小平要去北京读大学了，离开曼谷的前一天，他用汉语对何娜说："做我的女朋友，好吗？"何娜笑了，对他说："我没听懂，你可以用泰语再重复一遍吗？"

（1）林小平和何娜在同一个中学学习汉语。□

（2）林小平每星期一和星期六学汉语。□

（3）林小平和何娜每个星期一下午一起学习。□

（4）何娜比较高。□

（5）旅行以前，林小平就常常跟何娜聊天。□

（6）暑假时，何娜和林小平跟其他同学一起去中国旅行。□

（7）旅行以前，他们就是好朋友了。□

（8）林家和何家离得很远。□

（9）在中文学校，何娜就是林小平的女朋友。□

（10）林小平用汉语说请何娜做他的女朋友。□

二 泛听

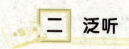

1. 听对话，选择正确答案

（1）女：小三，你知道表叔明天要来看我们吗？

　　男：明天来吗？哦，对了，前几天妈妈提了一次。

　　问题：小三什么时候知道表叔要来？

　　A. 现在　　　B. 明天　　　C. 前几天　　　D. 他不知道表叔要来

(2) 男：别再难过了，为了吴民这样的人不值得。
女：道理我都懂，可是……感情的事情真说不清楚。

问题：吴民这个人怎么样？

A. 是个难过的人　　　　　　　B. 是个有感情的人

C. 可能不太好　　　　　　　　D. 对话中没有说

(3) 女：林黛玉是贾宝玉的表妹，薛宝钗是贾宝玉的表姐，她们是姐妹吗？
男：不，林黛玉的妈妈是贾宝玉的爸爸的妹妹，薛宝钗的妈妈是贾宝玉的妈妈的妹妹。

问题：贾宝玉的爸爸是谁？

A. 是林黛玉的妈妈的哥哥　　　B. 是薛宝钗的妈妈的哥哥

C. 是林黛玉的表哥　　　　　　D. 是薛宝钗的表哥

(4) 女：你怎么不去找王京生了，你们不是老同学吗？
男：他现在是大公司的总经理了，我还是一个服务员，虽然我们住的地方隔得不远，可是我觉得我们就像是两个世界的人了。

问题：关于男的和王京生，我们不知道：

A. 他们以前是同学　　　　　　B. 他们的工作

C. 男的不去找王京生　　　　　D. 他们住在哪里

(5) 男：你希望将来住在什么地方？
女：我希望将来住在一个像梦幻花园一样美丽的地方，有蓝色的天空、绿色的树林和草地。

问题：女的希望住的地方有：

A. 花园、蓝天和草地　　　　　B. 蓝天、草地和树林

C. 美丽的花园、蓝天、树林和草地　D. 梦、花园、蓝天、树林和草地

2. 听短文，选择正确答案

很多孩子在2004年12月发生的印度洋海啸中失去了父母或兄弟姐妹。在这次灾难以后的很多年里，他们都需要特别的关心。

想一想这些孩子经历的事情：他们曾经被从父母的手里冲走，或者看着兄弟姐妹被大海带走——这会让他们害怕和难过很多年。

人们能为这些孩子做的最好的事情就是让他们回到学校里。学校的条件不一定很好，但能让他们感到安全，让他们和别的孩子，特别是他们以前就认识的孩子在一起，让他们感觉能够回到海啸以前的熟悉的生活中去。

有些家庭也想出一些安慰孩子的办法。例如为家里失踪的孩子留一份吃的东西,让其他孩子感觉还有希望找到他们。

(据《参考消息》2005年1月6日《"海啸一代"需长期心理治疗》)

(1) 谁需要特别的关心?
  A. 在海啸中受伤的孩子   B. 难过和害怕的孩子
  C. 在海啸中失去父母或兄弟姐妹的孩子   D. 经历了海啸的孩子

(2) 在以后很多年里,这些孩子可能会:
  A. 害怕、难过   B. 身体不好
  C. 忘了他们的父母或兄弟姐妹   D. 关心别人

(3) 为了安慰这些孩子,人们:
  A. 给他们很好的学校   B. 让他们认识新朋友
  C. 让他们回到学校   D. 告诉他们不要难过

(4) 哪个学校对这些孩子最好:
  A. 漂亮的学校   B. 有好老师的学校
  C. 安全的学校   D. 这些孩子以前的学校

(5) 为什么有些家庭留吃的东西给失踪的孩子:
  A. 因为他们希望失踪的孩子会回来   B. 因为他们想念失踪的孩子
  C. 因为他们想安慰其他孩子   D. 短文没有说

3. 听后复述

(1) 随着季节的变化,玉佛每年要更换三次衣服。

(2) 看到好朋友有机会去法国旅行,她别提有多羡慕了。

(3) 太平洋也隔不断他们的爱情,他们每天都要通一次电话。

(4) 数码相机为爱好照相的人提供了很大的方便,因为他们不用再担心浪费胶卷了。

第十二课　每天只学习十五到三十分钟汉语

听力练习

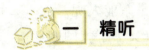 一　精听

1. 听一遍会话课文，回答问题

（1）女：你看那座大楼，建了三年还没建好。
　　男：我听人说那个公司没钱了。
　　女：我昨天看报纸，据调查今年有很多公司关门了。
　　问题：女的怎么知道很多公司关门了？

（2）男：你知道吗？有科学家说多喝牛奶对身体不好。
　　女：什么？不是都说多喝牛奶长得高吗？
　　男：我也是刚从电视上看来的消息。
　　女：还好，我才喝了两年牛奶。
　　问题：男的怎么知道多喝牛奶不好？

（3）女：据说那个电子游戏很好玩儿。
　　男：我现在不玩儿电子游戏了。据调查，每天打电子游戏的学生成绩都不好。
　　女：是吗？有不少文章介绍说打电子游戏能锻炼大脑。
　　问题：他们在谈什么？

（4）男：根据天气预报，明天天气很好，我们去爬山吧。
　　女：我听爷爷说"蚂蚁搬家要下雨"，你看，那么多蚂蚁在搬家呢。
　　男：哦，你在那里看了半天，原来是在看蚂蚁。
　　问题：他们在谈什么？

（5）女：你觉得这个关于中学教育的调查怎么样？
　　男：我可说不准。
　　女：是不好说，可你看了半天，一点儿看法也没有吗？
　　问题：女的是什么意思？

(6) 女：你让小木做晚饭？他怎么干得了呢？
　　男：他吃了十几年饭了，做一次不行吗？
　　女：可你一下子就让他一个人做饭，你想他能行吗？
　　男：天知道！他答应了，你还担心什么？
　　问题：女的认为小木怎么样？

(7) 男：他是哪国人？
　　女：我知道他是东南亚人，可是是哪国人，很难说。
　　男：东南亚人？我还以为他是东亚人呢。
　　女：他在日本呆了十年，接着又去了韩国四年。
　　问题：他是哪国人？

(8) 女：我们两个人能搬那么多东西吗？
　　男：不好说。哎，小李不是说好了要来帮忙的吗？
　　女：天知道他去哪里了。
　　问题：小李在哪里？

2. 听句子，选择正确答案

(1) 我弟弟今年上初中三年级，明年就上高一了。
　　问题："高一"的意思是：
　　A. 一个学校　　B. 一个系　　C. 高中一年级　　D. 一个高中

(2) 来我们大学学习的外国留学生分成两部分，一部分是汉语进修生，另一部分是汉语本科生。
　　问题：哪个词句子没有讲：
　　A. 留学生　　B. 大学生　　C. 进修生　　D. 本科生

(3) 他们上个月才认识，怎么一下子就谈上恋爱了？
　　问题：这句话的意思是：
　　A. 他们在谈恋爱　　　　　　B. 他们谈了一个月恋爱，时间不长
　　C. 认识时间很短就谈恋爱，太快了　　D. 他们怎么谈恋爱的

(4) 有些父母发现孩子打电子游戏打得太多，成绩越来越差，就不准孩子再玩儿了。
　　问题：父母发现什么？
　　A. 孩子打电子游戏
　　B. 孩子成绩差
　　C. 因为孩子成绩差，所以不玩儿电子游戏

D. 孩子因为打电子游戏,所以成绩差

(5) 社会科学家做的调查常常有一些有趣的发现。

  问题:下面哪个词组跟句子没关系:

  A. 社会科学调查　　　　　　B. 调查的发现
  C. 有趣的社会科学家　　　　D. 有趣的发现

3. 听短文,判断正误

丹的弟弟叫柯。他的中学就在他们家旁边,他在那里学习了四年了。柯每天上六小时课,下午在学校打一小时球,然后就放学回家。他不喜欢上学,他喜欢放假。

泰国的假期跟中国不一样。从3月到6月,放三个月暑假。放暑假的时候,柯每天在家打电子游戏,有时打十多个钟头,不吃饭、不睡觉。丹说他"废寝忘食"。快到6月了,新学年就要开始了,他才发现很多作业都没有做,也没复习,上个学期学的东西差不多都忘了。

今年6月新学期开始的时候,柯答应父母要好好学习,每天只打一小时电子游戏。现在放学以后,他做两个小时作业,复习一小时。他的成绩比以前好多了。

爸爸妈妈很高兴。他们说10月考完试,就带柯出国旅行。柯说10月只放三个星期的假,他不想出国,想一个人呆在家里休息。下学期11月开始,他除了上学校的课,还要去一个中文学校进修中文。

(1) 柯在小学学了四年了。☐
(2) 柯每天在学校呆七个小时。☐
(3) 泰国的学生跟中国学生一样,都放三个月暑假。☐
(4) 柯放学以后打十几个小时电子游戏。☐
(5) "废寝忘食"的意思是不吃饭不睡觉。☐
(6) 新学年6月开始。☐
(7) 柯现在每天只打一个小时电子游戏。☐
(8) 柯现在每天复习两个钟头。☐
(9) 爸爸妈妈10月要出国旅行。☐
(10) 柯下学期要在中学学中文。☐

二 泛听

1. 听对话，选择正确答案

（1）女：放寒假我们去上海旅行两周，你去不去？
男：不去了，我要抓紧时间复习，再过几个月就要考高中了。
问题：男的寒假要做什么？
A. 考高中　　　B. 旅行　　　C. 复习　　　D. 去高中

（2）女：中国是九年义务教育，小学六年，初中三年。
男：什么是义务教育？
女：就是每个孩子都一定要上小学和初中，而且不用付学费。
问题：家里没有钱的孩子最可能：
A. 不上小学　　B. 不上初中　　C. 不上高中　　D. 不能受教育

（3）女：他最不爱学习了，上课不是睡觉就是跟同学聊天。怎么一下子变得那么刻苦？
男：据说是因为他喜欢上一个成绩特别好的女生。
问题：他现在怎么样？
A. 在谈恋爱　　　B. 成绩特别好　　C. 很刻苦　　D. 喜欢学习了

（4）女：请你控制一下自己的声量，好吗？整座楼都能听到你的声音了。
男：那就请你别再跟我争了，好吗？我们都安静一下儿。
问题：他们刚才在做什么？
A. 讨论问题　　　B. 大声地吵　　C. 控制自己的声音　D. 听声音

（5）女：张经理答应了要帮忙的，你看他说话能不能算数？
男：很难说，我也不太了解他。
问题：他们在谈什么？
A. 张经理说的话　　　　　　　B. 张经理会不会帮忙
C. 张经理是怎么样的人　　　　D. 要了解张经理很难

2. 听短文，选择正确答案

我们要睡多长时间

不久前，科学家在北极圈做了一个实验：7个人不带手表，在白天和晚上都有阳光的情况下住了一个多月。科学家们是想知道人的身体在不受时间控制的情况下需要多少小时的睡眠。结果表明：一个人一天要睡10个小时。科学家们认为，现在的人每天平均只睡7—7.5小时，还缺2.5—3小时觉。现在我们来算一算，人一生缺多少个小时的觉。

如果我们每天得睡10个小时，那一年的睡眠时间为3650小时。这样的一个数字再乘以现在的平均寿命70，一共就可以得出25.55万个小时。现在我们平均每天只睡7.5个小时，同样乘以70，得数是19.1625万个小时。两个数相减，便得出6.3875万个小时的缺觉时间。

（据"新浪科技" 2003年8月21日 粟周熊 编译）

(1) 科学家为什么做实验？
  A. 他们想知道人受不受时间控制 B. 他们想知道人白天能不能睡觉
  C. 他们想知道人要睡多长时间觉 D. 他们想知道人缺多少小时的觉

(2) 关于参加实验的人，以下哪个说法不对？
  A. 他们都是科学家 B. 他们没有手表
  C. 他们在北极圈住了一个多月 D. 他们平均每天睡10个小时

(3) "乘以"的意思是：
  A. + B. - C. × D. ÷

(4) "相减"的意思是：
  A. + B. - C. × D. ÷

(5) 根据本文，人一生平均少睡多少个小时觉？
  A. 3650小时 B. 25.55万小时 C. 19.1625万小时 D. 6.3875万小时

3. 听后复述

(1) 社会调查是社会学常用的研究方法之一。

(2) 父母答应了孩子的话就一定要兑现，说话不算话的父母得不到孩子的信任。

(3) 一个八岁的孩子觉得很长的一年，三十八岁的妈妈觉得一下子就过去了。

(4) 有些心理学家认为快乐不快乐是可以控制的，但另一些心理学家不那么乐观。

(5) 谁也说不准那些没日没夜地打电子游戏的初中生在想什么。

第十三课　我去过中国

1. 听一遍会话课文,回答问题

(1) 女：李力,你怎么能说陈教授的文章写得不好呢?
男：什么? 我哪儿说过这样的话?
女：小白昨天告诉我们的。
男：可是我这半年都没见过她。

问题：小白说的是真的吗?

(2) 女：爸爸,你是不是要带我们去日本旅行?
男：我什么时候说过这话?
女：我看见你拿了很多日本旅游的资料。
男：学习的时候你从来没这么聪明过。

问题：爸爸是不是要带他们去日本旅行?

(3) 女：文才,你自己汉语学好了,就应该更多地帮助其他同学?
男：老师,我从来没拒绝过帮助同学啊。
女：我的意思是你应该主动一些。

问题：如果有同学请文才帮他们学汉语,文才帮不帮?

(4) 女：听说百分之九十以上的泰国人都是佛教徒,你表哥也一定是吧?
男：不,听说他从来没拜过佛。
女：为什么会这样?
男：我从来没跟他讨论过这个问题。

问题：表哥拜不拜佛? 为什么?

(5) 女：张世,大家都说你在跟明月谈恋爱呢。
男：哪儿有这样的事!

女：别不好意思啊。
男：真的,我和她连话都没说过几次!
问题：张世跟明月是好朋友还是男女朋友?

(6) 女：你在学校网站留言版的帖子太好了!
男：我的什么帖子?
女：上星期五的帖子啊。
男：上星期我连学校网站都没上过,更别说发帖子了。
问题：他们学校有什么?

2. 听句子,选择正确答案

(1) 今年暑假我去了武汉,然后从武汉坐船去上海,再从上海坐火车去南京。
问题："我"没去哪里?
A. 武汉　　　B. 东京　　　C. 上海　　　D. 南京

(2) 城市里的咖啡馆、酒吧和饭店越来越多,老年人和孩子活动的地方却越来越少。
问题：谁可能在城市里比较高兴?
A. 老年人　　B. 孩子　　　C. 游客　　　D. 运动员

(3) 南京的南京大学和天津的南开大学都是著名的大学,很难选择,不过我是北方人,所以比较喜欢天津。
问题："我"可能选择哪个大学?
A. 南京大学　B. 北方大学　C. 天津大学　D. 南开大学

(4) 她昨天给我打电话了,不过我们讲了两分钟电话就断了,等于没打。
问题：为什么"我们"只讲了两分钟?
A. 因为电话断了　　　　　B. 她不想跟我讲
C. 因为她没给我打电话　　D. 我不想跟她讲

(5) 平遥是一个小小的城市,保留了大部分两三百年前的老房子,因此当游客们到这里时,会有一种回到过去的感觉。
问题：关于平遥,哪句话对:
A. 它是过去的城市　　　　B. 房子特别多
C. 它有两三百年的历史　　D. 它很小

3. 听对话,判断正误

明月：我今天借了一套很有意思的书,叫《老城市》。

何娜：是吗？让我看看……《老北京》、《老上海》、《老南京》、《老广州》。

明月：每本书都是那个城市的作家写的，还用了很多那个城市的老照片。

李力：你们在看书呀？我看看，啊，这些书都不错。

何娜：我想起来了，我在广州买过一本《老广州》。我记得作者说广州人不怀旧，因为广州人自己就是旧的。

明月：广州人是旧的？什么意思？

李力：就是说广州人比较传统。

明月：我没去过广州。听起来，那里就像我们马来西亚的槟城。

何娜：我在广州呆了几天，不觉得那里传统。它也跟北京、上海一样，到处都是高楼、汽车。

李力：作者说了，传统保留在日常生活里，不是一般游客可以看到的。

陈老师：你们说什么那么热闹啊？我敲门都没人理我。

何娜：陈老师，真不好意思，快请坐。我们在谈明月借的书呢。

陈老师：明月，你应该先看新城市，再读《老城市》。

李力：是啊，陈老师说得对。这四个城市除了北京，你还去过哪里？

明月：我不同意你们的看法。中国那么大，每个地方都去看一看，什么时候才看完？读书才是最好的了解中国的方法。

何娜：有一句话叫"读万卷书，行万里路"，对吗？我们应该多旅行、多读书。

(1) 明月借了四套书。☐
(2)《老北京》的作者是北京人。☐
(3) 何娜在广州看过一本《老广州》。☐
(4) 马来西亚的槟城可能也是一个保留了传统的城市。☐
(5) 何娜觉得广州不特别传统。☐
(6) 李力认为旅行时看到的东西比较表面(ภายนอก)。☐
(7) 陈老师没敲门就进了房间。☐
(8) 陈老师认为明月应该去别的城市看看。☐
(9) 明月认为旅行是了解中国的最好的方法。☐
(10) "读万卷书，行万里路"的意思是多旅行、多读书。☐

二 泛听

1. 听对话,选择正确答案

(1) 男：这个庙里有佛像,也有道教的神,太奇怪了。
    女：对于这些中国人来说,信什么教不重要,只要拜神就行了。图书馆里有很多这方面的书。
    问题：他们是什么人,在哪里？
    A. 外国人,在寺庙里　　　　　B. 中国人,在图书馆里
    C. 外国人,在图书馆里　　　　D. 中国人,在寺庙里

(2) 女：爷爷让我们给他买一台电脑,他也要学上网。
    男：对新事物感兴趣的老人总是比较健康。
    问题：爷爷想做什么？
    A. 学习新事物　　B. 学上网　　C. 买电脑　　D. 锻炼身体

(3) 女：王马的新娘真好看,比他以前的女朋友漂亮多了。
    男：这就是王马选择她的原因吧。
    问题：男的的意思是：
    A. 新娘很好看
    B. 王马今天结婚
    C. 王马因为现在的女朋友漂亮,所以跟她结婚
    D. 他不知道王马为什么结婚

(4) 男：你这学期选了几门课？
    女：六门,英语、商业管理、国际贸易、高等数学、汉语和经济。
    问题：女的没选什么课？
    A. 英语　　　　B. 商业贸易　　C. 数学　　　D. 经济

(5) 男：妈妈,我没衣服穿了。
    女：你自己的衣服不自己洗,现在没衣服穿了来找我,有什么用啊？
    问题：孩子为什么没衣服穿了？
    A. 他给别人穿了　　　　　　B. 妈妈不买衣服
    C. 他不洗衣服　　　　　　　D. 妈妈不洗衣服

2. 听短文,选择正确答案

文化人的台北

我有很多文化人朋友去过台北后都问我:"台北那么好,你怎么会选择来香港?"

台北真的是有文化。比如说诚品书店,你只要在那儿呆一会儿,马上就会觉得自己是个很有文化的人。诚品书店有好几家分店,敦化南路的分店二十四小时开门。据说有些香港文化人就在周末专门飞到台北去,整个周末都在那家分店里看书。

如果你到了台北的地铁站,应该看一看那里的展览。那里或者是介绍台北某地的历史,有不同时期的照片、有文字说明,看过后你会觉得你和这个地方有了一种联系;又或者是关于不同性取向的介绍,看过后,你会觉得台北是个既开明又包容的城市。

还有很多人特别喜欢台北的咖啡馆。台北到处都有咖啡馆,环境幽雅,咖啡好喝,你可以坐下来,拿本书来看,一个下午就过去了。

(据 http://cul.sina.com.cn 2006 年 1 月 17 日《深圳商报》杜家祁文)

(1) "文化人"一定喜欢做什么?
  A. 喝咖啡 B. 坐地铁 C. 看书 D. 看展览

(2) 以下哪个最可能是"文化人":
  A. 大学教授 B. 导游 C. 商人 D. 记者

(3) 以下哪个不说明"台北是个有文化的地方":
  A. 地铁的展览 B. 诚品书店 C. 咖啡馆 D. 台北的环境

(4) 关于作者,我们知道:
  A. 他住在台北 B. 他以前住在台北 C. 他想回台北去 D. 他有一个书店

(5) 关于台北,我们知道:
  A. 这是个开明而包容的城市 B. 这是个很古老的城市
  C. 这是个有文化的城市 D. A 和 C

3. 听后复述

诗歌(เพลงกลอน):十二岁的广场(节选/เลือกบางตอน)

    ——顾城

谁能知道
在梦里
我的头发白过

我到达过五十岁
读过整个世界
我知道你们的一切——
夜和刚刚亮起的灯光
你们暗蓝色的困倦
出生和死
你们无事一样

第十四课 每个人都哭了

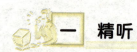

1. 听一遍会话课文,回答问题

(1) 男：你听说了吗？小李的母亲去世了。

女：遇到这样的不幸,他一定很伤心。

男：是啊,他才二十多岁,真是太可怜了。

问题：小李遇到了什么不幸？

(2) 女：张老师最近都没来上课,出什么事了吗？

男：他女儿小阳得了癌症,住医院了。

女：太不幸了。

男：是啊,小阳还那么年轻,太可怜了。

问题：张老师家出什么事了？

(3) 女：听说地震中死了很多人。

男：那些死者真不幸啊！

女：我觉得活着的人更痛苦。

男：是啊,没有什么比没了亲人更痛苦的了。

问题：谁更不幸？

(4) 男：你上班那么远,每天要坐三四个小时车,太不容易了！

女：是很累,不过有工作就不错了,那些没有工作的人才可怜呢。

男：是啊,听说王明一直在找工作。

女：还没找到？真为他难过。

问题：女的觉得自己很可怜,对吗？

(5) 男：怎么回事？

女：我骑自行车骑得太快了,摔倒了。

男：哎呀，你也太不小心了！

问题：女的为什么摔倒了？

(6) 女：我看你脸色不好，怎么了？

男：感冒好几天了。

女：要紧不要紧？

男：没什么，不要紧。

问题：男的感冒多久了？

(7) 女：你去美国的事，办得怎么样了？

男：办好了，下个月就走了。

女：到了那里，你大概得每天吃面包了，你受得了吗？

男：有什么吃什么，没关系。

问题：他们喜欢吃面包吗？

(8) 女：孩子，下那么大的雨，淋着你没有？

男：没淋着，下雨的时候我们在车上呢。

女：忘了带水去，没渴着吧？

男：哎呀，我自己不会买吗？

问题：孩子最后那句话是什么意思？

2. 听句子，选择正确答案

(1) 不到一小时，救援者就到了发生地震的地方，他们找到许多活着的人，也找到很多死者。

问题：在发生地震的地方，有什么人？

A. 救援者　　B. 活着的人　C. 死者　　D. 以上全部

(2) 那里的女人拿东西不用手，而是用头。她们头顶着东西走路，还能走得很快。

问题：那里的女人怎么拿东西？

A. 用手提　　B. 用头顶　　C. 用脚走　　D. 很快地

(3) 他在房子下面躺了三天三夜，救援者找到他的时候，他已经快死了。医生们努力了一天一夜，终于救活了他。

问题：房子倒了多长时间？

A. 三天　　　B. 七十二小时　C. 一天一夜　D. 三夜

(4) 石头下面压着一辆车，我们要先搬开这堆石头，才能救出车里的人。

问题："我们"想做什么？

A. 找车　　　　　B. 搬石头　　　　　C. 救人　　　　　D. 搬车

(5) 他虽然是男孩子，但也没有力气一下子拿那么多东西，我们去帮帮他吧，别在旁边看着。

问题：为什么"我们"应该帮他？

A. 他是男孩子　　B. 他没有力气　　C. 东西太多　　D. 他是我们的孩子

3. 听对话，判断正误

游客：导游，为什么这里的房子看起来都是新建的？

导游：啊，1999年，这里曾经发生了一次很大的地震，大部分旧房子都倒了。

游客：啊，是吗？太不幸了。

导游：我想给各位讲一个故事。地震发生后的第三天，救援者发现在一所倒塌的房子下还有两个人，一位母亲和她的女儿。

游客：她们都还活着吗？

导游：母亲还活着，她用手撑着地，背上顶着一块巨大的石头。她的女儿躺在她下面。

游客：女儿还活着吗？

导游：大家都不知道，母亲也不知道。她请救援者赶快救她的女儿，她已经这样撑了两天了。

游客：太伟大了，只有母亲才能做到。

导游：救援者不停地挖了一夜，才把她女儿拉出来。她死了。

游客：哦，太可怜了。他们没有马上告诉母亲吧？

导游：没有，他们骗她说女儿还活着。

游客：是啊，要是知道女儿已经死了，她肯定一下子就没力气了，她自己也会被压死的。

导游：第二天，土耳其的报纸都登了那位母亲的照片。我不是一个容易感动的人，但是那天，我看着那张照片哭了。以后每次带旅行团经过这儿，我都会讲这个故事。

(1) 游客知道这里发生过地震。□

(2) 游客发现这里的房子都是新的。□

(3) 游客请导游给他们讲关于地震的故事。□

(4) 救援者发现母女的时候，地震已经发生了三天了。□

(5) 游客认为母亲很伟大。☐
(6) 游客非常希望她女儿还活着。☐
(7) 救援者挖了一夜才把女儿拉出来。☐
(8) 游客认为救援者不应该马上告诉母亲她女儿已经死了。☐
(9) 游客想看母亲的照片。☐

二 泛听

1. 听对话，选择正确答案

(1) 女：看，就是这个骗子，她一个月就骗了几百人，真不知道为什么这些人那么容易受骗。

男：现在报纸登了她的照片，以后她就没办法再骗人了。

问题：为什么骗子以后没办法再骗人了？

A. 人们没有那么容易受骗了　　　　B. 她已经骗了几百个人了

C. 人们都知道她是骗子了　　　　　D. 报纸登了她的照片

(2) 男：平时学校都很安静，可是今天早上那里到处都是人和车，发生什么事了？

女：你知道那个有名的作家方达吗？他以前是那个学校的学生，今天早上他回母校演讲，很多学生和家长都去听。

问题：方达是谁？

A. 一个学生　　　B. 一个家长　　　C. 一个有名的人　　　D. 一个老师

(3) 男：大家都累死了，只有王老师好像一点也不累，又说又笑。

女：不，她也很累了，不过她撑着不让我们看出来。

问题：王老师怎么样？

A. 她不累　　　B. 她很累　　　C. 她不看我们　　　D. 她撑着我们

(4) 女：你看那个服务员，太厉害了！左手拿着五杯咖啡，右手端着一个大蛋糕。

男：是啊，他参加服务比赛，得过第一名呢。你知道那个比赛吗？参赛者端着一杯啤酒跑步，看谁跑得快而杯子里的啤酒洒得最少。

问题：那个服务员手里有什么？

A. 咖啡　　　B. 啤酒　　　C. 蛋糕　　　D. A和C

(5) 女：我想读一本中国小说，请你给我推荐一本，好吗？

男：你记得我们一起看过的中国电影《活着》吗？那部电影是根据一本同名小说改编的，小说写得很好，我觉得小说比电影更好看。

问题：关于他们谈的小说，哪句不对？
A. 这是中国小说
B. 这本小说的名字是《活着》
C. 这本小说很好
D. 这本小说跟电影《活着》没关系

2. 听短故事，选择正确答案

改　变

有一只乌鸦打算飞到东方去。飞着飞着，遇到一只鸽子。鸽子问乌鸦："你为什么要离开这里？"乌鸦难过地说："其实我不想离开，可是这个地方的居民都讨厌我，因为我的叫声不好听，所以我想飞到别的地方去。"鸽子告诉乌鸦："如果你不改变自己的声音，飞到哪里都不会受到欢迎的。"

(1) 乌鸦为什么要飞到东方去？
A. 因为它想离开这里
B. 因为它想跟鸽子在一起
C. 因为这里的人不喜欢它
D. 因为它想改变自己的声音

(2) 这个故事告诉我们：
A. 每个地方的人都不喜欢乌鸦
B. 乌鸦为什么不受欢迎
C. 鸽子很聪明
D. 我们不能改变环境，只能改变自己

佛陀的故事

佛陀在旅途中遇到一个不喜欢他的人。他们一起走了好几天，那人用了各种方法来辱骂佛陀。最后，佛陀笑着问那个人："如果有人送你一份礼物，但你不接受，那么，这份礼物是谁的呢？"那人回答："是送礼物的那个人的。"佛陀又笑着说："没错。如果我不接受你的辱骂，那你就是在骂自己？"那人低着头走了。

(1) 那个人为什么用各种方法辱骂佛陀？
A. 因为他不喜欢佛陀
B. 因为他们在一起走了好几天
C. 因为他认为那是给佛陀的礼物
D. 因为佛陀不接受他的礼物

(2) 佛陀最后说话之前，做了什么？
A. 接受那个人的礼物
B. 骂了那个人
C. 跟那个人一起走
D. 送那个人礼物

(3) 佛陀的话是什么意思？
A. 辱骂别人，就是辱骂自己

B. 别人辱骂我们，我们也不应该生气
C. 别人的态度不重要，自己的态度才重要
D. A 和 C

3. 听后复述

静夜思
李白

床前明月光，疑似地上霜。
举头望明月，低头思故乡。

秋浦歌
李白

白发三千丈，缘愁似个长。
不知明镜里，何处得秋霜。

卜算子
李之仪

君住长江头，我住长江尾。
日日思君不见君，共饮长江水。

第十五课　谢谢老师的建议和鼓励

1. 听一遍会话课文，回答问题

(1) 女：听说你们打算买房子了？
　　男：是啊，不过到底买哪儿的房子，我们现在还在考虑呢。
　　女：是要好好考虑。
　　问题：男的要考虑什么？

(2) 男：你知道吗？小李和小王要在北京举行婚礼，你去参加吗？
　　女：去吧，北京太远；不去吧，又是那么好的朋友。真是拿不定主意。
　　男：还有时间再想一想。
　　问题：女的为什么想去？为什么不想去？

(3) 女：你想学文科还是学理科？
　　男：学文科，我喜欢，也学得好；学理科，以后容易找工作。决定不了。
　　女：你父母的意见是什么？
　　男：他们也拿不定主意。
　　问题：学文科怎么样？学理科怎么样？

(4) 男：这两个男孩，你到底喜欢谁？
　　女：你让我再考虑一下，好吗？
　　男：还拿不定主意？
　　女：是啊，他们都那么好，让我怎么选择呢？
　　问题：女孩为什么拿不定主意？

(5) 女：你真的要搬出去住吗？再考虑考虑吧。
　　男：我已经决定了，不想再依靠父母。
　　女：你要租房子、自己做饭、自己照顾自己……

男：别再劝我了,我已经拿定主意了。

问题：男的决定做什么？

(6) 男：听说你在考虑去留学？

女：对,我已经决定去中国留学了。

男：去哪个大学,定了吗？

女：定了,去中山大学。

问题：女的决定做什么？

(7) 女：经理,我们真的决定接受山本公司的条件了？

男：对,就这样决定了！

女：可是,我还是认为这些条件有问题。

男：不要再说了,我的决心已定。

问题：女的认为应该接受山本公司的条件吗？

(8) 女：孩子,我和你爸爸还是希望你再考虑一下专业的事情。

男：妈妈,我已经下定决心了。

女：可是,历史系的毕业生不好找工作啊。

男：什么也改变不了我的决心！我喜欢历史。

问题：父母担心什么？

2. 听句子,选择正确答案

(1) 张小姐进公司以前没用过电脑,现在她对电脑已经很熟悉了,一分钟能打六十多个字。

问题：张小姐进公司以前怎么样？

A. 用过电脑　　　　　　　B. 对电脑很熟悉

C. 一分钟能打六十个多字　　D. 不会打字

(2) 大学毕业了,应该依靠自己,但是在需要的时候接受父母的帮助并不代表你依靠父母。

问题：大学毕业以后,不应该怎么样？

A. 依靠自己　　　　　　　B. 依靠父母

C. 接受父母的帮助　　　　D. 需要父母的帮助

(3) 小白虽然说支持男朋友去留学,可实际上她并不希望他离开中国。

问题：小白希望什么？

A. 去留学　　　　　　　　B. 男朋友去留学

C. 男朋友跟她在一起　　　　　　D. 男朋友支持她

(4) 既然目前学中文的外国人越来越多,为什么我们大学不抓住机会,想办法多收留学生?

问题:说话的人是什么意思?

A. 他想知道大学为什么不多收留学生　　B. 他认为大学应该多收留学生
C. 他想知道为什么外国人想学中文　　　D. 他认为大学没有抓住机会

(5) 张教授在给班长写的推荐信里写他成绩不是最好的,但他知道怎么最快地找到解决问题的方法。对于一个研究者来说,这是非常重要的。

问题:张教授认为对于研究者来说,什么很重要?

A. 懂得怎么研究　　　　　　　　　B. 找到解决问题的方法
C. 成绩最好　　　　　　　　　　　D. 有人推荐

3. 听短文,判断正误

　　大为三年级了,他成绩一直很好,今年得到一个去中国留学的机会。他非常高兴,因为他从来没离开过泰国,也没离开过家。他已经二十岁了,他很希望能在中国过一种不一样的生活。他马上开始办手续,请老师给他写推荐信。老师和朋友们都很支持他。可是父母呢?

　　大为的父母只有他一个孩子,他们很爱他。虽然他二十岁了,父母还是觉得他是个孩子,他们担心他在中国不知道怎么照顾自己,担心他不习惯中国的生活,担心他吃得不好,担心他玩儿得太多、没有时间学习……父母考虑了很久,认为大为最好大学毕业后去留学。

　　大为对他们说:"对不起,我不能接受你们的建议。你们担什么心呢?我已经二十岁了,我会照顾自己的。请放心吧!这是个难得的机会,我一定要抓住。我现在不离开你们,以后也要离开的,我不可能永远依靠你们,对吗?"听了大为的话,父母明白了:他已经不是孩子了,他们应该鼓励他。

(1) 大为的父母要送他去中国留学。☐
(2) 大为成绩很好。☐
(3) 大为从来没去过中国。☐
(4) 大为的朋友希望他在中国过一种不一样的生活。☐
(5) 父母担心大为在中国不努力学习。☐
(6) 父母很担心,因为他们认为大为还是个孩子。☐

(7) 大为不明白父母为什么担心。□
(8) 大为说自己永远不会离开父母。□
(9) 大为会照顾自己。□
(10) 父母同意大为去留学了。□

二 泛听

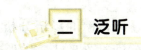

1. 听对话,选择正确答案

(1) 女:你现在去找主任不好吧?会打扰他休息的。
    男:你不知道,就得趁他休息,不然他根本没时间听我说话。
    问题:对话里没说,但我们可以知道什么?
    A. 主任在休息   B. 主任不喜欢别人打扰他
    C. 主任不好   D. 主任非常忙

(2) 男:哎呀,太打扰你们了!本来就是来看看你的。
    女:你太客气了,既然来了,当然不能让你走。快,快,趁热吃。
    问题:男的为什么对女的说"太打扰了"?
    A. 他去看女的   B. 他不让女的走
    C. 他在女的家里吃饭   D. 女的太客气了

(3) 女:最近每次给小刘打电话,他都说他忙着呢,他忙什么啊?
    男:听他的?我看没人比他更闲了,每天除了忙着玩儿,就是忙着吃。
    问题:男的的意思是:
    A. 听听小刘说他忙什么 B. 小刘一点儿也不忙
    C. 小刘真的很忙   D. 小刘喜欢玩儿

(4) 男:王老师,我6月就毕业了,现在忙着找工作呢,你有没有什么关系可以介绍给我?
    女:老师在学习上帮助你们没问题,可是说到找工作,就帮不上忙了。
    问题:学生希望老师做什么?
    A. 帮助他学习   B. 帮助他毕业
    C. 帮助他解决问题   D. 帮助他找工作

(5) 男:嘿,那里一大群人,看什么呢?
    女:出交通意外了!一辆车撞伤了人,开走了。伤者送到医院了,开车的人还没抓住呢。

问题：那大群人看什么呢？

A. 伤者　　　　　　B. 开车的

C. 交通意外　　　　D. 抓人

2. 听短文,回答问题

口香糖的经济分析

吃完的口香糖,吐在地上,残渍粘在路上,很难看,也很不容易清除。以下四个地方的处理方法不同,让我从经济上分析分析吧。

第一,在香港的街上吐口香糖,罚款六百。可是没有用,因为人太多,谁知道谁吐了呢？去年香港政府花了六千三百万来清除街上的口香糖残渍。香港市民平均每人每年十元清除费。

第二,上海街上的口香糖残渍大约只有香港没清除前的三分之一。不是上海人不乱吐,而是那里的街道从早到晚不停地扫。扫地工人工资低,花费不高。但一步之内有二十片残渍,跟一步之内有六十片一样难看。

第三,新加坡从1992年起,禁止吃口香糖！十年之后,美国的口香糖商人通过美国政府,要求新加坡取消这个禁令。新加坡政府花了很多钱跟美国人打官司。

第四,日本最简单。吃口香糖,地上却没有残渍。他们的习惯是吃完口香糖不吐到地上,而是放进垃圾箱里。这样,日本人一分钱也不花。

（据 http://cul.sina.com.cn 2005年4月29日 23:24《新浪文化》张五常文）

(1) 口香糖的"残渍"是什么？

(2) 为什么香港人不怕罚款？

(3) 香港大约有多少人？

(4) 上海的口香糖残渍为什么比较少？

(5) 1990年,新加坡可以吃口香糖吗？

(6) 日本人怎么解决口香糖问题？

3. 听后复述

(1) 办公室旁边就是会客室,会客室旁边是电脑室和阅览室,你可以去那里上网和借书。

(2) 他习惯了清闲的生活,常常是上三天班,请两天假。

(3) 爷爷每天散散步、跳跳舞、唱唱歌,跟朋友们聊聊天、喝喝茶。

(4) 我好像跟那个抽烟的女孩见过几次面。
(5) 他们商量着什么时候去办结婚手续的事。

国家对外汉语教学领导小组办公室规划教材
中国中山大学与泰国华侨崇圣大学合作项目
北大版新一代对外汉语教材·国别汉语教程系列

泰国人学汉语
คนไทยเรียนภาษาจีน
III
练习

徐霄鹰　周小兵　编著

练习编写
陈淑梅　邓小宁　李英　朱其智
泰文翻译
陈慕贤　(อาจารย์ไพศาล ทองสัมฤทธิ์)
何福祥　(อาจารย์ ดร.นริศ วศินานนท์)
黄如侬　(อาจารย์สุกัญญา วศินานนท์)
黄友华　(อาจารย์รัตนา จันทรสารโสภณ)
林长茂　(อาจารย์ประพฤทธิ์ ศุกลรัตนเมธี)
刘美春　(อาจารย์เพ็ญฤดี เหล่าปทุมโรจน์)
谢玉冰　(อาจารย์ ดร.จรัสศรี จิรภาส)
尹士伟　(อาจารย์ธเนศ อิ่มสำราญ)
张曼倩　(อาจารย์สายฝน วรรณสินธพ)
庄贻麟　(อาจารย์มันทนา จงมั่นสถาพร)

北京大学出版社
PEKING UNIVERSITY PRESS

目 录

第 一 课　这是皮的吗 …………………………………………… 1
第 二 课　就买又小又薄的 ……………………………………… 11
第 三 课　这里的房间比我们宿舍大 …………………………… 22
第 四 课　北方人长得比南方人白 ……………………………… 32
第 五 课　怎样才能学好汉语 …………………………………… 41
第 六 课　昨天晚上我们听了很多好听的故事 ………………… 51
第 七 课　我完成了作业就去看比赛 …………………………… 61
第 八 课　我上前边那座楼去了 ………………………………… 71
第 九 课　从前的故事 …………………………………………… 82
第 十 课　一个民工的账单 ……………………………………… 91
第十一课　我还要再来一次 ……………………………………… 99
第十二课　每天只学习十五到三十分钟汉语 …………………… 109
第十三课　我去过中国 …………………………………………… 119
第十四课　每个人都哭了 ………………………………………… 128
第十五课　谢谢老师的建议和鼓励 ……………………………… 138
词汇总表 …………………………………………………………… 148

第一课　这是皮的吗

词汇及语法练习

1. 读一读

更漂亮	更安静	更感兴趣	更好听	更可爱
更多	更大			
皮的	白的	新的	旧的	贵的
便宜的	合适的	干净的	做的	买的
翻译的	借的	人造的	租的	喝的
浅一点儿的	大一点儿的	便宜一点儿的	精彩一点儿的	难一点儿的
早一点儿	慢一点儿	快一点儿	高兴一点儿	安静一点儿
客气一点儿	便宜一点儿			
有点儿浅	有点儿深	有点儿麻烦	有点儿贵	有点儿难
有点儿热	有点儿不习惯			
最聪明	最多	最好吃	最随便	最真
最喜欢	最想	最希望		

2. 替换练习

(1) 这件蓝色的衬衣更好看。

这个房间	安静
那个电影	有意思
这种水果	好吃
那个颜色	深
这里的水	浅

(2) 真皮的　很贵。

红	漂亮
人造	不太好
旧	舒服
不干净	不能吃
随便一点儿	比较好

(3) 他不喜欢白的。
　　我想要一点儿喝
　　他常常买便宜
　　他要买样式新一点儿
　　我想看精彩一点儿

(4) 这个包是　　手工做的。
　　这条裙子　　蓝色
　　这个电影　　中国
　　这些书都　　公司
　　这个房子是　租
　　那件毛衣　　手工织
　　这种大包　　旅行用
　　这件礼物是　王美送

(5) 鞋子和　　爱人一样。
　　姐姐　　　妹妹
　　姐姐的主意　她的主意
　　你的习惯　　他的习惯
　　这儿的情况　那儿的情况

(6) 我想给他织一件毛衣。
　　朋友买一件礼物
　　妈妈唱一首歌
　　妹妹打扫一下房间
　　那个华侨当翻译
　　李平介绍一个女朋友

3. 根据课文判断正误

(1) 王美缺上班穿的衬衣。☐
(2) 王美想试大一点儿的鞋子。☐
(3) 甘雅觉得颜色深一点儿的鞋子适合王老师。☐
(4) 王美觉得鞋不舒服，因为不是皮的。☐
(5) 小平对什么都无所谓。☐
(6) 何娜和明月看的包是人造革的，手工做的。☐
(7) 何娜希望那个包能便宜一点儿。☐
(8) 明月觉得何娜自己织的毛衣是最特别的礼物。☐

4. 选择以下词语填空

　缺　样式　主意　颜色　无所谓　试　适合　真皮　随便　价格

　　小云要过生日了，何娜和明月打算给她买一件礼物，买什么呢？小云好像对什么都_____，问她喜欢什么，她总是说："_____。"最后明月想出了一个好_____。她说："小云最_____的就是一个_____新一点儿的包。"
　　她们去商店给小云买了一个_____的包，她们都觉得这个包比较_____小云。她们自己也_____了很多件毛衣，可是有的_____太贵，有的_____太深，所以都没有买。

5. 用"有点儿"或者"一点儿"完成句子
   (1) 我＿＿＿＿＿＿饿。 (2) 这件颜色比较深,那件浅＿＿＿＿＿。
   (3) 这个语法比较难,我＿＿＿＿＿不懂。 (4) 这种水果比较贵,那种便宜＿＿＿＿＿。
   (5) 冬天到了,天气＿＿＿＿＿冷。 (6) 今天你来晚了,明天要早＿＿＿＿＿。
   (7) 我可能感冒了,＿＿＿＿＿难受。 (8) 你说话太快了,请慢＿＿＿＿＿。
   (9) 太吵了,安静＿＿＿＿＿,好吗? (10) 这个菜＿＿＿＿＿辣。

6. 判断下列句子正误
   (1) 这件毛衣是手工织。□ (2) 我不习惯一点儿泰国的天气。□
   (3) 那个钱包不是真皮的。□ (4) 小林想理发给她。□
   (5) 我觉得蓝色不合适她。□ (6) 小美希望哥哥对她的朋友有点儿客气。□
   (7) 他都无所谓对什么。□ (8) 语法难,汉字更难。□
   (9) 她最想去北京旅行。□ (10) 颜色一点儿深的衬衣比较好。□
   (11) 她缺一双样式新一点儿的鞋。□
   (12) 这儿的天气和那儿的天气一样,都太热。□

7. 把括号里的词语放在最合适的位置上
   (1) A 有没有 B 便宜 C 的 D 手机? (一点儿)
   (2) A 这个食堂和那个食堂 B,都很 C 不好吃 D。(一样)
   (3) 这 A 本 B 英语 C 小说是借 D。(的)
   (4) 你和你男朋友,A 谁 B 喜欢 C 喝咖啡 D? (更)
   (5) 谁 A 你 B 照的这张 C 照片 D? (给)
   (6) 我 A 感 B 兴趣 C 不多 D。(的)
   (7) 他 A 希望 B 天气 C 凉快 D。(一点儿)
   (8) 哥哥 A 最喜欢 B 是一个人 C 旅行 D。(的)

8. 连词成句
   (1) 主意 好 有 你 什么
   (2) 随便 穿 得 想 我 一点儿
   (3) 无所谓 什么 姐姐 都 对
   (4) 能 明天 一点儿 你 早 吗?
   (5) 好 一点儿 颜色 比较 深 的

(6) 这个 和 地方 一样 地方 那个 缺 水

(7) 件 我 这 的 织 给 爱人 毛衣 是

(8) 你 闻 什么 是 到 的

9. 用以下词语造带"的"字结构的句子

(1) 鞋子/真皮/最

(2) 随便/一点儿/喜欢

(3) 更/真皮/价格

(4) 给/售货员/特别

1. 听一遍会话课文,回答问题

(1)

(2)

(3)

(4)

(5)

(6)

(7)

(8)

生词语

1. 字母(字母)   (名)   zìmǔ   ตัวอักษร

2. 丝(絲)   (名)   sī   ไหม

3. 纯(純)   (形)   chún   บริสุทธิ์

4. 棉(棉) （名） mián ฝ้าย
5. 毛(毛) （名） máo ขน

2. 听句子,选择正确答案
(1) A. 有汉字的白色的　　　　B. 没有汉字的长的
　　C. 没有汉字的黑的　　　　D. 有汉字的长的
(2) A. 6号的　　　B. 7号的　　　C. 5号的　　　D. 8号的
(3) A. 很随便　　　　　　　　B. 对什么都无所谓
　　C. 对事情有自己的意见　　D. 喜欢问问题
(4) A. 因为是真皮的　　　　　B. 因为是手工做的
　　C. 因为高一点儿　　　　　D. 因为是人造革的
(5) A. 缺一张大桌子　　　　　B. 缺一张大床
　　C. 缺一张小方桌　　　　　D. 缺一张小床

3. 听短文,判断正误
(1) 王美的衬衣特别多。□
(2) 蓝色更适合甘雅。□
(3) 王美有两双鞋子,是从北京带来的。□
(4) 王美的鞋子都可以在参加晚会的时候穿。□
(5) 参加晚会穿的鞋子样式应该新一点儿。□
(6) 王美试了两双深颜色的鞋子。□
(7) 浅颜色的鞋子是真皮的,所以舒服一点儿。□
(8) 甘雅觉得跟现在的男朋友在一起比较舒服。□

二 泛听

1. 听对话,选择正确答案
(1) A. 台湾的　　　B. 香港的　　　C. 外语的　　　D. 中文的
(2) A. 考完试去旅行　B. 考试时间　　C. 旅行的地方　D. 都一样
(3) A. 鼻子(จมูก)　B. 耳朵(ห)　　C. 手　　　　　D. 眼睛
(4) A. 我一定要……　　　　　　B. 随你的便
　　C. 我的看法是……　　　　　D. 我不同意

(5) A. 有点儿黑,所以不安全　　　　　　B. 亮一点儿,所以安全
　　C. 没有房子没有人,所以不安全　　　D. 更黑,所以更不安全

2. 听短文,选择正确答案

生词语

1. 流星(雨)(流星(雨))	(名)	liúxīngyǔ	(ฝน) ดาวตก
2. 爆发(爆發)	(动)	bàofā	ระเบิดขึ้น
3. 凌晨(凌晨)	(名)	língchén	เวลาหลังเที่ยงคืนถึงก่อน 6 โมงเช้า
4. 高峰(高峰)	(名)	gāofēng	ภูเขาสูง เปรียบเทียบช่วงที่สูงที่สุด
5. 颗(顆)	(量)	kē	(ลักษณะนาม) เม็ด
6. 亮(亮)	(形)	liàng	สว่าง
7. 城市(城市)	(名)	chéngshì	เมือง
8. 观测(觀測)	(动)	guāncè	สังเกตการณ์

(1) A. 北京时间　　　B. 英仙座　　　　C. 有名　　　　D. 最有名
(2) A. 11 日晚上　　 B. 12 日凌晨　　　C. 北京时间　　D. A 和 B
(3) A. 8 月　　　　　B. 9 月　　　　　　C. 没有出现　　D. 不知道
(4) A. 高峰时,每小时出现 100 多颗流星　　B. 每个小时出现 100 多颗流星
　　C. 高峰时,每小时出现 1000 多颗流星　D. 每个小时出现 1000 多颗流星
(5) A. 因为城市很亮　　　　　　　　　　　B. 因为流星很亮
　　C. 因为城市是适合的观测地点　　　　　D. 因为流星很多
(6) A. Ōuzhōu 中部　　B. Dōngfēi 北部　　C. Éluósī 北部　　D. 中国西部

3. 听后复述

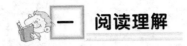

阅读(一)

<h3 style="text-align:center">那些珍贵的</h3>

什么是你珍贵的东西呢?

是那个娃娃吗?小小的、布的、爸爸买给你的。那一天,爸爸说,这是你的小朋友了。她多可爱啊,是吗?你想,你要好好照顾她。

是那件毛衣吗?白色的,有花的,妈妈给你织的。那一天,你穿着新毛衣去学校,同学们都羡慕你。你想,你要一直穿这件毛衣。

是那本日记本吗?大大的,有漂亮封面的,夹着一封情书的。那一天,你把日记本和情书一起放进你的书包里。你想,你要在日记本上写下对他的爱和想念。

是那些照片吗?彩色的,和朋友们在山上照的。那一天,你们爬上了最高的山,唱了很多歌,说了很多话。你看着太阳升起来,你想,你会一直跟这些朋友们在一起。

前年搬家的时候,你扔掉了娃娃;去年,你把毛衣送给一个从农村来的女孩;日记本还在,可是写情书的男孩子到哪里去了,你不知道;照片里的朋友呢?有的已经不跟你联系了,那个站在后边的女孩叫什么名字?你忘了。

那些珍贵的,都过去了。可是,也许几分钟以后,另外一些珍贵的就要到来了。

生词语

1.	珍贵(珍貴)	(形)	zhēnguì	มีค่า ล้ำค่า
2.	娃娃(娃娃)	(名)	wáwa	ตุ๊กตา
3.	照顾(照顧)	(动)	zhàogù	ดูแล
4.	羡慕(羨慕)	(动)	xiànmù	อิจฉา
5.	日记(日記)	(名)	rìjì	บันทึกประจำวัน ไดอารี
6.	封面(封面)	(名)	fēngmiàn	หน้าปก

7. 情书(情書)	(名)	qíngshū	จดหมายรัก
8. 升(昇)	(动)	shēng	(พระอาทิตย์)ลอยสูงขึ้น
9. 扔掉(扔掉)	(动)	rēngdiào	โยนทิ้ง ทิ้ง
10. 过去(過去)	(动)	guòqu	ผ่านไป เป็นอดีต

1. 完成句子

(1) 那个小布娃娃是_____。

(2) 那件白色的毛衣是_____。

(3) 那本日记本的封面_____,里边有_____。

(4) 那些照片是_____,是在_____,是跟_____。

2. 选择正确答案

(1) 娃娃不是：

  A. 布的   B. 爸爸送的   C. 朋友的   D. 小小的

(2) 毛衣不是：

  A. 白色的   B. 有花的   C. 妈妈织的   D. 彩色的

(3) 日记本最可能是：

  A. 男朋友送的   B. 你自己买的   C. 妈妈买的   D. 朋友送的

(4) 照片是：

  A. 黑白的   B. 新的   C. 和男朋友照的   D. 和朋友照的

(5) 什么不在了？

  A. 娃娃   B. 照片   C. 情书   D. 那些珍贵的

阅读(二)

  清晨,我们来到码头,准备坐船到乌敏岛去。开往乌敏岛的船满十二人开船,每人两元,一般不用等很久。开船大约十分钟后,抵达乌敏岛。

  我们去的时间比较早,看到的是一个乡村的清晨,听到的是公鸡的叫声。据说岛上的居民只有五十多个人,主要是不愿意离开家乡的老人,他们的孩子都到新加坡工作居住去了,大家熟悉的歌手阿杜就是在乌敏岛长大的。

  这里的生活比城市要慢得多。在岛上,到处是悠闲的人,喝咖啡的、聊天的、看书的……岛上的老商店都很简单,但是吃的、用的什么都有,一定要买的是那里的椰青。

由于住的人很少,这里的房子不多了,很适合骑自行车。岛的中部有一些橡胶园和椰树林。而当地的居民喜欢在自己家的前后院种一些果树,包括榴梿、红毛丹和菠萝蜜等热带水果。导游说,如果每年六七月来,满树的红毛丹、木瓜和榴梿,有的水果伸手就可以摘,更好玩儿。

生词语

1. 悠闲(悠閒)　　　　（形）　　　yōuxián　　　　ว่างๆ สบายๆ
2. 种(種)　　　　　　（动）　　　zhòng　　　　　ปลูก
3. 热带(熱帶)　　　　（名）　　　rèdài　　　　　เขตร้อน
4. 摘(摘)　　　　　　（动）　　　zhāi　　　　　　เด็ด ถอด

1. 回答问题
   (1) "清晨"是什么时候?
   (2) 曼谷是"乡村"吗?如果不是,哪里是?
   (3) 你能学学公鸡的叫声吗?
   (4) "居住"和"居民"是什么意思?
   (5) 最后一句是说"摘水果更好玩儿"还是"六七月来乌敏岛更好玩儿"?

2. 选择正确答案
   (1) 乌敏岛最可能在:
   　　A. 东亚　　　B. 东南亚　　　C. 欧洲(ทวีปอเมริกา)　　　D. 美洲(ทวีปยุโรป)
   (2) 关于乌敏岛,以下哪句话肯定不对?
   　　A. 那里的人很悠闲　　　　B. 那里适合种热带水果
   　　C. 可以骑车到那里去　　　D. 那里和乡村一样
   (3) 乌敏岛什么东西特别好?
   　　A. 吃的　　　B. 用的　　　C. 水果　　　D. 椰青

二 写作

1. 写写你的家,最少用五个表归类的"是"字句

2. 模仿(เลียนแบบ)阅读一,写写你的珍贵的东西,至少用五个"的"字结构

第二课　就买又小又薄的

词汇及语法练习

1. 读一读

里面	外面	上面	下面
北面	南面	东面	西面
又漂亮又聪明	又便宜又好用	又小又薄	
又辣又咸	又饿又累	又远又不安全	
跟你相比	跟泰国相比	跟中国电影相比	
跟茶相比	跟老师相比	跟夏天相比	
彩色的(照片)	黑白的(电视)	泰文的(说明书)	办公室的(电话)
其他电脑	其他同学	其他颜色	其他时间
其他寺庙	其他相片	其他问题	
质量怎么样	价格怎么样	味道怎么样	工资怎么样
质量不错	价格比较低	味道很好	工资很高　　质量很好
价格比较高	味道不错	工资很低	质量不太好
价格很合适	味道正合适	工资还可以	

2. 替换练习

(1) 这个机器是看 VCD 和 DVD 的。

这个本子	写汉字
这个地方	学开车
大教室	上听力课
这个老师	教汉语
那个商店	卖DVD机

(2) 有什么不懂的，我可以给你们解释。

不明白	你	问王老师
要买	我	陪你去
不习惯	你	告诉我
要修	你	给他
要注意	你	告诉我

(3) 笔记本电脑的质量不一定更好。

这种机器的质量	最好
价格贵的手机	好用
教授的工资	很高
小美和小平	结婚
妈妈	同意

(4) 跟电脑相比，DVD机 好用得多。

当工程师	当翻译	更有意思
说明书	他的解释	更清楚
夏天	秋天	凉快得多
菜包子	肉包子	咸得多
打针	吃药	慢一点儿

(5) 这个机器是做什么的？

| 这些钱 |
| 这个房间 |
| 这个地方 |
| 这张桌子 |

(6) 我用电脑 看VCD。

汉语	回答问题
叉子	吃东西
笔记本电脑	写作业
猪肉	包包子

(7) 我妈妈包的 有点儿咸， 您包的 淡一点儿。

这里工资	低	那里	高
那种水果	贵	这种	便宜
昨天你	晚	今天	早
刚才我	难受	现在	舒服
这件毛衣	薄	那件	暖和

(8) 笔记本电脑有点儿贵，质量却不一定更好。

这个工作很舒服	工资	不高
我们学校很大	学生	不多
这个餐厅很漂亮	菜	不好吃
这包子包得不好看	味道	不错

3. 根据课文判断正误

(1) 何娜家第一台电视是黑白的。☐　(2) 文静想买彩色电视。☐
(3) 文静要买又小又薄的DVD机。☐　(4) 中文的说明书何娜都看不懂。☐
(5) 李力愿意给她们解释说明书。☐　(6) 王美觉得笔记本电脑又贵又好。☐
(7) 王美用的电脑是她姐姐不要的。☐　(8) 王美姐姐的工资比王美更高。☐
(9) 王美说"您包的我就爱吃"，林太太很高兴。☐

(10) 王美觉得林太太包的包子的味道有点儿淡。□
(11) 王美姐姐是电脑工程师,所以她用的电脑一定是最新的。□

4. 选择以下词语填空

跟……相比 又……又…… 薄 有的 包 甜 味道 咸 淡 却 反正

(1) 我最喜欢吃我妈妈____的包子,不____不____,肉多皮____,____特别好。____我妈妈____,我包的就没有那么好吃。我爱人是电脑工程师,工作____忙____累,星期天____朋友还来问他电脑问题。他不太关心吃什么,____有人给他做。不过我包的包子他____很喜欢吃。

(2) 朋友的孩子嘴很____,每次看见我都叫我阿姨,说我漂亮。

5. 判断下列句子正误

(1) 中国生产的DVD机质量比较高。□ (2) 如果不懂,我翻译给你们。□
(3) 跟黑白相片相比,彩色相片漂亮一点儿。□ (4) 我吃了一口蛋糕,嘴很甜。□
(5) 这个菜一点儿咸。□ (6) 他很有钱,却不快乐。□
(7) 我们几个人去北京,其他同学去曼谷。□ (8) 明天我不一定来。□
(9) 这种蛋糕是过生日吃。□ (10) 这台电视是21寸。□

6. 把括号里的词语放在最合适的位置上

(1) 这双鞋 A 不大也 B 不小,C 合适 D。(正)
(2) A 已经 B 是夏天了,C 天气 D 不热。(却)
(3) 那件衬衣颜色 A 深 B,这件 C 比较 D 浅。(一点儿)
(4) A 我再和 B 同学 C 商量一下 D。(其他)
(5) A 小勺子 B 孩子 C 用 D。(是/的)。
(6) A 小力 B 高兴地 C 开门 D。(给妈妈)
(7) A 她 B 习惯 C 泰国的天气 D。(不一定)
(8) 听说明天有大雨。——A 下大雨 B 也没关系,C 我不去上课 D。(反正)

7. 连词成句

(1) 考试 相比 跟 更 看 重要 电影
(2) 什么 水 这 做 瓶 的 是
(3) 一点儿 学 有点儿 的 学 今天 的 容易 难 昨天

(4) 一定　今天　她　有空儿　晚上　不
(5) 中国　这些　生产　是　的　机器
(6) 不　的　住　又　远　他　又　地方　安全
(7) 人　那儿　富　的　却　比较　那个　小　很　国家
(8) 教　是　中国　这个　的　老师　武术

8. 造句
   (1) 跟……相比
   (2) 又……又……
   (3) 却
   (4) 一点儿
   (5) 有点儿

9. 改句子或造句子
   (1) 把以下句子改成含"的"字结构的句子
      例句：他最缺钱。——他最缺的就是钱。
      长裙子比较适合你。——长的比较适合你。
      这是妈妈做的菜。——这个菜是妈妈做的。
      ① 他要试那双皮鞋。
      ② 小女孩摸那只小猪。
      ③ 深色的毛衣最薄。
      ④ 这是女朋友给我织的毛衣。
      ⑤ 浅颜色的衣服比较随便。
      ⑥ 那张相片是彩色的相片。

   (2) 用以下词语造带"有点儿"或"一点儿"的句子
      ① 价格/高/低
      ② 工程师/导游/难/容易
      ③ 味道/甜/淡
      ④ 说明书/难懂/容易懂
      ⑤ 解释/得/清楚
      ⑥ 这种机器/其他机器/好用

1. 听一遍会话课文,选择正确答案

   (1)
   (2)
   (3)
   (4)
   (5)
   (6)
   (7)
   (8)

生词语

平米(平米)　　　(量)　　　píngmǐ　　　ตารางเมตร

专名

1. 欧洲(歐洲)　　(名)　　Ōuzhōu　　　ทวีปยุโรป
2. 亚洲(亞洲)　　(名)　　Yàzhōu　　　ทวีปเอเชีย

2. 听句子,选择正确答案

   (1) A. 好吃的　　　B. 辣一点儿的　　C. 不辣的　　　D. 王美做的
   (2) A. 小王　　　　B. 小黄　　　　　C. 几个朋友　　D. DVD
   (3) A. 很长　　　　B. 写得很明白　　C. 写得不明白　D. 写得又长又不明白
   (4) A. 很有意思　　B. 一定要参加　　C. 不太有意思　D. 节目不多
   (5) A. 今天星期五　　　　　　　　　B. 今天发工资
       C. 星期五常常堵车　　　　　　　D. 人们拿工资以后都出去玩儿

3. 听短文,判断正误

(1) 王美的妈妈是大学教授。□

(2) 王明今年三十二岁,是工程师。□

(3) 王明希望早一点儿有自己的家。□

(4) 王明是一个非常好的电脑工程师。□

(5) 王明记得她的每一台电脑。□

(6) 王明喜欢买又好用又好看的电脑。□

(7) 王明不要的电脑都送给亲戚和朋友了。□

(8) 爸爸妈妈担心王明以后没有钱。□

二 泛听

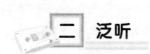

1. 听对话,选择正确答案

(1) A. 裙子不漂亮　　　　　　B. 小林喜欢吃甜的
　　C. 小林说得不对　　　　　D. 小林爱说别人爱听的话

(2) A. 它是一种菜　　　　　　B. 它是一种味道
　　C. 放盐以后,菜咸　　　　 D. 放盐以后,菜淡

(3) A. 又干净又安静　　　　　B. 吃的用的都又好又方便
　　C. 没有意思　　　　　　　D. 跟农村比,生活更好

(4) A. 这些东西我不要了,扔了吧　　B. 这些东西很扔
　　C. 扔的东西就是要的东西　　　　D. 扔东西就是收拾东西

(5) A. 面条　　　B. 牛排　　　C. PIZZA　　　D. 薄饼

2. 听短文,选择正确答案

生词语

1. 服务(服務)　　　(动)　　fúwù　　　บริการ
2. 志愿者(志願者)　(名)　　zhìyuànzhě　อาสาสมัคร
3. 需要(需要)　　　(动)　　xūyào　　　ต้อง
4. 报名(報名)　　　(动)　　bàomíng　　สมัคร
5. 挑选(挑選)　　　(动)　　tiāoxuǎn　　เลือก

16

专名

1. 雅典(雅典)　　　　　　　Yǎdiǎn　　　　　　กรุงเอเธนส์
2. 奥运会(奧運會)　　　　　Àoyùnhuì　　　　　กีฬาโอลิมปิค

选择正确答案

(1) A. Déguó　　　B. Shēnzhèn　　C. Fújiàn　　　D. Xiānggǎng
(2) A. 电机　　　　B. 外语　　　　C. 软件　　　　D. 游泳
(3) A. Hú Bīn　　　B. Mǎ Zérén　　C. Jiǎng Jié　　D. Dīng Róngróng
(4) A. Zhāng Jìcháo　B. Mǎ Zérén　C. Jiǎng Jié　　D. Dīng Róngróng
(5) A. Zhāng Jìcháo　B. Mǎ Zérén　C. Jiǎng Jié　　D. Dīng Róngróng

3. 听后复述

注释

1. 希望(希望)　　　(动)　　　xīwàng　　　หวัง(ว่า)
2. 厨房(廚房)　　　(名)　　　chúfáng　　　ห้องครัว

阅读(一)

打错的电话

一日,电话响了,拿起电话,传来一个女孩的声音。
"喂,帮我找一下小丽。"现在的女孩说话真没礼貌啊。
"啊?"我家里,包括我的小狗在内,也没有人叫小丽。

"我说——我——找——小——丽——"她有点儿不耐烦。

"对不起,我想你是打错了。"——我的脾气很好,她又是女孩,所以我要客气一点儿。

"不可能,你这不是9786543吗?我没打错呀。"

我生气了,心想:你没打错电话?是我接错电话了吗?我看一看,很肯定这里是自己家。

"哦,没错!"

"我知道我不会打错电话。"她说。

好!我决定跟她开个玩笑。"你是哪位?"

"我是叶子。"

"啊,叶子呀。"我假装忽然想起来。"小丽出国了。"

"啊?两个月没见她怎么出国了?"

"是一个月前的事。她昨天还来电话,说给一个叫叶子的朋友买了一个笔记本电脑,不知道地址,没办法寄给她。"

"是……是吗?我就是叶子,我和她怎么联系。"

"你记一下……"我从厚厚的《世界知名企业联系名录》在里面随便挑了一个咨询公司的电话给她。

生词语

1.	礼貌(禮貌)	(名)	lǐmào	มารยาท
2.	包括(包括)	(动)	bāokuò	รวมถึง ประกอบด้วย
3.	狗(狗)	(名)	gǒu	สุนัข หมา
4.	不耐烦(不耐煩)	(形)	búnàifán	หมดความอดทน หงุดหงิด รำคาญ
5.	脾气(脾氣)	(名)	píqi	นิสัยใจคอ
6.	假装(假裝)	(动)	jiǎzhuāng	เสแสร้ง แกล้งทำเป็น
7.	想起来(想起來)		xiǎng qǐlai	นึกขึ้นมาได้ นึกออก
8.	出国(出國)	(动)	chū guó	ไปต่างประเทศ
9.	厚(厚)	(形)	hòu	หนา
10.	挑(挑)	(动)	tiāo	เลือก

1. 选择正确答案

   (1) "我"认识电话里的女孩吗？

      A. 认识   B. 不认识

      C. 开始不认识，后来认识了   D. 开始认识，后来不认识

   (2) 电话里的女孩：

      A. 叫小丽   B. 叫叶子

      C. 名字跟"我"的狗一样   D. 不知道叫什么名字

   (3) 电话里的女孩：

      A. 很没礼貌   B. 很可爱   C. 出国了   D. 脾气很好

   (4) "我"：

      A. 脾气很不好   B. 很没礼貌   C. 爱开玩笑   D. 很喜欢跟女孩打电话

   (5) 那个女孩会打电话去澳大利亚吗？

      A. 肯定会   B. 可能会   C. 肯定不会   D. 可能不会

   (6) 《世界知名企业联系名录》可能是：

      A. 一本书   B. 一篇文章（บทความ 1 บท）

      C. 电话号码本   D. 一张报纸（หนังสือพิมพ์）

2. 回答问题

   (1) 为什么"我"告诉那个女孩"小丽给叶子买了笔记本电脑"？

   (2) 为什么"我"给那个女孩咨询公司的电话号码？

阅读（二）

考考你

以下问题你能回答吗？答案在后面。

1. 你用右手还是左手写字？
2. 一个蚂蚁从飞机上掉下来死了，它是怎么死的？
3. 哪种人一年只工作一次？
4. 人们最常说的三个字是什么？
5. 从一到九，哪个数字最懒，哪个最勤快？
6. 有个警察带着一个孩子过马路。路人问警察："这是你儿子吗？"警察说是。问孩子："这是你爸爸吗？"孩子说不是。为什么？

7. 小丽和妈妈买了八个苹果,妈妈让小丽把苹果放进五个口袋里,每个口袋里的苹果都必须是双数。怎么放?

8. 世界上语言很多,什么话是全世界都用的呢?

9. 两个爸爸和两个儿子到餐厅吃饭,只用三套餐具,为什么?

10. 什么东西是你的,别人用得最多?

生词语

1. 蚂蚁(螞蟻)	(名)	mǎyǐ	มด
2. 掉(掉)	(动)	diào	หล่น
3. 死(死)	(动)	sǐ	ตาย
4. 勤快(勤快)	(形)	qínkuài	ขยันขันแข็ง
5. 警察(警察)	(名)	jǐngchá	ตำรวจ
6. 口袋(口袋)	(名)	kǒudài	ถุง
7. 双数(雙數)	(名)	shuāngshù	เลขคู่
8. 餐具(餐具)	(名)	cānjù	เครื่องครัว เครื่องใช้ในครัว

答案:

1. 我用笔写字。

2. 饿死的。

3. 圣诞老人。

4. 不知道。

5. 一最懒,二最勤快,因为中国人说:"一不做二不休。"

6. 警察是孩子的妈妈。

7. 把八个苹果分别放进四个口袋里,然后把四个口袋放进最后一个口袋里。

8. 电话。

9. 他们是爷爷、爸爸和孙子。

10. 我的名字。

生词语

1. 饿(餓)　　　　　（形）　　è　　　　　　หิว
2. 一不做二不休　　　　　yī bú zuò èr bù xiū　　ไม่เสร็จไม่พัก (ในที่นี้เป็นการเล่นคำโดยแปลตรง
   (一不做二不休)　　　　　　　　　　　　　　ตัวว่า " '一'ไม่ทำ '二' ไม่พัก")
3. 分别(分別)　　　（副）　　fēnbié　　　　แบ่ง, กระจาย

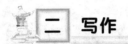 二 写作

写写你的两位最好的朋友,请使用表示比较的句子。

第三课 这里的房间比我们宿舍大

词汇及语法练习

1. 读一读

全班	全年级	全公司	全国	全医院
全年	全天			
禁止吸烟	禁止说话	禁止开车	禁止喝酒	禁止游泳
房间内	校内	教室内	出租汽车内	地铁内
超市内				
保持安静	保持干净	保持好心情	保持好习惯	保持好传统
楼和楼之间	两个人之间	公园和电影院之间	国家和国家之间	
所有的大城市	所有的相片	所有的水果	所有的试卷	

2. 替换练习

(1) 她 不但 会说汉语,而且会说英语。

这台DVD机	好用	质量好
他妹妹	漂亮	聪明
小李	会跳舞	会唱歌
我	要吃药	要打针
他	会布置房间	会修电器

(2) 他 比 我 高。

这个电脑	那个电脑	薄
这个房间	那个房间	现代
中国文化	美国文化	古老
首都	海边城市	干燥

(3) 租的房子 比 宿舍 便宜。
　　 做的包子　　　买的　　　　好吃
　　 上听力课的教室　这个教室　　大
　　 自己做的礼物　　买的　　　　特别
　　 听说的　　　　　看见的　　　有意思

(4) 今天 没有 昨天 热。
　　 这里　　　　那里　　　　拥挤
　　 这本书　　　那本书　　　有意思
　　 电影　　　　足球比赛　　精彩
　　 小王　　　　小李　　　　合适

(5) 低层楼房的空气 没有高层的 好。
　　 这件的颜色　　　那件的　　　深
　　 人造革的包　　　真皮的　　　好
　　 小城市的交通　　大城市的　　拥挤
　　 我们班的老师　　他们班的　　严格
　　 校内的语言环境　校外的　　　好

(6) 他们 全 讲泰语。
　　 同学们　　　　去北京
　　 这些衣服　　　不合适
　　 他们　　　　　出来了
　　 孩子们　　　　放假了
　　 房间里的布置　改变了

3. 根据课文判断正误

(1) 文静住的地方比明月她们的宿舍小。☐
(2) 文静想去外边租房子,因为外边的房子比宿舍便宜,语言环境比宿舍好。☐
(3) 在学校附近的两座居民楼,外面的人不能随便进出。☐
(4) 何娜觉得低层比高层方便。☐
(5) 文静她们看的居民楼没有宿舍安全。☐
(6) 高层楼房的房间没有低层的房间安静。☐
(7) 文静如果租高层的房间,她不能改变房间的布置。☐
(8) 曼谷路两边的花和树没有北京的多。☐
(9) 曼谷的路没有北京的宽。☐
(10) 曼谷的交通比北京拥挤。☐
(11) 北京西边的山没有城市里凉快。☐

4. 选择以下词语填空

全　环境　严格　光线　爬楼梯　炒　布置　之间　而且

这个居民小区管理得比较_____,楼很多,楼和楼_____距离很近,这个房间在一层,_____不太好,但是不用_____。房间_____得干净整齐,有厨房,可以_____菜,_____旁边住的_____是中国人,语言_____很好,所以我想租。

拥挤　直　首都　所有　宽　干燥　古老

北京气候比较_____，它是中国的_____，是个又现代又_____的城市。北京的路不但_____而且_____。可是和_____的大城市一样，还是有交通_____的问题。

5. 判断下列句子正误

(1) 所有的大城市都差不多。□　　(2) 我们家和学校之间有一条很直的路。□
(3) 不但我,而且他也不高兴。□　　(4) 这种电脑比那种电脑好用。□
(5) 他比我做的菜咸。□　　　　　(6) 老师让他们全进来。□
(7) 那里不但不安全,而且距离远。□　(8) 秋天干燥比春天。□
(9) 超市内禁止吸烟。□　　　　　(10) 北京的气候干燥比曼谷。□
(11) 曼谷没有比北京古老。□　　　(12) 这里有人多比那里。□

6. 把括号里的词语放在最合适的位置上

(1) A 今天的 B 天气 C 昨天 D 好。(没有)
(2) 我们 A 的教学楼 B 在图书馆 C 和办公楼 D。(之间)
(3) A 这些孩子 B 会 C 说 D 汉语。(全)
(4) 他 A 觉得 B 这件毛衣 C 暖和 D 舒服。(而且)
(5) A 图书馆内 B 要 C 保持安静 D,而且不能吃东西。(不但)
(6) A 商店 B 都 C 关门 D 了。(所有的)
(7) A 我妹妹的工资 B 我 C 高 D。(比)
(8) A 这个菜的 B 味道 C 那个 D 好。(没有)

7. 连词成句

(1) 比　水平　我　汉语　的　高　他
(2) 很多　宿舍　之间　操场　树　和　有
(3) 好　鞋　的　比　那双　质量　这双
(4) 严格　那座　管理　很　居民楼　得
(5) 好吃　他　没有　木瓜　觉得　火龙果
(6) 样式　这件　颜色　不但　衣服　新　好　而且
(7) 好　没有　环境　学校　语言　里面的　外面的
(8) 城市　里面　外面　的　空气　的　没有　好

8. 用括号里的词语改写句子

(1) 这个学校对学生管得很严,教学质量也很高。(不但……而且……)

(2) 这个寺庙有四百年历史,那个寺庙有八百年历史。(比)

(3) 王先生的家布置得马马虎虎,李小姐的家布置得很漂亮。(没有)

(4) 所有的路都没有长安街宽。(比)

(5) 这个房间的光线比里面的房间好。(没有)

(6) 室内空气当然没有室外好。(比)

(7) 这种蛋糕有甜味,也有咸味。(又……又……)

(8) 我比他高,也比他胖。(不但……而且……)

1. 听一遍会话课文,回答问题

(1)
(2)
(3)
(4)
(5)
(6)
(7)
(8)

生词语

1. 地铁(地鐵)　　(名)　　dìtiě　　รถไฟใต้ดิน
2. 喧哗(喧嘩)　　(动)　　xuānhuá　　เอะอะ

2. 听句子,选择正确答案

(1) A. 汉语说得很流利,对游客不热情　　　　B. 汉语说得不流利,对游客也不热情
　　C. 汉语说得不流利,但是对游客很热情　　D. 汉语说得很流利,对游客很热情

(2) A. 泰国人　　　B. 孩子　　　C. 父亲　　　D. 其他人

(3) A. 白老师　　　B. 村里的人　　C. 要走的人　　D. 白老师家里的人

(4) A. 学校　　　B. 超市　　　C. 房子　　　D. 城市

(5) A. 房间　　　B. 数字　　　C. 时间　　　D. 地址

3. 听短文,判断正误

(1) 文静来北京以前,朋友帮她租房间。□

(2) 文静觉得跟泰国人一起住,对学习汉语没有帮助。□

(3) 文静每次进出她住的居民楼都要写名字。□

(4) 新房间不但布置得很现代,而且很干净。□

(5) 新房间东西很多,有点儿拥挤。□

(6) 在房间里能看到北京的山。□

(7) 周末,文静常常要爬楼梯。□

(8) 文静的朋友吸烟的时候觉得不舒服。□

二 泛听

1. 听对话,选择正确答案

(1) A. 大城市全都很美　　　　　　　　　B. 古老的城市比别的城市美
　　C. 大城市都不一样　　　　　　　　　D. 女的应该去古老的城市

(2) A. 管得很严的学校　　B. 原来的学校　　C. 好学校　　D. 管得不严的学校

(3) A. 男的应该去纽约(นิวยอร์ค)找房子　　B. 男的应该租可以炒菜的房子
　　C. 纽约为什么那么大　　　　　　　　D. 你为什么找这样的房子

(4) A. 他们现在走的不是直路　　　　　　B. 他们现在走的是直路
　　C. 他们应该看地图　　　　　　　　　D. 他们应该走直路

(5) A. 因为不能进去　　　　　　　　　　B. 因为那里不舒服
　　C. 因为她不想进去　　　　　　　　　D. 因为她没看见那个舒服的地方

2. 听短文,选择正确答案

生词语

1. 青少年(青少年)	(名)	qīngshàonián	ยุวชนและเยาวชน
2. 夏令营(夏令營)	(名)	xiàlìngyíng	กิจกรรมค่าย
3. 野外(野外)	(名)	yěwài	ในป่า ในทุ่งนา
4. 背(揹)	(动)	bēi	แบก
5. 整天(整天)	(副)	zhěngtiān	ตลอดทั้งวัน
6. 地球(地球)	(名)	dìqiú	โลก

专名

1. 内蒙古(内蒙古)		Nèiměnggǔ	มองโกลใน
2. 韩国(韓國)		Hánguó	เกาหลีใต้

(1) A. 中国　　　　B. 日本　　　C. 蒙古　　　D. 韩国
(2) A. 中国青少年比日本多　　　B. 韩国青少年比日本大
　　C. 青少年们每天走5公里　　D. 夏令营12号开始,17号结束
(3) A. 都没有手机　　　　　　　B. 都背大背包
　　C. 都很瘦小　　　　　　　　D. 都对夏令营不满意
(4) A. 都回家了　　　　　　　　B. 都背大背包
　　C. 可能都有手机　　　　　　D. 对夏令营很满意
(5) A. 日本和韩国青少年的身体比中国青少年好
　　B. 中国青少年比日本和韩国青少年喜欢打电话
　　C. 日本和韩国青少年比中国青少年喜欢走路
　　D. 中国青少年比日本和韩国青少年怕(กลัว)累

3. 听后复述

注释

1. 水量(水量)	(名)	shuǐliàng	ปริมาณน้ำ
2. 非(非)	(副)	fēi	ไม่ใช่

| 3. 谢绝(謝絕) | (动) | xièjué | ปฏิเสธ |
| 4. 自然(自然) | (名) | zìrán | ธรรมชาติ |

专名

| 1. 黄河(黃河) | Huáng Hé | แม่น้ำฮวงโห |
| 2. 长江(長江) | Cháng Jiāng | แม่น้ำแยงซีเกียง |

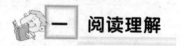

阅读(一)

《格萨尔》"神授艺人"

20世纪80年代能够说唱《格萨尔》的藏族艺人有150人左右,其中,神授艺人有26人。现在26人中已有16人去世,剩下的10位差不多都是老人,82岁的桑珠就是其中的一个。

11岁那年,有一天,桑珠在山上遇到暴雨,他就躲进了山洞。雨一直下个不停,桑珠在山洞里睡着了,他梦到了格萨尔王……梦醒之后,桑珠回到家中。父亲见他跟平时不一样,以为他病了,就把他送到寺庙里。在寺庙的日子里,桑珠还是常常做梦,每次梦中都会翻看《格萨尔》的书。梦醒之后,再回忆,内容都能回想起来。不久,他发现自己能流利地说唱《格萨尔》,而且唱完之后会特别快乐。

从此,桑珠成为一个《格萨尔》说唱艺人。老人认为自己的前生肯定是格萨尔身边的一个人,中间几次轮回,今生再来完成说唱格萨尔的使命。老人遗憾地说:"现在的人没有以前的人那么爱听《格萨尔》了,他们不懂得《格萨尔》是个好东西。"

(据《南方周末》2004年8月12日陈一鸣文)

生词语

1.	艺人(藝人)	(名)	yìrén	ศิลปิน
2.	说唱(説唱)	(动)	shuōchàng	ขับร้องละครเพลง แหล่ (กึ่งพูดกึ่งร้อง)
3.	剩(剩)	(动)	shèng	เหลือ
4.	山洞(山洞)	(名)	shāndòng	ถ้ำ อุโมงค์
5.	梦(夢)	(动/名)	mèng	ฝัน ความฝัน
6.	回忆(回憶)	(动)	huíyì	ย้อนรำลึกถึง หวนคิดถึง
7.	前生(前生)	(名)	qiánshēng	ชาติก่อน ชาติปางก่อน อดีตชาติ
8.	轮回(輪回)	(名)	lúnhuí	วัฏฏสงสาร

注释

1. 神授艺人(神授藝人) Shénshòu Yìrén — 据说,这些艺人说唱《萨尔王》的能力是神赐给他们的。

   ศิลปินเทพประทาน : เล่าขานกันว่า ความสามารถในการร้องแหล่มหากาพย์ "กษัตริย์เกอซาร์" ของเหล่าศิลปิน เป็นพรสวรรค์ที่เทพประทานมา

2. 格萨尔(王)(格薩爾(王)) Gésà'ěr Wáng — 藏族传说中的英雄和国王。《格萨尔》是关于格萨尔王的长篇史诗。

   กษัตริย์เกอซาร์ : เป็นวีรบุรุษในนิทานปรัมปราของชาวทิเบต เรื่อง "เกอซาร์" เป็นมหากาพย์เทิดพระเกียรติกษัตริย์เกอซาร์

3. 藏族(藏族) Zàngzú — ชนเผ่าทิเบต

选择正确答案

(1) 现在还有多少位"神授艺人"?
   A. 150 位   B. 26 位   C. 16 位   D. 10 位

(2) 桑珠老人说唱《格萨尔》已经有:
   A. 80 年了   B. 11 年了   C. 70 多年了   D. 文章没有说

(3) 桑珠老人怎么学会说唱《格萨尔》的?
　　A. 在梦里学习　　　B. 在山洞里学习　　C. 在家里学习　　D. 在寺庙里学习
(4) 桑珠老人说他是谁?
　　A. 他是格萨尔王　　　　　　　　　B. 他前世是格萨尔王
　　C. 他是格萨尔王身边的人　　　　　D. 他前世是格萨尔王身边的人
(5) 哪一句不对?
　　A. 桑珠以前比现在更喜欢《格萨尔》
　　B. 桑珠唱《格萨尔》唱得很流利
　　C. 唱完《格萨尔》,桑珠特别快乐
　　D. 现在的人没有以前的人那么喜欢《格萨尔》

阅读(二)

事情和东西

　　人们常常说"事情","事"和"情"怎么放在一起呢?"事"发生在外边,但人遇到事,心里边不免就会产生"情"。比如,每天早上太阳出来,每天傍晚太阳落下去,就是"事";但看着日出日落,人心里产生一样或不一样的感情。看看千百年来那么多的关于日出日落的诗歌和文章,我们就明白了。

　　对一样的"事",人的"情"却可能不一样。比如,有人生活在破房子里,每天吃一点儿东西,喝一点儿水。这件"事",其他人看了觉得很苦、很可怜,可是他自己却很满足、很快乐。现在的人不快乐、不满足的时候,常常想办法去改变外边的"事",却不知道还可以想办法去改变心里边的"情"。

　　人们还常常说"东西","东西"就是事物。为什么不说"南北"呢?因为南和北只是方向的差别,而东和西却是太阳出来和太阳落下去的方向,人们认为东代表生命开始,而西代表生命结束。而所有的事物都有"生"和"死"、"有"和"没有"、"在"和"不在"……所以我们说"东西"。

(改写自钱穆《中国思想通俗讲话补篇》)

生词语

1. 不免(不免)　　(副)　　bùmiǎn　　หลีกเลี่ยงไม่ได้
2. 感情(感情)　　(名)　　gǎnqíng　　ความรู้สึก อารมณ์
3. 诗歌(詩歌)　　(名)　　shīgē　　บทกวี โคลงกลอน

4. 破(破)	(形)	pò	ผุพัง	
5. 苦(苦)	(形)	kǔ	ทุกข์ ลำบาก	
6. 可怜(可憐)	(形)	kělián	น่าสงสาร	
7. 满足(滿足)	(形)	mǎnzú	พอใจ	
8. 事物(事物)	(名)	shìwù	สรรพสิ่ง สิ่งของ	

1. 回答问题

   (1) "傍晚"是什么时候？
   (2) "太阳落下去"以后，天怎么样？
   (3) 人们为什么写关于日出日落的诗歌和文章？
   (4) "死"是什么意思？

2. 选择正确答案

   (1) 在第一段，作者：

   A. 解释"事情"这个词
   B. 说明太阳出来和落下去这件事情
   C. 说明人们为什么写关于日出日落的诗歌和文章
   D. 说明"事"和"情"为什么在一起

   (2) 在第二段，作者想说的是什么？

   A. 人应该学会改变"事"　　　　B. 人应该学会改变"情"
   C. 事一样,情却可能不一样　　　D. 一个故事

   (3) 在第三段，作者：

   A. 解释"东西"这个词　　　　　B. 说明"东"和"西"代表什么
   C. 说明为什么用"东西"来指事物　D. 说明所有的事物都有开始和结束

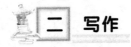

二　写作

写一篇文章,比较一下曼谷和另外一个地方。

第四课　北方人长得比南方人白

1. 读一读

相同的节目	相同的颜色	相同的礼物
相同的气候	价格相同	南方跟北方相同
关于中国文化	关于北京	关于政治
关于佛教	关于这个问题	关于工资
对于生活	对于这件事	对于外地人　　对于这本小说
变得方便	变得干燥	变得没有意义
变得简单	变得快乐	变得谦虚
跟那个公司合作	跟他合作	跟朋友合作
大学跟大学合作	国家跟国家合作	
长得黑　　长得大	长得白	长得好　　长得可爱

2. 替换练习

(1) 对于中国传统，　小云　　了解得很深。

　　　　吃的　　　　小林　　比较随便
　　　　生活　　　　她　　　非常认真
　　　　这个工作　　我　　　很感兴趣
　　　　这件事情　　妈妈　　很关心
　　　　房间的布置　他　　　很满意

(2) 上海人没有北京人　说得　多。

这个公司	那个公司	合作	好
这个演员	那个演员	演	精彩
泰国人	日本人	读	流利
其他同学	小云	了解	深
我的眼睛	妹妹的	长	大

(3) 南方人　长得比北方人　黑。

他	说	我	标准
姐姐	长	妹妹	白
小林	学	她	认真
女孩子	想	男孩子	仔细
小平	晒	小云	黑

(4) 南方人比　北方人　长得　黑。

哥哥	弟弟	爬	高
小月	小明	穿	随便
一班	二班	商量	仔细
泰语说明书	英语说明书	翻译	认真
这个居民楼	那个居民楼	管理	严

(5) 上海人　说得没有北京人多。

我	解释	他好
何娜	学	李力认真
这个村	改变	那个村快
这本小说	写	那本小说特别
旧房子	布置	新房子现代

(6) 关于政治，　北京人　说得很多。

工资	我	要跟你谈谈
这件事情	我	要去问他
出发时间	大家	要商量一下
中国历史	他	知道得很多
佛教	张教授	写过很多文章

3. 根据课文判断正误

(1) 小云比王美长得白。☐　　　　(2) 在中国，北方人没有南方人白。☐
(3) 小云说汉语的机会没有其他同学多。☐　(4) 小丽比其他同学学得好。☐
(5) 林太太觉得长得白很重要。☐　　(6) 北京人和上海人没有相同的地方。☐
(7) 关于政治，北京人没有上海人说得多。☐　(8) 上海人做事没有北京人认真。☐
(9) 对于生活，北京人比上海人随便。☐　(10) 上海人穿得比北京人漂亮。☐

4. 选择以下词语填空

演　谦虚　对于　了解　看不起　合作　仔细　变得　那么　长

　　有的人做得比别人好，就很容易骄傲，_____别人，可是阿文不是这样。阿文是一个演员，他_____得很黑，_____得比别人好，可是他很_____，愿意跟别人

_____。_____传统文化，阿文_____得很深。他对自己很严格，做事情比别的年轻人_____。他没有别人说得_____多，可他是一个有意思的人。因为有他在，工作常常_____非常快乐，所以大家都喜欢他。

5. 判断下列句子正误

(1) 对于这个人，我不太熟悉。□　　　　(2) 如果打针，就病好得快。□
(3) 关于什么好看，每个人都有自己的标准。□　(4) 看来，今天他不会来了。□
(5) 这个小女孩爬得快比那个小男孩。□　(6) 我们不想合作这个公司。□
(7) 他们都说我唱的比他好。□　　　　(8) 北方人长得白比南方人。□
(9) 北京人没有上海人穿得漂亮。□　　(10) 我没有她那么做得好吃。□
(11) 北京人离政治中心比外地人近。□　(12) 小明没有比小文买得多。□

6. 为括号里的词找到合适的位置

(1) A 哥哥 B 走得 C 弟弟 D 快。（比）
(2) A 他 B 中国文化 C 很有研究 D。（对于）
(3) A 这次旅行，我 B 想说一说 C 自己 D 的打算。（关于）
(4) A 如果 B 当导游，C 可以 D 去很多地方。（就）
(5) A 我 B 没有妈妈 C 做得 D 咸。（那么）
(6) 今天 A 风刮 B 比昨天 C 大 D。（得）
(7) A 这个商店的东西 B 那个商店 C 卖得 D 贵。（比）
(8) A 他 B 喝得 C 小明 D 多。（没有）

7. 连词成句

(1) 得　打扫　我们　比　干净　他们
(2) 漂亮　他们家　得　没有　布置　我们家
(3) 我　相同　跟　的　有　地方　很多　他
(4) 穿　没有　得　那么　孩子　多　妈妈
(5) 了解　对于　得　泰国　不多　文化　我
(6) 水平　如果　你　提高　汉语　就　努力　会
(7) 大学　合作　准备　我们　跟　大学
(8) 我们　事情　听到　关于　的　常常　新机场　不好

8. 用"比"字句和"没有"句回答问题

(1) 关于国王,曼谷人了解得比外地人深吗?

(2) 你做商人的机会比其他人多吗?

(3) 地球比月亮转(zhuàn/หมุน)得快吗?

(4) 对于学汉语的意义,你比其他同学了解得更深吗?

(5) 跟骄傲的人合作容易还是跟谦虚的人合作容易?

(6) 足球运动员的腿(tuǐ/ขา)长得比其他人粗,对吗?

(7) 你喜欢的女演员比其他女演员长得漂亮吗?

9. 造句

(1) 如果……就

(2) 关于

(3) 对于

1. 听一遍会话课文,回答问题

(1)

(2)

(3)

(4)

(5)

(6)

(7)

(8)

生词语

1. 热爱(熱愛)　　　　（动）　　rè'ài　　　　　รักหมดทั้งใจ
2. 初恋(初戀)　　　　（名）　　chūliàn　　　　รักครั้งแรก
3. 情人(情人)　　　　（名）　　qíngrén　　　　คนรัก
4. 谈恋爱(談戀愛)　　　　　　　tán liàn'ài　　มีความรัก
5. 百分之(百分之)　　　　　　　bǎifēnzhī　　　ร้อยละ หรือ เปอร์เซนต์
6. X分之Y(X分之Y)　　　　　　XfēnzhīY　　　Y ใน X ส่วน หรือ เศษ Y ส่วน X

2. 听句子，选择正确答案

(1) A. 电影公司和北方公司　　　　B. 华泰公司和北方公司
　　C. 华泰公司和北京公司　　　　D. 电影公司和北京公司

(2) A. 首都中心　　B. 政治中心　　C. 文化中心　　D. 经济中心

(3) A. 南方人和北方人　　　　　　B. "同"和"不同"
　　C. 南方人和北方人的"同"和"不同"　　D. 南方人和北方人的"不同"

(4) A. 了解导游　　　　　　　　　B. 向导游了解去哪里
　　C. 了解酒店的情况　　　　　　D. 请你们放心

(5) A. 看他们　　　　　　　　　　B. 看不起他们
　　C. 别看不起他们　　　　　　　D. 好好跟他们合作

3. 听短文，判断正误

(1) 小云长得比爸爸高，比妈妈白。□
(2) 小云学得比二年级的学生好。□
(3) 小云对中国文化了解得比小平深。□
(4) 小云跑步跑得没有其他同学快。□
(5) 丹炒的菜比小云炒的好吃。□
(6) 小云说话总是说得比别人多。□
(7) 如果有外国人，小云就说得不多。□
(8) 小云开第五辆车，开得最快。□

二 泛听

1. 听对话,选择正确答案

(1) A. 因为有很多问题 　　　　　　　B. 因为不了解外国
　　 C. 因为不了解合作的外国公司　　D. 因为不想跟外国公司合作

(2) A. 出租车司机比大学教授更了解政治　B. 大学教授比出租车司机更了解政治
　　 C. 北京人非常了解政治　　　　　　　D. 北京的出租车司机非常了解政治

(3) A. 丽江　　　B. 大理　　　C. 都不好　　　D. 他没说

(4) A. 不知道　　B. 要问一问　　C. 爱情　　　D. 时间

(5) A. 男孩子找工作比女孩子更难　　B. 女孩子找工作比男孩子更难
　　 C. 男孩子女孩子找工作都不难　　D. 大学生的机会比较多

2. 听对话,选择正确答案

生词语

1. 电梯(電梯)	(名)	diàntī	ลิฟต์
2. 微笑(微笑)	(动)	wēixiào	ยิ้ม
3. 陌生人(陌生人)	(名)	mòshēngrén	คนแปลกหน้า
4. 友好(友好)	(形)	yǒuhǎo	เป็นมิตร

(1) A. 北京人好像比较容易着急　　B. 北京人对外国人不热情
　　 C. 北京人不跟外国人打招呼　　D. 北京人不了解外国人

(2) A. 对所有人都很热情　　　　　B. 对认识的人很热情
　　 C. 对不认识的人不太热情　　　D. B 和 C

(3) A. 哥哥的朋友那里　　　　　　B. 何娜的同学那里
　　 C. 爸爸的朋友那里　　　　　　D. 自己的朋友那里

(4) A. 喜欢微笑　　　　　　　　　B. 对陌生人没有泰国人友好和客气
　　 C. 喜欢生气　　　　　　　　　D. 不爱跟外国人聊天

(5) A. 普通话学得不好　　　　　　B. 不喜欢北京人
　　 C. 不太了解北京人　　　　　　D. 看不起北京人

3. 听后复述

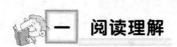

阅读(一)

我想谈恋爱

我先简单介绍我自己。

我,柏邦妮,21岁,大学四年级。专业,电影文学。

最大爱好是写作,喜欢阅读,热爱电影,喜欢音乐,对所有艺术都有兴趣;生活习惯不太健康,深夜入睡,上午起床;不吸烟,不饮酒;喜欢狗,也喜欢植物,特别喜欢白色香花。我朋友很多,也爱和朋友在一起玩儿,但大部分时间喜欢一个人安静地呆在家里。

特别重视家庭,很传统。从20岁开始,决心做一个好的母亲。比较懒,但不笨,家务基本全会做,喜欢买菜和做饭,不喜欢整理房间和洗衣服、洗碗。

智商126,记忆力好,但是数字和机械方面很糟糕;没有方向感,不会看地图;基本上不看说明书。

我认为寻求伴侣是为了完整生命,但不是为了改变生活或者改变自我。我也不希望从对方身上得到什么。两个平等、独立、成熟、文明的男女,才能谈真正的恋爱。

(据http://www.sina.com.cn 2004年8月17日新浪伊人风采)

生词语

1. 谈恋爱(談戀愛)		tán liàn'ài	มีความรัก
2. 文学(文學)	(名)	wénxué	วรรณคดี
3. 决心(決心)	(动)	juéxīn	ตัดสินใจแน่วแน่ ตั้งใจมุ่งมั่น
4. 智商(智商)	(名)	zhìshāng	ไอคิว
5. 寻求(尋求)	(动)	xúnqiú	แสวงหา เสาะหา

6. 伴侣(伴侶)	(名)	bànlǚ	คู่ชีวิต
7. 为了(爲了)	(连)	wèile	เพื่อว่า เพื่อ
8. 完整(完整)	(动)	wánzhěng	ทำให้สมบูรณ์
9. 生命(生命)	(名)	shēngmìng	ชีวิต

选择正确答案

(1) 柏邦妮为什么写这篇文章?
　　A. 她喜欢写作　　　　　　B. 开玩笑
　　C. 她想找一个男朋友　　　D. 她想向别人介绍自己

(2) 她可能不喜欢什么?
　　A. 电影　　B. 舞蹈　　C. 运动　　D. 音乐

(3) 她最可能什么时候睡觉?
　　A. 晚上十点　　B. 晚上十一点　　C. 晚上一点　　D. 早上四点

(4) 以下什么是植物?
　　A. 花　　B. 狗　　C. 人　　D. 都不是

(5) 中学的时候,她的什么成绩可能很不好?
　　A. 文学　　B. 艺术　　C. 数学　　D. 不知道

(6) 下面什么事情她可能做得很好?
　　A. 记生词　　B. 修电脑　　C. 找去朋友家的路　　D. 唱歌

阅读(二)

中国是世界上水土流失最严重的国家

　　中国已经成为世界上水土流失最严重的国家。

　　目前,中国已有4200万公顷的耕地出现了水土流失的情况,占全国耕地总面积的43%左右;每年大概有50亿吨泥沙流入江河湖海,其中62%左右来自耕地。1999年,中国土地荒漠化、盐碱化面积达267万平方公里,超过国土面积的1/4。西北是中国荒漠面积最广的地区,占全国的68%以上。耕地荒漠化现象也越来越严重,目前中国耕地荒漠化面积已达到1000万公顷,约占中国耕地面积的10%以上。

(据http://www.sina.com.cn 2004年8月20日《光明日报》余丰慧文)

生词语

1.	世界(世界)	(名)	shìjiè	โลก
2.	水土流失(水土流失)		shuǐtǔ liúshī	การเซาะกร่อนไหลหายไปของดิน
3.	严重(嚴重)	(形)	yánzhòng	รุนแรง
4.	公顷(公頃)	(量)	gōngqǐng	เฮคเตอร์ (hectare) เฮกโตเมตร
5.	耕地(耕地)	(名)	gēngdì	พื้นที่เพาะปลูก
6.	占(佔)	(动)	zhàn	ยึด ครอง มีจำนวน มีอัตรา
7.	面积(面積)	(名)	miànjī	พื้นที่
8.	亿(億)	(量)	yì	ร้อยล้าน
9.	土地(土地)	(名)	tǔdì	พื้นดิน
10.	西北(西北)	(名)	xīběi	ตะวันตกเฉียงเหนือ

1. 根据文章内容连线,并在数字后写出单位

 (1) 有水土流失情况的耕地　　　　1000 万（　　）
 (2) 荒漠化、盐碱化土地面积　　　　50 亿（　　）
 (3) 荒漠化耕地面积　　　　　　　　4200 万（　　）
 (4) 泥沙　　　　　　　　　　　　　267 万（　　）

2. 根据文章填百分比

 (1) 中国(　　)的耕地有水土流失情况。
 (2) 1999 年,超过(　　)面积的土地荒漠化、盐碱化。
 (3) 全国(　　)以上的荒漠在西北。
 (4) (　　)流到江河湖海里的泥沙来自耕地。
 (5) 中国耕地的(　　)已经荒漠化。

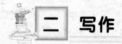 **二 写作**

写一写你在表达训练中讲的爱情故事。

第五课　怎样才能学好汉语

词汇及语法练习

1. 选词填空

味道　翻　缺　合作　主要　满意　才　相比　相信　首先　得到　继续　支

(1) 我很_____这里的环境。
(2) 你知道怎样_____能说得标准吗？
(3) 我不想跟他_____。
(4) 请给我一_____笔。
(5) 现在我的房间只_____一台电视机。
(6) 第一次见面，她_____介绍了她自己。
(7) 这个电影的_____问题是演员演得不好。
(8) 他们休息了一下，然后_____工作。
(9) 跟低层楼房_____，高层光线好一点儿。
(10) 这个孩子只有半岁，但是已经会_____书了。
(11) 他做的包子_____很好。
(12) 他希望能_____在中国工作的机会。
(13) 我_____他会取得很好的成绩。

想　要　愿意　会　应该　可能　能　可以　得　喜欢

(1) 她是两个孩子的妈妈，可是她一点儿也不_____当妈妈，因为太累了。
(2) 老师，我不参加考试，_____吗？
(3) 这台电脑不太好，我_____再买一台。
(4) 好朋友_____互相帮助。
(5) 她的妈妈很_____做包子，她做的包子每个人都爱吃。

(6) 你一个人去旅行？_____告诉你妈妈吗？——不用,我妈妈对我很放心。
(7) 那个地方很远,我们_____坐车去。
(8) 哥哥很_____喝酒,一次可以喝一瓶白酒。
(9) 你现在别去找他,他_____还没起床。
(10) 明天他一定_____来。

　　　不要　不用　不想　不能　不行　不得　不会

(1) 在广州,5月_____穿毛衣。
(2) 那个超市的东西比较贵,你_____去那里买。
(3) 那个学校管理得很严格,外人_____随便进出。
(4) 妈妈叫我去打针,可是我_____去打针,我怕打针。
(5) 我看看这本小说,可以吗？——_____,我还没看完呢。
(6) 我想今天_____下雨。
(7) 他本来打算参加比赛,可是昨天晚上发烧,_____来了。

2. 给句子后边的词语找一个合适的位置

(1) 秋天到了,北京的天气干燥了。(越来越)
(2) 那个汉字很难写,这个汉字简单。(一点儿)
(3) 小林的房间大,布置得很漂亮。(不但……而且……)
(4) 这台DVD机的价格比那台高。(更)
(5) 他散步听音乐。(一边……一边……)
(6) 我喜欢喝咖啡,他觉得咖啡很难喝。(却)
(7) 现在十一点,他上飞机了。(应该)
(8) 这里的交通那里的交通方便。(没有)
(9) 今天早上他起得我早。(比)
(10) 昨天我们家里五口人去公园了。(全)
(11) 小明解释得小文明白。(没有)
(12) 礼物,当然是自己做更有意义。(的)

3. 改错

(1) 朱力很要买那条蓝裙子。
(2) 他很懒,每天早上都不要起床。
(3) 他满意对这里的环境。

(4) 相比去年,今年的水果便宜一点儿。
(5) 那个城市在中国北方,夏天不能太热。
(6) 这个手机是坏,不能用。
(7) 那个孩子已经两岁了,可是还不可以说话。
(8) 这些书都是中文。
(9) 一边他写信,一边吃东西。
(10) 我没有说得他流利。
(11) 这本课本的生词比较容易,但是语法难一点儿。
(12) 我喜欢吃包子妈妈包。

4. 把句子翻译成泰文

(1) 怎样才能学好汉语？
(2) 对于生活,北京人比较随便。
(3) 这个机器是看DVD的。
(4) 老师比我解释得好。
(5) 你愿意早一点儿起床吗？
(6) 北京是一个又现代又古老的城市。
(6) 那个女演员长得没有小云白。
(8) 跟我们合作的是日本人。

5. 连词成句

(1) 件 妈妈 事 不 我 怕 同意 这
(2) 才 写 怎样 汉字 能 好
(3) 随便 穿 比较 对于 的 他
(4) 好 练习 会 每天 就 你 如果 你的 越来越 口语
(5) 比 他 好 在 生活 那里 得 我们
(6) 不同 跟 他的 我的 习惯
(7) 妈妈 我 小时候 理发 给
(8) 太 我 满意 我的 对 不 成绩

6. 完型填空

何娜跟妹妹一起学习汉语。妹妹喜欢跟中国朋友_____,所以汉语说得_____何娜流利,但是她不＿＿＿＿每天写汉字,所以汉字和语法＿＿＿＿何娜好。跟妹妹＿＿＿＿,何娜喜欢读汉语书,喜欢写汉字,但是听和说比较＿＿＿＿。考试以后,她们对自己的＿＿＿＿都不太＿＿＿＿。现在她们知道了要两个人＿＿＿＿帮助,不但要练习听说,＿＿＿＿要练习读写,这样＿＿＿＿能学好汉语,才能＿＿＿＿好成绩。

听力练习

一 精听

1. 听一遍会话课文,回答问题

   (1)
   (2)
   (3)
   (4)
   (5)
   (6)
   (7)
   (8)

2. 听句子,选择正确答案

   (1) A. 因为我们第一次见面　　　　　　B. 因为我们两年不见了
       C. 因为你比以前漂亮了　　　　　　D. 因为你长得不一样了
   (2) A. 你得到那工作了　　　　　　　　B. 你可能能得到那工作
       C. 你会得到那工作　　　　　　　　D. 你应该能得到那工作
   (3) A. 觉得真真不应该对小强不满意　　B. 想知道真真有什么不满意
       C. 想知道真真对小强满意不满意　　D. 觉得小强怕真真不满意
   (4) A. 估计(คาดเดา)马大姐说话的时间　B. 批评(ตำหนิ)马大姐说得太多
       C. 表扬(ชมเชย)马大姐很能说话　　　D. 告诉别人马大姐很能说话

(5) A. 王老师喜爱学生　　　　　　B. 学生对王老师很热情
　　C. 王老师对工作很热情　　　　D. 学生喜爱王老师

3. 听对话,判断正误

(1) 陈先生在外国学英语。☐
(2) 陈先生的英语说得跟英国人一样。☐
(3) 学英语的办法就是多听、多说、多读、多写和多记。☐
(4) 一年级的学生听不懂BBC和VOA的新闻。☐
(5) 应该多读英文小说。☐
(6) 多记就是记生词和课文。☐
(7) 记生词的时候,先要会认,然后是会读会写,最后是会用。☐
(8) 要记课文的内容,不用记课文里的句子。☐
(9) 陈先生觉得学习外语不但不累,而且很有意思。☐

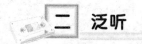

二　泛听

1. 听对话,选择正确答案

(1) A. 他会　　B. 他会,但是不能　　C. 他能,但是不会　　D. 他没回答
(2) A. 第一个人认为(เห็นว่า)中国队赢(yíng /ชนะ)的可能性(ความเป็นไปได้)最大
　　B. 第二个人认为中国队赢的可能性最大
　　C. 第三个人认为中国队赢的可能性最大
　　D. 他们都认为中国队一定赢
(3) A. 男的不愿意帮他照　　　　　B. 公园里不能照
　　C. 男的不会照　　　　　　　　D. xiàngjī(กล้องถ่ายรูป)坏了
(4) A. 记生词　　B. 睡觉　　C. 考试　　　　D. 得到好成绩
(5) A. 读 wénzhāng(บทความ)　　　B. 互相讨论
　　C. 翻词典　　　　　　　　　　D. B和C

2. 听短文，选择正确答案

生词语

1.	田径(田徑)	（名）	tiánjìng	กีฬาประเภทลู่และลาน ; กรีฑา
2.	体育场(體育場)	（名）	tǐyùchǎng	สนามกีฬา
3.	满(滿)	（形）	mǎn	เต็ม
4.	吃惊(吃驚)	（形）	chījīng	ตกใจ
5.	体育(體育)	（名）	tǐyù	กีฬา
6.	项目(項目)	（名）	xiàngmù	ประเภท
7.	金牌(金牌)	（名）	jīnpái	เหรียญทอง
8.	观众(觀眾)	（名）	guānzhòng	ผู้ชม
9.	运动员(運動員)	（动）	yùndòngyuán	นักกีฬา

专名

1.	欧洲(歐洲)	Ōuzhōu	ทวีปยุโรป
2.	雅典(雅典)	Yǎdiǎn	กรุงเอเธนส์
3.	奥林匹克(奧林匹克)	Àolínbǐkè	โอลิมปิก
4.	奥运会(奧運會)	Àoyùnhuì	กีฬาโอลิมปิก
5.	悉尼(悉尼)	Xīní	เมืองซิดนีย์
6.	欧美(歐美)	Ōu-Měi	ทวีปยุโรปและอเมริกา

(1) A. 雅典体育场太大了　　　　　　　　B. 人太多了
　　C. 欧洲人很喜欢看田径比赛　　　　　D. 座位坐满了

(2) A. 欧洲人　　　　　　　　　　　　　B. 澳大利亚人(คนออสเตรเลีย)
　　C. 中国人　　　　　　　　　　　　　D. 奥林匹克人

(3) A. 它是所有体育运动项目的基础　　　B. 最精彩
　　C. 最容易得到金牌　　　　　　　　　D. 有最多奥运会金牌

(4) A. 亚洲运动员不喜欢参加田径比赛　　B. 亚洲运动员田径水平不高
　　C. 欧美的田径水平没有亚洲高　　　　D. 亚洲运动员得到的田径金牌不少

(5) A. 现在亚洲运动员的水平没有欧美高
　　B. 以后，亚洲人也会喜欢看田径比赛

C. 如果运动员水平高,观众就会多

D. 以后,亚洲运动员的水平一定比欧美高

3. 听后复述

生词语

1. 需要(需要)	(动)	xūyào	ต้อง
2. 综合(综合)	(形)	zōnghé	ประสม
3. 理解(理解)	(动)	lǐjiě	เข้าใจ
4. 共同(共同)	(副)	gòngtóng	ร่วมกัน
5. 安装(安装)	(动)	ānzhuāng	ติดตั้ง
6. 可怕(可怕)	(形)	kěpà	น่ากลัว
7. 音乐(音樂)	(名)	yīnyuè	ดนตรี
8. 表现(表现)	(动)	biǎoxiàn	ผลงานที่ปฏิบัติออกมาให้เห็น

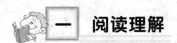

阅读(一)

称呼(I)

教外国人中文,讲到哥哥姐姐弟弟妹妹爷爷奶奶外公外婆,一个学生举手了:为什么是哥哥还是弟弟、是奶奶还是外婆一定要分这么清楚?最怕回答这种问题,说简单吧很简单,可是要讲清楚却不容易。我心想,光是兄弟姐妹你就觉得麻烦了,还没教你表哥、堂姐、二姨、三叔、四姑姥姥呢。

说英语的西方人提到兄弟姐妹,就是说我 brother 如何,我 sister 如何,除非是要特别说明的时候。爸爸的妈和妈妈的妈,都说我 grandma;堂兄弟姐妹、表兄弟姐妹都只一个

cousin。让他们记奶奶、姥姥、堂兄、表妹之类的词真是太难了。

中国人的称呼习惯,反映出中国人在家庭中特别重视等级关系:一种等级关系是长和幼,所以哥哥和弟弟一定要分清楚;另一种等级关系是亲和疏,奶奶和姥姥要分清楚,因为传统的中国人认为爸爸一边的亲人比妈妈一边的亲人更亲。

最后我告诉那些分不清哥哥和弟弟、奶奶和姥姥的学生:用中文写一个家庭关系表贴在床头,死记硬背,没有别的办法。

生词语

1.	称呼(稱呼)	(名)	chēnghu	คำเรียกขาน
2.	举(舉)	(动)	jǔ	ยก
3.	分(分)	(动)	fēn	แบ่ง
4.	如何(如何)	(代)	rúhé	อย่างไร
5.	除非(除非)	(连)	chúfēi	นอกเสียจาก
6.	反映(反映)	(动)	fǎnyìng	สะท้อน(ถึง)
7.	等级(等級)	(名)	děngjí	ระดับ ชั้น
8.	关系(關係)	(名)	guānxi	ความสัมพันธ์
9.	长(長)	(形)	zhǎng	อาวุโส
10.	亲(親)	(形)	qīn	ใกล้ชิด

1. 选择正确答案

(1) "表哥"、"堂姐"、"二姨"、"三叔"、"四姑姥姥"是什么?

    A. 数字   B. 亲戚   C. 五个中国人   D. 生词

(2) "我"怕回答什么问题?

    A. 简单的问题   B. 难的问题   C. 学生的问题   D. 不容易讲清楚的问题

(3) "cousin"在中文中最少可以分成几个称呼?

    A. 二   B. 四   C. 六   D. 八

(4) 传统的中国人认为:

    A. 哥哥比弟弟更亲   B. 姐妹比兄弟跟亲

    C. 爸爸的妈妈比妈妈的妈妈更亲   D. 爸爸比妈妈更亲

(5) 外国人怎样才能学会中国的亲戚称呼?

    A. 写   B. 问老师   C. 记   D. 没有办法

2. 翻译成泰语

(1) 幼(yòu)

(2) 疏(shū)

阅读(二)

称呼(Ⅱ)

自己家里的亲戚,外国学生已经分不清楚了。他们怎么理解在中国其他人(认识的或不认识的)全都有可能是你的"阿姨"、"叔叔",或者别的什么"亲戚"呢?

看到妈妈的老朋友,我们说:"阿姨好。"看到邻居的老太太,我们说:"王奶奶早。"前天女朋友过二十五岁生日,可是她很不高兴:"我们楼里一个小孩以前见我都叫'姐姐',今天却改叫'阿姨'了。"你周围的人,哪位能叫"爷",哪位能称"大哥",哪位能叫"老弟"……都不能随便啊。星期天,爸爸的同事来我家玩儿,我叫:"张叔叔。"爸爸纠正我:"不对,应该叫张伯伯。"原来他比爸爸大一岁。

看看报纸,上边有"梅姑"、"发哥"、"小燕姐"、"琼瑶阿姨",好像全是亲戚关系,连美国人麦当娜也是我们的"麦姐"。要把这事跟外国学生解释清楚,你说难不难?

中国人对认识的人的称呼习惯,反映了中国人对家庭的重视,也反映了中国文化的人情味。但是不认识、没有关系的人为什么也可以是"姑"、是"姐"呢?这个我也有点儿不清楚了。

(据 http://life.news.tom.com 2004年8月27日《澳洲日报》娜斯文)

生词语

1.	理解(理解)	(动)	lǐjiě	เข้าใจ
2.	邻居(鄰居)	(名)	línjū	เพื่อนบ้าน
3.	改(改)	(动)	gǎi	เปลี่ยน แก้
4.	周围(周圍)	(名)	zhōuwéi	รอบๆ
5.	纠正(糾正)	(动)	jiūzhèng	แก้ไขให้ถูกต้อง
6.	报纸(報紙)	(名)	bàozhǐ	หนังสือพิมพ์
7.	重视(重視)	(动)	zhòngshì	ให้ความสำคัญ
8.	人情味(人情味)	(名)	rénqíngwèi	ความมีน้ำใจ น้ำใจไมตรี

回答问题

(1) "李阿姨"和"王奶奶"是"我"的阿姨和奶奶吗?

(2) 如果爸爸的男同事比他小,可以叫他什么?

(3) 楼里的孩子为什么叫"我"的女朋友"阿姨"了?

(4) "梅姑"、"发哥"、"小燕姐"、"琼瑶阿姨"中,哪个(些)字是名字?哪个(些)字是称呼?

(5) 中国人对认识的人的称呼习惯反映了什么?

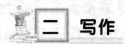

二 写作

1. 画一张中国家庭关系表。(三代/สามชั่วคน สามรุ่น)

2. 总结一下你学习外语的困难和解决的方法。

第六课　昨天晚上我们听了很多好听的故事

词汇及语法练习

1. 读一读

讲故事	听故事	一个故事	爱情故事	传统故事	老的故事
交作业	交钱	交房租	交水费	交学费	
停水	停车	停课	雨停了	风停了	
离开父母	离开泰国	离开家乡	离开我爱的人		
热得要死	冷得要死	着急得要死	忙得要死	紧张得要死	马虎得要死
别哭了	别笑了	别吵了	别叫了		
笑死了	饿死了	热死了	丑死了		

2. 替换练习

(1) 你们听了很多好听的故事吧？

吃	好吃的点心
看	可爱的动物
听	中国的音乐
讨论	有意思的问题
准备	好吃的点心

(2) 刚讲了几句，就停电了。

写	行	来客人
坐	站	下车
吃	口	说饱
离开	天	想家
问	句	哭

(3) 她没讲那个故事。

喝这种汤
讨论这个内容
反对这个安排
交上个月的电费
穿白裙子

(4) 你们准备没准备 吃的东西?

交	交	学费
喝	喝	汤
得	得	第一名
表演	表演	节目
通知	通知	小美

(5) 一讲完故事她就哭了。

下课	离开
见到你	笑
紧张	忘
喝酒	说得多
停电	走

3. 用括号里的词语改写句子

(1) 这个孩子每天晚上都哭。(天天)
(2) 小王每次讲完故事大家都笑得要死。(次次)
(3) 这儿每个人都反对你的安排。(人人)
(4) 每次考试张小妹都紧张得要死。(一……就……)
(5) 何娜离开北京以后,明月马上回马来西亚了。(一……就……)
(6) 大为来到教室后马上热闹了。(一……就……)

4. 把下面的句子改为疑问句,然后用否定式回答

(1) 她吃了大夫给她的药了。
(2) 昨天我看了一场足球比赛。
(3) 小美今天穿了一条红色的花裙子。
(4) 早上张教授喝了一杯热的咖啡。
(5) 每个同学交了一百株给老师。
(6) 早晨,大家讨论了好几个问题。
(7) 小云讲了一个可笑的故事。

5. 改错

(1) 比赛一结束就我给你打电话。

(2) 我做完了个个练习才九点。

(3) 昨天小云没有讲了动物的故事。

(4) 快点儿！电影马上也要开始了。

(5) 我还没送作业给老师。

(6) 我没做一种泰国点心。

6. 在适当的位置上填上"了"

昨天星期六,我和王美吃早饭就去商店。商店里的衣服真多,件件都是新样式的。有一条白色的长裙子,王美很喜欢。买裙子我们又去看鞋子,我买一双黑色的皮鞋。然后,我们去看一个有意思的电影。

7. 连词成句

(1) 就 紧张 你 一 哭 不要

(2) 离开 交 就 钱 可以 了 了

(3) 比赛 你 讲 参加 汉语 参加 没 故事

(4) 没有 我 节目 昨天 表演

(5) 每个 电影 星期 小美 都 看 去

(6) 要 了 就 电费 交 停电 不 你

8. 用"就"完成句子

(1) 小王一离开_____。

(2) 如果你怕动物_____。

(3) 听了这个故事,_____。

(4) 没有交作业的_____。

(5) 大为很喜欢看热闹,_____。

听力练习

一 精听

1. 听一遍会话课文,回答问题
   (1)
   (2)
   (3)
   (4)
   (5)
   (6)
   (7)
   (8)

生词语

1. 布置(佈置)	(动)	bùzhì	จัด
2. 赞成(贊成)	(动)	zànchéng	สนับสนุน
3. 完全(完全)	(副)	wánquán	ทั้งหมด

2. 听句子,选择正确答案
   (1) A. 很热闹　　B. 不太远　　C. 树很多　　D. 很干净
   (2) A. 他爱着急　B. 他的脸很红　C. 他的脸很可爱　D. 他着急的时候脸红
   (3) A. 我要死了　B. 天气很冷　C. 我要去买大衣　D. 我没有大衣
   (4) A. 找工作　　B. 继续学习　C. 大学毕业　　D. 继续找工作
   (5) A. 看热闹　　B. 听汉语　　C. 听他们说什么　D. 看他们

3. 听短文,判断正误
   (1) 昨天下午中文系举行了汉语故事比赛。□
   (2) 女同学买了好几种点心。□

(3) 同学们准备了点心、水果和汤。□
(4) 李新穿了一条灰裙子。□
(5) 大为的故事很简单,但是很有意思。□
(6) 教室里有CD机。□
(7) 小丽讲故事的时候,停了两次电。□
(8) 小云不能继续讲故事,因为没有电。□
(9) 大家原来都知道《白雪公主和七个小矮人》的故事。□
(10) 比赛一共是三小时。□

二 泛听

1. 听对话,选择正确答案

(1) A. 青菜　　　　　B. 鱼　　　　　C. 鸡　　　　　D. 汤
(2) A. 猫和狗　　　　B. 马和老虎　　C. 都不喜欢　　D. 都喜欢
(3) A. 因为节目太危险了　　　　　　B. 因为她紧张
　　C. 因为节目不精彩　　　　　　　D. 因为她不想看
(4) A. 一点到五点　　B. 五点以后　　C. 五点以前　　D. 五点以前到五点以后
(5) A. 他没有意见　　B. 反对　　　　C. 不反对　　　D. 听不出来(ฟังไม่ออก)

2. 听短文,选择正确答案

生词语

1. 牢房(牢房)	(名)	láofáng	ห้องขัง
2. 挑(挑)	(动)	tiāo	เลือก
3. 坐牢(坐牢)	(动)	zuò láo	อยู่คุก
4. 监狱(監獄)	(名)	jiānyù	เรือนจำ
5. 家乡(家鄉)	(名)	jiāxiāng	ภูมิลำเนา
6. 警察(警察)	(名)	jǐngchá	ตำรวจ
7. 抓(抓)	(动)	zhuā	จับ
8. 逃(逃)	(动)	táo	หนี

专名

意大利(意大利)　　　　Yìdàlì　　　　ประเทศอิตาลี

选择正确答案

(1) A. 警察　　　B. 正在坐牢的人　　C. 刚搬家的人　　D. 不喜欢家乡的人

(2) A. 意大利　　B. Bǐ'āilā　　　　　C. Wéiqièlì　　　D. 牢房

(3) A. 他不喜欢家乡　　　　　　　　B. 他不喜欢坐牢
　　C. 他觉得自己不应该坐牢　　　　D. 他想换一个好监狱

(4) A. 原来的监狱　　　　　　　　　B. 他喜欢的监狱
　　C. 他的家乡　　　　　　　　　　D. 他的新家

(5) A. 座　　　　B. 坐　　　　　　C. 个　　　　　　D. 家

3. 听后复述

注释

1. 计划(計劃)　　　　　(名)　　jìhuà　　　　　　แผนการ
2. 行得通(行得通)　　　　　　　xíngdetōng　　　　ได้ผล
3. 投票(投票)　　　　　(动)　　tóu piào　　　　　เลือกตั้งแบบหย่อนบัตร

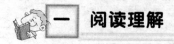

阅读(一)

从1955年飞来的飞机

1990年9月9日,在委内瑞拉的卡拉加机场,人们突然发现一架从来没见过的很古老的飞机正在下降。

　　警察马上包围了这架奇怪的飞机。飞行员和乘客们走下飞机后问:"我们有什么不正常?这里是什么地方?"机场人员说:"这里是委内瑞拉,你们从哪里来?"飞行员听后,大声地叫道:"天哪!我们是泛美航空公司914号班机,从纽约飞往佛罗里达,怎么会飞到你们这里?差了两千多公里呀!"接着,他马上拿出飞行日记给机场人员看:这架飞机是1955年7月2日起飞的,现在是1990年,他们飞了三十五年!机场人员吃惊地说:"这不可能!你们在讲故事吧!"

　　后来,人们去查资料,发现914号班机确实在1955年7月2日从纽约起飞,飞往佛罗里达。突然,飞机失踪了,一直找不到。那时人们认为飞机掉进了大海里,以为机上的五十多名乘客全部都死了。

　　这些人回到美国的家里时,他们的孩子们和亲人都老了,而他们却和以前一样年轻。美国警察和科学家们检查了这些人的身份证和身体——这都是真的,不是故事。

(据2004年8月20日红网)

生词语

1. 下降(下降)　　　　(动)　　xiàjiàng　　　　(เครื่องบิน) ร่อนลง
2. 警察(警察)　　　　(名)　　jǐngchá　　　　ตำรวจ
3. 飞行员(飛行員)　　(名)　　fēixíngyuán　　นักบิน
4. 乘客(乘客)　　　　(名)　　chéngkè　　　　ผู้โดยสาร
5. 起飞(起飛)　　　　(动)　　qǐfēi　　　　　(เครื่องบิน)บินขึ้น ร่อนขึ้น ออกบิน
6. 失踪(失踪)　　　　(动)　　shīzōng　　　　หายไป สาบสูญ หายสาบสูญ
7. 大海(大海)　　　　(名)　　dàhǎi　　　　　ทะเล
8. 科学家(科學家)　　(名)　　kēxuéjiā　　　นักวิทยาศาสตร์
9. 检查(檢查)　　　　(动)　　jiǎnchá　　　　ตรวจสอบ
10. 身份证(身份證)　　(名)　　shēnfènzhèng　บัตรประชาชน

选择正确答案

(1) 这架飞机:
　　A. 1990年9月9日起飞　　　　B. 1955年9月14日起飞
　　C. 1990年7月2日起飞　　　　D. 1955年7月2日起飞

(2) 这架飞机：
　　A. 1990年9月9日下降　　　　B. 1955年9月14日下降
　　C. 1990年7月2日下降　　　　D. 1955年7月2日下降
(3) 这架飞机：
　　A. 应该从纽约飞到委内瑞拉　　B. 应该从纽约飞到佛罗里达
　　C. 应该从纽约飞到大海上　　　D. 应该从纽约飞到美国
(4) 这架飞机：
　　A. 飞错了　　　　　　　　　　B. 坏了
　　C. 掉进大海了　　　　　　　　D. 失踪了三十五年
(5) 以下句子正确的是：
　　A. 这架飞机失踪三十五年以后又出现了
　　B. 飞机上的人在飞机上过了三十五年
　　C. 飞机上的人死了三十五年，又回来了
　　D. 飞机上的人在大海里过了三十五年，又回来了
(6) 飞机上的人：
　　A. 都老了　　B. 以为现在还是1955年　　C. 在讲故事　　D. 全部都死了

■问题

"委内瑞拉(Wěinèiruìlā)"是什么？

阅读(二)

爱和恨是姐妹

　　我们常常发现，一个人本来很爱很爱他(她)的爱人，可是分手以后，这个人开始恨他(她)。怎么会这样呢？

　　人们以为爱的对立面是恨。其实不是，爱的对立面是冷漠，是不关心。大脑产生"愤怒"的部分和产生"爱"的部分是连在一起的。所以，深深的爱与失去爱以后产生的恨，在大脑里就有关系了。

　　为什么我们的大脑让我们恨我们爱的人？有的科学家认为，这是为了让失去爱人的人从已经结束的爱情中走出来，然后重新开始新的爱情。

　　在一项有一百二十四对伴侣参加的研究中，科学家发现，爱与愤怒的感情是独立的，

你可以同时具有这两种感情,也就是说,你可以非常非常生一个人的气,但同时却深深地爱着他(她)。

(据2004年9月1日《新闻周刊》吕静文)

生词语

1.	分手(分手)	(动)	fēn shǒu	แยกกัน แยกทางกัน เลิกร้างกัน
2.	对立面(對立面)	(名)	duìlìmiàn	ด้านที่เป็นปฏิปักษ์กัน ด้านตรงกันข้าม
3.	大脑(大腦)	(名)	dànǎo	สมอง
4.	连(連)	(动)	lián	ติดกัน
5.	失去(失去)	(动)	shīqù	สูญเสีย
6.	伴侣(伴侶)	(名)	bànlǚ	คู่ชีวิต คู่รัก
7.	感情(感情)	(名)	gǎnqíng	ความรู้สึก

1. 根据文章的上下文翻译 (จงแปลโดยอิงตามบริบทในความเรียง)

(1) 恨(hèn):

(2) 冷漠(lěngmò):

(3) 愤怒(fènnù):

2. 选择正确答案

(1) 如果你真的不爱一个人了,你会:
    A. 很恨他(她)   B. 生他(她)的气
    C. 不关心他(她)了   D. 都有可能

(2) 以下情况的哪个不可能发生?
    A. 你恨你爱的人   B. 你不关心你爱的人
    C. 你生你爱的人的气   D. 你爱你恨的人

(3) 我们的爱和恨是什么决定(กำหนด ชี้ขาด)的?
    A. 心   B. 科学家   C. 大脑   D. 不知道

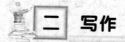

二 写作

"我的周末"。最少要用五个"V 了"句。

第七课　我完成了作业就去看比赛

1. 读一读

写日记	读日记	记日记	日记本	旅行日记
照顾孩子	照顾老人	照顾病人	照顾有需要的人	
换零钱	找零钱	用零钱		
请病假	请事假	请(结)婚假	请假条	请假的原因　请假的时间
通知大家	出通知			
完成作业	完成工作			
开灯	关灯			
坏消息	好消息	新消息		
原谅你	不可原谅	请你原谅		
算钱	算人数	算分数		
说话的声音	唱歌的声音	音乐的声音	打电话的声音	

2. 替换练习

(1) 奶奶先 <u>做饭</u>,再叫我起床。

我	写日记	做作业
何娜	请假	买机票
病人	交钱	看病
管理员	出通知	检查

(2) 妈妈吃了饭就 <u>去上班</u>。

买了邮票	寄信
看到通知	批评我
听到声音	开灯起床
换了零钱	去坐公共汽车

(3) 她每天早上六点就起床。

三年前	在泰国
早上五点半	去医院
一小时后	去找你
一会儿	做作业

(4) 三点二十了，我才做了一半。

第二天	听到消息
请了假	打电话给妈妈
过了半小时	挤上了公共汽车
晚上十二点	写完了日记
说了对不起	原谅他

(5) 作业才做了一半，只好晚上再做。

写日记	写	下午	写
话	说	下次	说
歌	唱	一会儿	唱
电灯	修	晚上	修

3. 选词填空

就　才　再　又　先　虽然

(1) 今天早上三点，电视里有球赛，_____我很累，可是因为我特别喜欢看球赛，我两点五十_____床了，_____吃了点儿东西，_____打开电视。可是等了十多分钟还没开始，我很着急，_____等了五分钟，_____看到一个通知：因天气关系，比赛以后进行，具体时间还要等通知。

(2) 我的一个好朋友生病住院了，她的家人都在外省。_____朋友们都很忙，_____住得远，路上要花一个多小时_____能到医院，但是朋友们都请假来照顾她。好朋友嘛，当然应该互相帮助。今天早上我很早_____起了床，_____去市场买了点儿水果，_____做了点儿朋友喜欢吃的点心。九点多钟_____到医院了，朋友见了我非常高兴。

4. 用"就"或"才"改写句子

(1) 飞机晚上八点出发，张云不到六点到机场。
(2) 老师解释了一会儿他马上明白了。
(3) 我等了很久，妹妹最后还是来了。
(4) 从国外寄来的东西，三个月后收到。
(5) 篮球比赛只举行了半个小时，我们队输了。

第 七 课

5. 用括号内的动词完成句子
　(1) 张小妹坐车_____（去）
　(2) 明天我打电话_____（告诉）
　(3) 学生们请假_____（来）
　(4) 星期天更累,要买菜_____（做饭）
　(5) 老师检查完学生的作业就_____（下班）

6. 改错

(1) 我写日记写了半天就写完。

(2) 球场很远,一个小时就可以到。

(3) 你等一下,我一会儿才来。

(4) 考试很容易,明月半小时才做完了。

(5) 这次不能检查了,下次才来。

(6) 看到通知他才知道这个消息了。

7. 连词成句

(1) 才　听　孩子　开门　妈妈　声音　到　的
(2) 给　一点儿　才　零钱　离开　姑姑　我　又　了
(3) 洗澡　小红　睡觉　就　了　了
(4) 再　练习　学生们　先　语法　做　复习
(5) 迟到　我　批评　老师　上课
(6) 邮票　下　我　了　去　邮局　课　买　就

8. 造句

(1) 虽然

(2) 一会儿

(3) 就

(4) 才

听力练习

1. 听一遍会话课文,回答问题
   (1)
   (2)
   (3)
   (4)
   (5)
   (6)
   (7)
   (8)

2. 听句子,选择正确答案
   (1) A. 很长   B. 很短   C. 很容易   D. 很难
   (2) A. 做得比他快   B. 做得比他慢   C. 也用两个小时   D. 不知道
   (3) A. 因为他照顾爷爷   B. 因为他不该照顾爷爷
       C. 因为他不照顾爷爷   D. 因为他应该不照顾爷爷
   (4) A. 朋友   B. 公共汽车   C. 别的地方   D. 住的地方
   (5) A. 时间   B. 需要   C. 不满意的地方   D. 住的地方

3. 听对话,判断正误
   (1) 明月做了三小时作业才做完。☐
   (2) 明月到的时候,留学生队赢了三分。☐
   (3) 比赛已经打了一半了。☐
   (4) 中国队里有学校篮球队的队员。☐
   (5) 明月跟白大为是同班同学。☐
   (6) 明月有两个同学参加了比赛。☐

(7) 中国队打得很好。□
(8) 小雨喜欢看热闹的篮球比赛。□
(9) 白大为不喜欢打篮球,所以不参加比赛。□

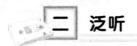

二 泛听

1. 听对话,选择正确答案
   (1) A. 她常常不吃早饭　　　　　　B. 她睡得不好,没吃早饭
       C. 她起床太晚,没吃早饭　　　D. 她常常睡得不好
   (2) A. 女的认为两天不长,男的认为很长
       B. 女的和男的都认为两天很长
       C. 女的和男的都认为两天不长
       D. 男的认为两天不长,女的认为两天很长
   (3) A. 寄信,检查身体,吃饭　　　B. 检查身体,寄信,吃饭
       C. 吃饭,检查身体,寄信　　　D. 检查身体,吃饭,寄信
   (4) A. 通知　　　B. 消息　　　C. 人　　　D. 东西
   (5) A. 常常请假　B. 常常生病　C. 要照顾爸爸　D. 工作很忙

2. 听短文,选择正确答案

生词语

1. 炸弹(炸彈)	(名)	zhàdàn	ลูกระเบิด
2. 攻击(攻擊)	(动)	gōngjī	โจมตี
3. 打击(打擊)	(动)	dǎjī	โจมตี บุกโจมตี
4. 组织(組織)	(名)	zǔzhī	องค์กร
5. 爆炸(爆炸)	(动)	bàozhà	ระเบิด
6. 武装(武裝)	(名)	wǔzhuāng	ติดอาวุธ
7. 分子(分子)	(名)	fènzǐ	บุคคล

专名

1. 伊拉克(伊拉克) 　　　　Yīlākè 　　　　ประเทศอิรัก

2. 巴格达(巴格達)   Bāgédá   แบกแดด
3. 美军(美軍)   Měijūn   ทหารอเมริกัน
4. "基地"("基地")   Jīdì   เขตฐาน

选择正确答案

(1) A. 一   B. 二   C. 三   D. 四

(2) A. 炸弹   B. 汽车   C. 有炸弹的汽车   D. 美军

(3) A. 人的名字   B. 地方的名字   C. 美军的名字   D. 一个组织的名字

(4) A. 有一辆车不肯停车   B. 美军看到炸弹
     C. 有人攻击警察   D. 美军攻击跟"基地"有关的组织

(5) A. 因为天气不好   B. 因为很多警察死了
     C. 因为死了很多人   D. 因为"基地"组织攻击伊拉克

3. 听后复述

注释

1. 早知道不来这里吃了。   Zǎo zhīdào bù lái   意思是"如果来以前知道会是这样
(早知道不來這裡吃了。)   zhèli chī le.   的情况,就不来这里吃饭了"。

2. 球迷(球迷)   (名)   qiúmí   แฟนลูกหนัง แฟนฟุตบอล

3. 浪费(浪費)   (动)   làngfèi   สิ้นเปลือง

4. 有你这样的吗?   Yǒu nǐ zhèyàngde   意思是"怎么会有你这样不好的
(有你這樣的嗎?)   ma?   人"。

第七课

读写练习

一 阅读理解

阅读(一)

懂得生活

我看一本介绍巴黎的旅游书上说："巴黎人很懂得生活,很多人就是没工作,也不会担心以后的生活。"这样的生活态度,大概很多中国人都不会同意。中国人大学一毕业,就很努力地工作、挣钱。有人希望有了钱可以到全世界玩儿,但是等他们有了那么多钱,大概也老了,走不动了。

巴黎人真的很懂得生活,一到夏天就离开城市去度假。如果不是假期,在城市里他们也会举行大大小小的晚会,常常玩儿到天快亮了才回家,回家休息一下又去上班了。

生活不只是为了考试和挣钱,为什么我们要生活得像电脑一样,把每天几点几分做什么都安排好:先做什么,再做什么;做完什么,就做什么……这是多么难过的生活啊。我们不是电脑,我们是人啊!那我们就应该过人的生活,有时候放下书本、放下工作,看看书、喝喝咖啡、听听音乐,轻松一下,不是很好吗?

(据泰国《世界日报》2004年9月16日张立人《懂得生活》)

生词语

1.	懂得(懂得)	(动)	dǒngdé	รู้จักที่จะ
2.	态度(態度)	(名)	tàidu	ลักษณะ สภาพ
3.	挣钱(掙錢)	(动)	zhèng qián	หาเงิน
4.	轻松(輕鬆)	(形)	qīngsōng	ผ่อนคลาย

专名

● 巴黎(巴黎)   Bālí   ปารีส

1. 选择正确答案

    (1) 中国人如果没有工作,会:
    　　A. 很担心　　　B. 不担心　　C. 轻松一下　　D. 文章没有说
    (2) 中国人可能觉得巴黎人:
    　　A. 不懂得生活　　B. 不努力　　C. 很有意思　　D. 对人态度不好
    (3) 以下哪个句子写的不是巴黎人?
    　　A. 喜欢开晚会　　　　　　B. 一放假就离开城市出去玩儿
    　　C. 像电脑一样工作　　　　D. 不太担心以后的生活
    (4) 以下哪个句子写的不是中国人?
    　　A. 没有工作就很担心　　　B. 大学一毕业就很努力地挣钱
    　　C. 认为考试很重要　　　　D. 很懂得生活
    (5) 作者认为:
    　　A. 中国人应该向巴黎人学习,过轻松的生活
    　　B. 巴黎人应该向中国人学习,努力地学习和工作
    　　C. 中国人的生活很难过
    　　D. A 和 C

2. 讨论

    我们常说"懂汉语"、"会开车",可是什么叫"懂得生活"、"会生活"?

阅读(二)

奥斯威辛集中营

奥斯威辛是波兰的一个小镇。第二次世界大战时,德国人在这里设立了集中营,无数的犹太人在这里被杀害。

现在的奥斯威辛集中营已经变成了博物馆,还有一间电影室,每天不断地播放各种语言的关于集中营历史的记录片。这部记录片虽然只有十五分钟,却让人非常难过和害怕。在影片里,出现了无数的尸体,还有死去的人留下的头发、箱子、眼镜、牙齿和衣服等等。

博物馆里还留下二十八个房间:有的是当年犹太人住的地方,一个房间住八十个人;有的是毒气室,毒气像热水一样放出来……

很多人不敢相信他们看到的这些都曾经真的发生过。记录片里有一个可爱的小男

孩,他进去的时候抱着他的小玩具狗,还在笑……他不知道里面有什么在等他,看电影的人却知道。很多人看着这个小男孩的笑容,流出了眼泪。

从集中营出来,人们都很安静,许多人很久很久都不愿意说话,因为他们不知道应该说什么。有些人、有些事是永远不能原谅的!

(据泰国《世界日报》2004年9月16日涂静怡《波兰,波兰》)

生词语

1.	集中营(集中營)	(名)	jízhōngyíng	ค่ายกักกัน
2.	杀害(殺害)	(动)	shāhài	สังหาร
3.	博物馆(博物館)	(名)	bówùguǎn	พิพิธภัณฑ์
4.	尸体(屍體)	(名)	shītǐ	ศพ ซากศพ
5.	毒气(毒氣)	(名)	dúqì	ก๊าซพิษ
6.	眼泪(眼淚)	(名)	yǎnlèi	น้ำตา
7.	永远(永遠)	(副)	yǒngyuǎn	นิรันดร ตลอดกาล

专名

1.	波兰(波蘭)	Bōlán	โปแลนด์
2.	奥斯威辛(奧斯威辛)	Àosīwēixīn	ออสวินส์
3.	第二次世界大战(第二次世界大戰)	Dì-Èr Cì Shìjiè Dàzhàn	สงครามโลกครั้งที่ 2
4.	犹太人(猶太人)	Yóutàirén	ความรู้สึก

■ 选择正确答案

(1) 集中营在哪里?
　　A. 波兰　　　B. 德国　　　C. 电影里　　　D. 一个小镇上

(2) 集中营现在是:
　　A. 电影院　　B. 毒气室　　C. 犹太人住的地方　　D. 博物馆

(3) 记录片讲的是关于什么?
　　A. 各种语言　B. 一个小男孩　C. 集中营的历史　　D. 死去的犹太人

(4) 小男孩在笑,为什么看电影的人哭?
　　A. 因为他们爱这个孩子　　　　B. 因为他们很害怕
　　C. 因为他们知道他就要死了　　D. 因为他们想起自己的孩子

(5) "有些人、有些事是永远不能原谅的"里的"人"和"事"是谁？是什么事？
 A. 德国人，杀犹太人 B. 杀人的人，杀人
 C. 杀小男孩的人，杀小男孩 D. 不知道

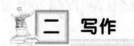 写作

■ 写一篇日记

第八课　我上前边那座楼去了

词汇及语法练习

1. 读一读

帮个忙	帮我个忙	帮帮忙	帮了大忙	没帮什么忙
一把伞	两把菜	三把尺子		
一顿饭	吃一顿	打一顿		
欢迎你	欢迎来我家	欢迎大家批评		
脱衣服	脱鞋			
数钱	数数儿			
写报告	做报告	听报告		
经过宿舍	经过礼堂	经过学校	从饭馆经过	从阅览室经过

2. 写出反义词

进去——　　　　上来——　　　　回——　　　　重——

出去——　　　　过来——　　　　脱——

3. 替换练习

(1) 你上楼来的时候,顺便跟阿里说一声。　　(2) 小明上前边那座楼去了。

　　叫我一声　　　　　　　　　　　　　　你家
　　替我买点儿零食　　　　　　　　　　　学校
　　告诉我的同屋　　　　　　　　　　　　商店
　　帮我个忙　　　　　　　　　　　　　　银行

(3) 何娜回宿舍去了。　　　　　(4) 明月从这座楼出去了。

家　　　　　　　　　　　　礼堂出来
学校　　　　　　　　　　　床上起来
教室　　　　　　　　　　　阅览室回来
国　　　　　　　　　　　　外面进来
屋　　　　　　　　　　　　那条街过去
　　　　　　　　　　　　　对面过来

(5) 你替(帮)我去买东西吧？

借书
招待客人
洗盘子
写报告
告诉他们

4. 用"来"或"去"填空

(1) (在宿舍门口)

A：请问,何娜在吗？

B：她刚出(　　)了,你是——

A：我叫田力,是何娜以前的同学。

B：啊,欢迎你。快请进屋(　　)。何娜到楼下(　　)接你了,你没看见她吗？

A：没有。我走楼梯上(　　)的,没坐电梯,因为我想锻炼身体。

B：哦,是这样。

A：那我下楼(　　)找她吧。

B：不用了,我想她马上就会回(　　)的,你在这儿等她吧。

A：好的,谢谢你！

(2) (在一楼大厅)

A：小月,你过(　　)一下。

B：什么事儿？

A：你帮忙看着这些东西好吗？我的手机忘在屋里了,我得上(　　)拿。

B：没问题！你这是要上哪儿(　　)啊？东西这么多！

A：我要回国(　　)。

B：是吗？什么时候回（　　）？
A：下星期就回（　　）了。
B：我送你到机场（　　）吧？
A：你不用上课吗？
B：我刚从教室回（　　），老师今天病了，不用上课。对了，你叫出租汽车了吗？
A：叫了，司机说他马上就过（　　）。不跟你说了，我得上楼（　　）了。
B：啊，对对对，快上（　　）吧，我等你。

5. 完成句子
(1) 我去阅览室，顺便_____。
(2) 刚才下大雨了，张冰没带伞，结果_____。
(3) 你经过饭馆的时候顺便_____。
(4) 我今天约了个客人，他马上就要来了，可是我突然有急事，你替我_____。
(5) 今天停电了，结果冰箱里的冰激凌_____。
(6) 明月，你今天不舒服，别去上课了，我替你_____。
(7) 开学了，同学们都从_____。

6. 用括号里的词语改写句子
(1) 明月早上六点起床，起床后就到楼下跑步了。（起来、下去）
(2) 我下车的时候，看见何娜向我走来。（下来、过来）
(3) 陈明刚想到外面去时，老师到了。（出去、进来）
(4) 玛丽要上十一楼，因为何娜明天就要离开了。（上去、回去）
(5) 何娜离开阅览室的时候，明月还是不在宿舍。（出来、回来）

7. 改错
(1) 明月，你快起去，你坐在我的衣服上了。
(2) 何娜，你先休息一下儿，我出来买点儿零食，你要我替你买东西吗？
(3) 我坐三点的汽车，结果五点到家。
(4) 我吃饭的时候顺便听音乐。
(5) 陈方去家拿昨天写的报告，所以现在还没过去。
(6) 晚会马上就要开始了，咱们快进来礼堂吧。
(7) 对不起，我来晚了，因为我要帮忙妈妈。

(8) 汽车 开过去 从 礼堂 前边。

8. 连词成句

(1) 老师 阅览室 看见 从 你 刚才 出去 了
(2) 经过 顺便 零食 买 何娜 时 商店 了 一点儿
(3) 很 就 小月 回来 快 了 宿舍
(4) 过去 身边 我 从 汽车 了
(5) 山 了 已经 都 朋友们 上 去
(6) 山本 回 放假 日本 时 去 打算
(7) 张明 就 图书馆 后 了 回 出去 从 家

9. 造句

(1) 结果
(2) 顺便
(3) 替
(4) 经过
(5) 帮忙

1. 听一遍会话课文,回答问题

(1)
(2)
(3)
(4)
(5)
(6)

(7)

(8)

生词语

实习(實習)　　　(动)　　　shíyí　　　ฝึกของจริง ปฏิบัติของจริง

2. 听句子,选择正确答案

(1) A. 妈妈病了　　　　　　　B. 妈妈给我打电话
　　C. 我和妈妈住在一起　　　D. 我要去看妈妈

(2) A. 他们上完课了　　　　　B. 他们要去上课
　　C. 他们上三、四层去　　　D. 他们在那里见同学

(3) A. 你那儿　　B. 家　　　C. 门口　　　D. 椅子上

(4) A. 小平要去邮局　　　　　B. 小平要买邮票
　　C. 说话人要替小平买邮票　D. 去银行要经过邮局

(5) A. 买零食　　B. 招待客人　　C. 给客人　　D. 晚上算一算

3. 听短文,判断正误

(1) 明月帮何娜打扫房间。☐

(2) 阿里住在她们楼下。☐

(3) 何娜的宿舍是进门以后的第五座楼。☐

(4) 玛丽遇到明月,才知道自己上错了楼。☐

(5) 明月和何娜去听一个美国教授做报告。☐

(6) 饭馆里的服务员大声地欢迎她们,她们觉得很不好意思。☐

(7) 明月在楼下叫何娜。☐

(8) 明月买的东西都是何娜要买的东西。☐

(9) 明月买的盘子和杯子好看但是没有用。☐

(10) 她们的房间又挤又乱。☐

二 泛听

1. 听对话,选择正确答案

(1) A. 锁门   B. 要钥匙
     C. 写研究报告   D. 拿 shíyàn shùjù (ทดสอบทางด้านสถิติ)

(2) A. 因为她不想吃   B. 因为男的可以替他买
     C. 因为她不知道吃什么   D. 因为她要做题

(3) A. 想盘子在哪里   B. 放盘子   C. 拿盘子   D. 等客人

(4) A. 办公室外边   B. 办公室里边   C. 在医院里   D. 在家里
     A'. 他脱了衣服   B'. 里边太冷了   C'. 他进进出出   D'. 外边太热了

(5) A. 客气的人   B. 爱说话的人   C. 热情的人   D. 很忙的人

2. 听短文,选择并回答问题

生词语

1.	博物馆(博物館)	(名)	bówùguǎn	พิพิธภัณฑ์
2.	时期(時期)	(名)	shíqī	ช่วงระยะเวลา
3.	雕塑(雕塑)	(名)	diāosù	การแกะสลักและการปั้น
4.	建筑(建築)	(名)	jiànzhù	ก่อสร้าง
5.	陈列(陳列)	(动)	chénliè	ตั้งแสดง ตั้งโชว์ให้ชม
6.	佛像(佛像)	(名)	fóxiàng	พระพุทธรูป
7.	神秘(神秘)	(形)	shénmì	ลึกลับ ลึกลับซับซ้อน

选择正确答案

(1) A. 可以了解泰国历史   B. 可以了解泰国的建筑和雕塑
     C. 可以安排以后的旅行   D. B 和 C

(2) A. 进去以前要脱鞋
     B. 这里的佛像都有一种既简单又神秘的美
     C. 楼下陈列的佛像的历史比楼上的短
     D. 最早期的佛像在二层

(3) A. 不知道　　　　B. 素(sù)可泰　　　C. 曼谷　　D. B 和 C
(4) A. 穿鞋　　　　　　　　　B. 想一想去哪里旅行
　　C. 在外边找鞋子　　　　　D. 去素可泰

用汉语说一说泰国历史上各个时代的名称

3. 听后复述

生词语

| 1. 逛街(逛街) | （动） | guàng jiē | เดินเตร่, เดินเที่ยว |
| 2. 发胖(發胖) | （动） | fā pàng | (ร่างกาย) เกิดอ้วนขึ้น |

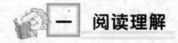

阅读（一）

写日记对健康有害

英国心理学家完成了一项有趣的研究,他们发现经常写日记对人体健康有害,经常写日记的人比不写日记的人更容易生病。人们一般认为把经历过的不幸写下来,能帮助人们解决心理和情绪的问题,但参加这个研究的心理学家说:"事实上,如果你什么都不写可能要好得多。"

这项研究邀请了九十四名经常写日记的人和四十一名不写日记的人参加,他们全都是大学生。研究者要求写日记的学生说明他们多长时间记一次日记,保持这个习惯有多长时间了,还问了这些学生是否曾经记录过不幸的经历。结果发现,经常写日记的人的健康比不写日记的人更糟,最糟的正好是那些曾经记录过不幸经历的人。

看来,写日记的人总是不能忘记那些不幸的事。但是这个研究并没有说明人们是因为写日记才发生健康问题,还是因为健康问题才开始写日记。

(据http://www.sina.com.cn 2004年9月21日《国际先驱导报》文章)

生词语

1. 有趣(有趣)	(形)	yǒuqù	น่าสนใจ
2. 有害(有害)	(形)	yǒuhài	มีผลเสีย มีโทษ
3. 经历(經歷)	(动/名)	jīnglì	[คำกริยา] มีประสบการณ์ ผ่านพ้น [คำนาม] ประสบการณ์ สิ่งที่ผ่านมา
4. 不幸(不幸)	(形)	búxìng	โชคไม่ดี โชคร้าย
5. 心理(心理)	(名)	xīnlǐ	จิตใจ
6. 保持(保持)	(动)	bǎochí	รักษาให้คงอยู่ต่อไป

选择正确答案

(1) 为什么说这个研究有趣?
　　A. 因为它研究人们的日记
　　B. 因为它的发现跟人们原来的想法不一样
　　C. 因为人们的日记都是有趣的
　　D. 因为心理学是有趣的专业

(2) 这个研究请了多少人参加?
　　A. 九十四　　B. 四十一　　C. 一百三十五　　D. 五十三

(3) 研究者不问写日记的大学生什么?
　　A. 他们写日记多长时间了　　B. 有没有遇到不幸的事情
　　C. 多长时间写一次日记　　　D. 有什么习惯

(4) "糟"的意思是:
　　A. 好　　B. 不错　　C. 一般　　D. 不好

(5) 按照文章的说法,谁最健康?
　　A. 不写日记的人　　　B. 写日记的人
　　C. 遇到不幸的人　　　D. B 和 C

(6) 这个研究发现什么?
　　A. 写日记对人体健康好
　　B. 写日记对人体健康不好

C. 人们因为写日记,所以健康发生问题

D. 人们因为健康有问题,所以写日记

阅读(二)

边读边填空或回答问题

中国人正在失去的传统文化

【四书五经】

四书包括《大学》、《中庸》、《论语》、《孟子》,五经包括《易经》、《尚书》、《诗经》、《礼记》、《左传》,这些是中国古代思想的代表。从前,所有的读书人十五岁之前就要背熟四书五经。1912年1月19日,当时的政府命令停止在小学读四书五经!结果,差不多一百年后,已经没有多少中国人能够回答出四书五经是哪几本书了。

生词语

1. 古代(古代)　　（名）　gǔdài　　สมัยโบราณ
2. 思想(思想)　　（名）　sīxiǎng　　ความคิด
3. 背熟(背熟)　　　　　bèishú　　ท่องจนคล่อง
4. 政府(政府)　　（名）　zhèngfǔ　　รัฐบาล
5. 命令(命令)　　（名）　mìnglìng　　ออกคำสั่ง, สั่ง

(1) 四书是：_____、_____、_____、_____。

(2) 五经是：_____、_____、_____、_____、_____。

(3) 1912前以前的小学生要读_____。

【诗词】

《全唐诗》有42863首,《全宋词》有19990首,李白有诗900多首,陆游有诗6000多首,这还只是中国诗词的小小的一部分。然而,现在的中国人直到中学毕业才读了多少首古典诗词呢?21世纪初,年轻一代的孩子们从周杰伦的《东风破》里才开始体会中国古典诗词的美,是不是有点儿迟了?

生词语

1.	诗词(詩詞)	（名）	shīcí	คำกลอน
2.	古典(古典)	（形）	gǔdiǎn	ตามแบบฉบับในสมัยโบราณ คลาสสิค แบบโบราณดั้งเดิม
3.	体会(體會)	（动）	tǐhuì	เข้าใจ ซาบซึ้ง

专名

周杰伦(周傑倫)　　Zhōu Jiélún　　台湾流行歌手

(1) 诗歌的量词是＿＿＿＿。
(2) 李白和陆游是两个写＿＿＿＿的人。
(3) 现在的中国人读古典诗词读得多吗？
(4) 周杰伦的《东风破》可能跟什么有关系？

【节日和风俗】

　　过春节：<u>摸门钉</u>、<u>放鞭炮</u>；元宵节：<u>吃汤圆</u>、<u>放花灯</u>、<u>扭秧歌</u>；端午节：<u>插艾条</u>、<u>挂香符</u>、<u>赛龙舟</u>；中元节：<u>盂兰盆会</u>、<u>驱傩</u>……这些节日和节日的风俗都离我们越来越远了。

　　20世纪90年代出生的孩子开始相信圣诞老人了，开始在麦当劳、必胜客里过生日。他们不知道<u>阿福</u>，没放过<u>风筝</u>，没见过<u>长命锁</u>，没上过<u>八仙桌</u>，没爬过<u>大门槛</u>，所以，传统在他们看来什么都不是了。

生词语

风俗(風俗)　（名）　fēngsú　　ขนบธรรมเนียมประเพณี

(1) 这里写了几个中国的传统节日？
(2) 中国的孩子现在还很喜欢过这些节日吗？
(3) 带下画线的都是中国的什么？

（据 http://www.sina.com.cn 2004年6月9日《新周刊》侯虹斌文）

第八课

二 写作

■ 根据主课文对话,写三篇短日记(一篇是何娜的,一篇是玛丽的,一篇是明月的。)

第九课　从前的故事

词汇及语法练习

1. 读一读

得了重病	得了感冒	得了九十分	得了第一名
吃一点儿苦	吃了不少苦		
受苦	受欢迎	受批评	
在中国出生	1987年出生		
倒茶	倒水	倒啤酒	倒咖啡　　倒一点儿牛奶
庆祝生日	庆祝毕业	庆祝庆祝	好好庆祝一下儿
照了一张相	照相照得很好	照相机	
干一杯	为健康干杯	为一百分干杯	
破船	破房子	杯子破了	鞋子破了

2. 替换练习

(1) 我是在<u>北京</u>出生、在<u>北京</u>成长的。

中国	泰国
上海	广州
芭堤雅	曼谷
马来西亚	日本

(2) 除了<u>这个叔叔</u>,他没有<u>其他</u>亲人了。

今天	别的时间
明月	别的孩子
运动	其他爱好
面包	吃别的东西
啤酒	喝其他饮料

(3) 除了你,他不相信别人。

何娜	知道还有谁
看书	喜欢做别的事
木瓜	吃别的水果
北京	想去别的地方
等待	能做别的事情

(4) 除了林先生,张明也去机场接你。

| 喜欢跳舞 |
| 给我发邮件了 |
| 会游泳 |
| 对中国历史感兴趣 |
| 是从潮州来的 |

(5) 你们是怎么找到我的?

| 来北京 |
| 知道 |
| 学会 |
| 上去 |
| 拿过来 |

(6) 你是跟谁一起来的泰国? ——我是跟父母一起来的。

照	相	伯伯	照
骑	自行车	朋友	骑
回	家乡	爷爷	回
庆祝	生日	林先生	庆祝
去	香港	亲戚	去

3. 用括号里的词语改变句式

(1) 张先生去了潮州,林先生也去了潮州。(除了)

(2) 玛丽去年在北京学汉语了。(是……的)

(3) 我们班的同学都去看足球比赛了,只有我没有去。(除了)

(4) 那些华侨坐船到泰国来了。(是……的)

(5) 何娜和爷爷一起在餐厅照了一张相。(是……的)

(6) 李丽每天只知道看书,她没有别的爱好。(除了)

(7) 林先生年轻时要读书,又要去餐厅洗盘子,生活十分困难。(除了)

4. 根据下面短文,用"是……的"问五个或更多问题,然后回答

　　昨天是李明的生日,晚上七点半李明就从家里出发了,他要和朋友一起去卡拉OK唱歌庆祝生日。因为公共汽车很挤,又堵车,所以他们只好坐出租汽车去。八点半才到卡拉OK厅。朋友们送给李明很多生日礼物。陈天请香港的亲戚帮忙买了一套运动服送给李明,因为他知道李明很喜欢锻炼身体。他们唱歌唱了四个多小时,还喝了一些啤酒,朋友们为李明的快乐干杯,一直到十二点多才回家。李明说他以前的生日从来没有这么热闹过。

5. 根据情景写对话

(1) 你的朋友刚去旅行回来,给你看他照的相。你看了后问他什么时候照的、在哪儿照的、跟谁一起去的、怎么去的。

(2) 警察抓到一个小偷(xiǎotōu/ขโมย),问他以前偷了什么,在哪儿偷的,什么时候偷的、一个人偷还是跟别人一起偷、怎么偷、然后怎么卖出去。

6. 完成句子

(1) 昨天很多同学都没去上课,除了_____。

(2) 这个孩子学习很努力,除了_____。

(3) 海关(hǎiguān/ด่านศุลกากร)检查得很严,除了_____。

(4) 他又脏又懒,从来_____。

(5) 阿里是穆斯林(mūsīlín/มุสลิม),从来_____。

(6) 何丽身体不好,从来_____。

7. 改错

(1) 你这辆汽车在哪里买了?

(2) 最近天气很不好,除了下雨,都刮大风。

(3) 从来小妹不喜欢一个人在家。

(4) 王先生终于昨天回来了。

(5) 张京这么快就到了?他坐什么车来了?

(6) 你已经知道这件事了,你怎么知道了?

(7) 玛丽从来在宿舍看书,不去图书馆。

(8) 1980年以后,林先生的公司从来跟中国做生意。

(9) 听了这个消息,除了小月不生气,别人也很生气。

8. 造句

(1) 除了

(2) 从来

(3) 终于

(4) 为

1. 听一遍会话课文,回答问题

(1)

(2)

(3)

(4)

(5)

(6)

(7)

2. 听句子,选择正确答案

(1) A. 他们家有五个孩子　　　　B. 他们家有四个孩子是曼谷生长的
　　C. 他们家哥哥最大　　　　　D. 他们家的孩子只有哥哥是在曼谷生长的

(2) A. 特别好　　B. 很漂亮　　C. 没人相信她　　D. 没上中学和大学

(3) A. 吃饭　　　B. 照相　　　C. 吃苦　　　　　D. 去银行

(4) A. 她大学毕业了　　　　　　B. 她不跟父母一起住
　　C. 今天过生日　　　　　　　D. 怎么庆祝生日

(5) A. 很健康　　B. 没来　　　C. 喜欢喝酒　　　D. 身体不太好

3. 听短文,判断正误

(1) 林广山结婚后生了三个孩子。□
(2) 林阿才学习特别好。□
(3) 林广山很喜欢林大海。□
(4) 林大海常常听父亲讲家乡的事情。□
(5) 林大海得了重病。□
(6) 林阿才常常想念家乡。□
(7) 他们的家乡有山也有河。□
(8) 林阿才是坐船离开家乡的。□
(9) 林阿才不知道他有亲人在泰国。□
(10) 父亲去世以后,林大海决定要回家乡。□

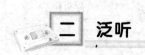

二 泛听

1. 听对话,选择正确答案

(1) A. 好成绩   B. 一个工作   C. 一种小病   D. 一种重病
(2) A. 在家里喝酒   B. 在餐厅喝酒   C. 在商店买酒   D. 在中国旅行
(3) A. 因为这个时代的女人也能受到好的教育
    B. 因为她们的英语也说得很好
    C. 因为奶奶受过很好的教育
    D. 因为生活在这个时代的女人都不简单
(4) A. 她正在哭呢   B. 她考得不好   C. 她平时爱哭   D. 她平时不努力
(5) A. 1949 年   B. 1987 年   C. 1978 年   D. A 和 C

2. 听短文,回答问题

生词语

1.	大使(大使)	(名)	dàshǐ	เอกอัครราชทูต
2.	国书(國書)	(名)	guóshū	สาส์นตราตั้ง
3.	到任(到任)	(动)	dào rèn	เข้ารับตำแหน่ง
4.	建设(建設)	(动)	jiànshè	ปลูกสร้าง
5.	各方面(各方面)		gè fāngmiàn	แต่ละด้าน

6. 合作(合作)	（动）	hézuò	ร่วมมือ
7. 赞扬(贊揚)	（动）	zànyáng	สรรเสริญ
8. 成立(成立)	（动）	chénglì	ก่อตั้ง สถาปนา

(1)
(2)
(3)
(4)
(5)
(6)
(7)
(8)

3. 听后复述

注释

1. 作为(作爲)	（动）	zuòwéi	ในฐานะ
2. 知识(知識)	（名）	zhīshi	ความรู้
3. 行长(行長)	（名）	hángzhǎng	ผู้ที่ดำรงตำแหน่งสูงสุดในธนาคาร (ผู้จัดการ หรือ ผู้อำนวยการ)
4. 正确(正確)	（形）	zhèngquè	ถูกต้อง

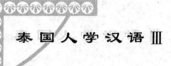

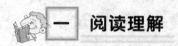

阅读(一)

泰国华侨的历史

华人,尤其是从中国南方沿海各省,如广东、福建、海南等省来的华人,早在七百年前的素可泰王朝的时候就开始移民到泰国来了。曼谷王朝第三世、第四世国王统治的时期,是华人来泰国人数最多的时期。当时,中国很乱,人民生活很苦,很多人没有饭吃。而那时的泰国是一个开明的国家,对外国人很友好,给他们很多机会。所以,很多泰国华侨就是在那个时候来到泰国的。

百分之九十的华人来到泰国的时候,都是两手空空,什么都没有的。他们大多数是从中国南方的农村来的,没有受过什么教育。但是,他们在泰国国王、政府和泰国人的保护、支持和帮助下,非常努力地工作,吃了非常多的苦,很多人终于拥有了自己的商店、工厂、银行……他们在泰国成立了家庭,生了根。

第二代、第三代的华人都是真正的泰国人了。他们中很多人的中文都不太好了,还有很多人只会讲泰语。但是中国传统的文化、风俗和习惯仍然保持在华裔家庭和社区中,并且成为泰国多元文化传统的一部分。

生词语

1.	华人(華人)	(名)	huárén	ชาวจีนโพ้นทะเล
2.	王朝(王朝)	(名)	wángcháo	ราชวงศ์
3.	国王(國王)	(名)	guówáng	พระมหากษัตริย์
4.	开明(開明)	(形)	kāimíng	เปิดกว้าง
5.	机会(機會)	(名)	jīhuì	โอกาส
6.	政府(政府)	(名)	zhèngfǔ	รัฐบาล
7.	生根(生根)	(动)	shēng gēn	ตั้งรกราก หยั่งราก

8. 华裔(華裔)	(名)	huáyì	ลูกหลานชาวจีน
9. 社区(社區)	(名)	shèqū	เขตชุมชน
10. 多元(多元)	(形)	duōyuán	หลากหลาย

选择正确答案

(1) 华人是从什么时候开始来泰国的？
    A. 素可泰王朝　　　　　　　B. 公元700年
    C. 曼谷王朝　　　　　　　　D. 第三世国王、第四世国王的时候

(2) 以下哪个不是华人来泰国的原因？
    A. 中国生活不好　　　　　　B. 中国很乱
    C. 泰国是个开明的国家　　　D. 中国没有住的地方

(3) 一个人"两手空空"是说他：
    A. 有空儿　　　　　　　　　B. 手有病
    C. 没拿东西　　　　　　　　D. 没有财产(ทรัพย์สมบัติ)

(4) 关于来泰国的华侨，哪个句子不对？
    A. 他们中有很多有钱人　　　B. 很多人很穷
    C. 很多人是农民　　　　　　D. 很多人是南方人

(5) 第二代、第三代泰国华人怎么样？
    A. 汉语很好　　　　　　　　B. 是真正的泰国人
    C. 还保持了很多中国的传统　D. B 和 C

阅读(二)

德国老师的问题

    我在中国当计算机老师。在班上，我常常问学生："你们懂了吗？"学生们总是回答："懂了。"但是如果接着问他们一个专门的问题，却没有一个人能够回答得出来。现在我已能肯定，虽然中国学生常常说他们都懂了，但其实他们许多人都没听懂。

    我不明白为什么中国学生不愿意承认他们有不懂的地方呢？

1. 选择正确答案

(1) 因为害怕受到老师的批评，所以中国学生不愿意向老师承认自己没听懂。
    A. 很对　　　　B. 对　　　　C. 不太对　　　　D. 不对

(2) "听不懂"的原因有两个:第一个,学生学得不好;第二个,老师教得不清楚。中国学生不想让别人知道他们学得不好,他们也不愿意批评老师,所以他们不说真话。
A.很对　　　B.对　　　C.不太对　　　D.不对

(3) 学生认为说"听懂了"能让老师高兴,这样老师就不会再问其他问题,同时也不会受到老师批评。
A.很对　　　B.对　　　C.不太对　　　D.不对

(4) 因为学生觉得再听一遍课文的内容很没意思,所以他们说都懂了。
A.很对　　　B.对　　　C.不太对　　　D.不对

生词语

1. 计算机(計算機)　　(名)　　jìsuànjī　　เครื่องคิดเลข
2. 接着(接著)　　(连)　　jiēzhe　　ต่อ ต่อไป
3. 专门(專門)　　(形/副)　　zhuānmén　　เฉพาะ เฉพาะทาง
4. 承认(承認)　　(动)　　chéngrèn　　ยอมรับ

2. 讨论
(1) 请跟坐在你旁边的同学讨论一下你们选择的答案。
(2) 对这些问题,泰国学生又怎么样呢?

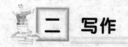

二　写作

跟你的爷爷奶奶(父亲的父母亲)或者外公外婆(母亲的父母亲)谈一谈,然后写一写他们的故事。

第十课　一个民工的账单

词汇及语法练习

1. 根据课文判断正误

   (1) 中国有十亿多农民。□
   (2) "民工"就是农民做的工作。□
   (3) 我们公司大楼在火车站前边。□
   (4) 车站广场有很多民工。□
   (5) 帮我们公司搬东西的民工三十多岁。□
   (6) 那个民工每个月可以省七百七十块钱。□
   (7) 那个民工每天工作十二个小时。□
   (8) 那个民工最喜欢看电视。□
   (9) 那个民工如果每个月能挣八百块钱就很满意了。□
   (10) 我忘了那个民工是哪里人了。□

2. 写出反义词

   穿——　　甜——　　输——　　阴——　　干净——
   笑——　　高——　　进——　　上——　　安全——

3. 选词填空,每个只能用一次

   批评　决定　交　送　省　顺便　结果　原谅　离开　寄　以后　后来

   (1) 他做了那么多让我生气的事情,我怎么能_____他呢?
   (2) 我已经_____下个学期去广州学习汉语了。

(3) 今天我们要_____报告了,你写完了没有?
(4) 王老师说如果我_____再不交作业就不能原谅我了。
(5) 陈明要_____钱给弟弟买一件生日礼物,所以他最近都不去玩儿了。
(6) 我_____父母的时候真想大哭一场,但是终于没哭出来。
(7) 老师_____小丽没有请假就不来上课。
(8) 何娜以前因为马虎吃了不少苦,所以_____就非常注意了,现在她不马虎了。
(9) 丽娜经过邮局时_____买了一些邮票。
(10) 新买的照相机还不太会用,_____照出来的照片不太清楚。
(11) 玛丽的妈妈给她_____来了一些吃的东西,她刚才去邮局拿回来了。
(12) 我想要一个面条,你能不能替我_____过来?

4. 给句子后边的词语找一个合适的位置

(1) 昨天的庆祝会上我们照相、喝了酒,还一起唱了一首歌。(了)
(2) 经过多年的努力,何娜考上了一所有名的大学。(终于)
(3) 陈平打算改变的决定。(从前)
(4) 除了房租、水电这些支出以外,每个月要交管理费。(还)
(5) 这件事要经过多次讨论可以决定。(才)
(6) 等球赛赢了我们一起庆祝吧。(再)
(7) 一有结果我马上通知你。(就)
(8) 留学生学习的阅览室没停过电。(从来)
(9) 我的同屋写了一会儿日记才出去玩儿的。(又)
(10) 母亲去医院照顾得病的孩子,在商店买了一些孩子爱吃的零食。(顺便)

5. 判断正误并改错

(1) 何娜除了会说汉语以外,都会说英语。□
(2) 二十年从前,爷爷吃了很多苦。□
(3) 父亲从来没离开家。□
(4) 今天早上丽丽十点才回来了。□
(5) 下星期李明又请假。□
(6) 一会儿我先去银行,后来去球场看比赛。□
(7) 小张寄信去邮局。□
(8) 手表响了再我们起床。□

6. 把句子翻译成泰文

(1) 要交管理费是我后来才听说的。

(2) 桌子上都是你的书,快收拾收拾吧。

(3) 除了报纸以外,小明还买了不少杂志。

(4) 这个孩子吃了不少苦,他一出生父亲就得病死了。

(5) 母亲每天下班就顺便买些菜回来。

(6) 除了冰激凌,别的零食她都不爱吃。

(7) 玛丽去阅览室看书去了。

(8) 今天晚上你是不是要招待客人?

7. 连词成句

(1) 客人 就 倒 干杯 酒 点儿 了 我 再 他 给

(2) 是 王小明 父母 想 是 了 不

(3) 陈老师 走 看见 球场 了 进 张月 去

(4) 终于 李力 做 危险 不 事 了 的 决定 件 那

(5) 以前 张林 离开 三年 是 家乡 的

(6) 是 留学生 除了 不 就 别的 人 不用 参加 是 了

(7) 动物园 没 他们 照相 照 在

(8) 人 的 看 周围 热闹 的 是 都

8. 完形填空

二十二岁的马天明大学毕业_____找到了一份当记者的工作,因为他是学新闻_____。每天忙得要死,早上六点_____要起床,晚上过了十点_____能回到家。虽然很累,而且父母也反对,说这样的生活没有姑娘会喜欢的,_____找女朋友呢?_____他自己却非常喜欢这份工作。到了周末,时间就是自己_____了,可以去打打球、看看电影、和朋友聊聊天、跳跳舞、唱唱歌,他觉得这样的生活愉快_____了。马天明说,等以后有了假期,_____的钱多了,就去旅游,_____要在国内旅游,而且还要到国外去旅游,_____自己的生活一定会比现在更有意思。

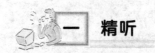

1. 听一遍会话课文,回答问题
   (1)
   (2)
   (3)
   (4)
   (5)
   (6)
   (7)
   (8)

2. 听句子,选择正确答案
   (1) A. 生活费　　　　B. 房租　　　　C. 水电费　　　　D. 通讯费
   (2) A. 这个公司的人常常打很多电话　　B. 这是一个电话公司
       C. 公司这个月打的电话比平时多　　D. 这个月公司收到很多不正常的电话
   (3) A. 二百亿　　　　B. 九百亿　　　　C. 一千一百亿　　D. 一千三百亿
   (4) A. 他的收入和支出差不多　　B. 他的钱都在银行里
       C. 他的收入比支出多　　　　D. 他的收入没有支出多
   (5) A. 九点以前　　　B. 九点　　　　C. 九点以后　　　D. 不知道

3. 听对话,判断正误
   (1) 老张在城市里工作的收入比在农村高。□
   (2) 老张一天三餐都在外边吃。□
   (3) 老张有四个同屋。□
   (4) 老张两天抽一包烟。□

(5) 老张基本上不坐公共汽车。□
(6) 老张的太太身体不好。□
(7) 老张的儿子已经是高中学生了。□
(8) 老张的太太和老张的妈妈住在一起。□
(9) 老张不知道为什么洗衣服比买衣服贵。□
(10) 老张觉得以后的生活会好的。□

二 泛听

1. 听对话,选择正确答案

(1) A. 看完了 B. 还有很多没看
    C. 就快看完了 D. 可能看完了,也可能没看完

(2) A. 看电视 B. 弄电视 C. 修理电视 D. 请人修理电视

(3) A. 女的刚来曼谷 B. 男的有地图和旅游书
    C. 女的周末可能要带徐老师去玩儿 D. 男的对曼谷不是很熟悉

(4) A. 报纸的 B. Yìndù 的 C. 火车的 D. 国内的

(5) A. 5月他的收入没有支出多 B. 他不知道应该挣多少钱
    C. 要用钱的地方太多了 D. 他想知道自己挣的钱够不够

2. 听短文,选择正确答案

生词语

1.	出租车(出租車)	(名)	chūzūchē	รถแท็กซี่
2.	司机(司機)	(名)	sījī	คนขับรถ
3.	胆小(膽小)	(形)	dǎnxiǎo	ขี้ขลาด
4.	退休(退休)	(动)	tuì xiū	ปลดเกษียณ
5.	危险(危險)	(形)	wēixiǎn	อันตราย
6.	完整(完整)	(形)	wánzhěng	ครบถ้วน สมบูรณ์
7.	牙齿(牙齒)	(名)	yáchǐ	ฟัน

专名

● 纽约(紐約)　　　Niǔyuē　　　นิวยอร์ค

■ 选择正确答案

(1) A. 很有趣　　B. 开车开得很快　　C. 英语说得很好　　D. 不欢迎胆小的人

(2) A. 一种车　　B. 开车　　C. 一种飞机　　D. 开车开得很快

(3) A. 飞机场　　B. Kěnnídí 机场　　C. 纽约　　D. 运动场

(4) A. 因为他想当出租车司机　　B. 因为他怕危险

　　C. 因为他不喜欢运动　　D. 因为他牙齿很好

(5) A. 坐出租车比危险的运动更危险　　B. 危险的运动比坐出租车危险

　　C. 坐出租车对牙齿不好　　D. 危险的运动对牙齿不好

3. 听后复述

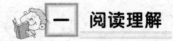

阅读(一)

德国老师的问题：答案

1. 这个答案不太正确,因为老师从来不想惩罚学生,学生也不会因此觉得害怕。

2. 这个答案是最正确的。在中国,一个老师,特别是讲计算机这样重要课程的老师,一般地位都比较高。因此学生如果在他面前承认自己不懂,会觉得很不好意思。而且,教师也会觉得可能是因为自己教得不好,所以学生才不懂。如果学生承认自己不懂,就等于是在批评老师,这是非常不礼貌的。

3. 这个答案也正确。但是,再仔细想想,这个答案有点儿太简单了。

4. 这个答案肯定是错的。在中国,反复地讲解课程的内容是重要的教学方法。中国的传统教育方法常常要求学生一个字一个句子地重复老师讲的内容。

生词语

1.	惩罚(懲罰)	(动)	chéngfá	ปรับ ทำโทษ
2.	因此(因此)	(连)	yīncǐ	ดังนั้น ด้วยเหตุนี้
3.	害怕(害怕)	(动)	hàipà	กลัว เกรงกลัว
4.	地位(地位)	(名)	dìwèi	ฐานะ สถานภาพ
5.	等于(等於)	(动)	děngyú	เท่ากับ
6.	礼貌(禮貌)	(形)	lǐmào	มารยาท
7.	反复(反復)	(副)	fǎnfù	ซ้ำไปซ้ำมา ทบทวนไปมา

讨论

(1) 这个答案跟你的一样吗?

(2) 在泰国,老师会因为学生不懂而批评或惩罚学生吗?

(3) 你怕老师吗?

(4) 在你承认不懂的时候,会觉得不好意思吗?

(5) "教师也会觉得可能是因为自己教得不好,所以学生才不懂。如果学生承认自己不懂,就等于是在批评老师,这是非常不礼貌的。"在泰国也是这样吗?

(6) 在泰国,"反复/重复"是重要的教学方法吗?

阅读(二)

那么,德国老师应该怎么办呢?

因为中国学生不愿意也不能向老师承认自己有不懂的地方,所以德国老师只好通过别的方法去了解学生是不是听懂了,比如他可以安排作业、测验或者是通过巧妙的提问来检查学生对某一个内容是不是懂了。另一个方面,教师可以单独跟学生在教室以外的地方谈话。在这种情况下,学生会认为承认自己不懂不会使老师和自己没面子。

生词语

1.	通过(通過)	(动)	tōngguò	ผ่าน อาศัย(วิธี)
2.	巧妙(巧妙)	(形)	qiǎomiào	ฉลาดหลักแหลม เลิศล้ำ

3. 检查(檢查)　　　（动）　　jiǎnchá　　　　ตรวจสอบ
4. 单独(單獨)　　　（形）　　dāndú　　　　เดี่ยว ตัวต่อตัว
5. 没面子(沒面子)　　　　　méi miànzi　　ขายหน้า เสียหน้า

■ 回答问题

（1）德国老师可以用几种方法了解学生懂不懂他讲的内容？它们都是什么？

（2）在上课的时候，老师说什么或者做什么会让你觉得"没面子"？

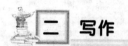 二　写作

1. 写一写你一个月的账单。

2. 跟母亲谈一谈，写一写你家的账单。

第十一课　我还要再来一次

词汇及语法练习

1. 读一读

负责接待	负责介绍	负责安排	负责打扫	负责翻译
负责联系	负责招待	负责照顾	负责制造	负责转告
浪费胶卷	浪费电	浪费水	浪费钱	浪费时间
照顾病人	照顾老人	照顾父母	照顾孩子	照顾学生
照顾女孩子	照顾家庭	照顾爱人	照顾自己	照顾别人
很准确	准确地说	说得很准确	准确完成	完成得很准确
金色	红色	黑色	白色	蓝色
绿色	黄色	银色	灰色	

2. 替换练习

(1) 我觉得非常有意义。

　　抱歉
　　难过
　　准确
　　放心
　　羡慕
　　感兴趣
　　满意

(2) 我还要再来一次。

　　照
　　摸
　　试
　　重复
　　检查
　　解释
　　举行
　　庆祝

(3) 又该吃了。
提那件事
难过
带病人去医院
着急
干杯
照相

(4) 吃了三次药了。
照　　相
参观　寺庙
倒　　茶
出　　意外
谈　　恋爱
交　　电费
记　　账

(5) 一句　话　重复好几遍。
个　故事　讲
本　杂志　看
个　问题　解释
首　歌　　唱
张　报纸　读
个　地方　参观

(6) 别再提难过的事了。
迟到
哭
骄傲
离婚
浪费时间
开玩笑
喝酒
抽烟

3. 连词成句

(1) 请 的 位 广州 我们 吧 再 那 历史 给 讲 先生 一遍
(2) 的 我 客人 当 来 负责 给 中国 导游 从
(3) 我 你 那么 感情 好 真 羡慕 父母
(4) 别 三次 种 吃了 药 那 一天 忘
(5) 回 春天 跟 一次 要 中国 明年 我 你
(6) 我 有意义 寺庙 非常 去 觉得 参观
(7) 就 的 很 表姐 和 亲 一 小平 他 见面
(8) 别 的 件 再 难过 事 这 提 了 离婚
(9) 老师 昨天 一次 她 批评 了
(10) 蓝天 像 家乡 有 的 绿草 一样 这里

4. 选词填空

(1) 婶婶_____给表叔写了一封信。(又、再)

(2) 导游要_____带游客们去一次大皇宫。(又、再)

(3) 明天,我_____给你们介绍一下大学的情况。(又、再)

(4) 我_____想重复一遍。(还、再)

(5) 我们通了_____电话。(一次、一遍)

(6) 那个电影太有意思了,我一个星期看了_____。(两次、两遍)

(7) 一年里,他们搬_____家。(三次、三遍)

(8) 小张给老李倒了_____水。(一点儿、一下儿)

(9) 小张跟老李讨论了_____这个问题。(一点儿、一下儿)

(10) 请你通知_____大家。(一点儿、一下儿)

5. 用括号里的词语改写句子

(1) 我上午读第十五课课文,下午又读第十五课课文。(遍)

(2) 表叔 1995 年来泰国,1997 年又来泰国。(次)

(3) 昨天,父亲打我了。(顿)

(4) 我们决定相信他。(次)

(5) 这个故事太古老了,我上午读,没读完,下午读也没读完。(次)

(6) 老师让我们记这一课的生词,从第一个到最后一个。(遍)

6. 完成句子

(1) 他的眼睛是蓝色的,像_____。

(2) 老师对我的学习生活都非常关心,就像_____。

(3) 要是_____,我们就一言为定。

(4) 要是_____,导游就不带我们去参观了。

(5) 这个故事很有趣,我还_____。

(6) 我又_____,没错,这个月的支出就是 1223.5 元。

7. 造句

(1) 负责

(2) 觉得

(3) 例如

(4) 一……就……

8. 根据课文回答问题

　　(1) 小平做什么工作？
　　(2) 小平负责接待从哪儿来的客人？
　　(3) 小平觉得这个工作怎么样？
　　(4) 大海说"就像一座桥"是什么意思？
　　(5) 数码相机要用胶卷吗？
　　(6) 大海和小平是什么关系？
　　(7) 这个冬天，明月得了几次病？
　　(8) 明月应该多长时间吃一次药？
　　(9) 明月为什么羡慕何娜？
　　(10) 让明月难过的一件事是什么？

1. 听一遍会话课文，回答问题

　　(1)
　　(2)
　　(3)
　　(4)
　　(5)
　　(6)
　　(7)
　　(8)

2. 听句子，选择正确答案
　　(1) A. 专人　　　　　B. 小张　　　　C. 小李　　　　　D. 小王
　　(2) A. 我们没有钱　　　　　　　B. 我们有一分钱
　　　　C. 我们不能浪费　　　　　　D. 我们有花
　　(3) A. 造句　　　　　B. 改文章　　　C. 重复以前说的话　　D. 写文章
　　(4) A. 因为他和张文不合适　　　B. 因为他认为张文和小凡不合适
　　　　C. 因为他和张文、小凡不合适　D. 因为他和小凡不合适
　　(5) A. 我很热情　　B. 我工作很忙　　C. 我家里有很多人　　D. 我亲戚很多

3. 听短文，判断正误
　　(1) 林小平和何娜在同一个中学学习汉语。□
　　(2) 林小平每星期一和星期六学汉语。□
　　(3) 林小平和何娜每个星期一下午一起学习。□
　　(4) 何娜比较高。□
　　(5) 旅行以前，林小平就常常跟何娜聊天。□
　　(6) 暑假时，何娜和林小平跟其他同学一起去中国旅行。□
　　(7) 旅行以前，他们就是好朋友了。□
　　(8) 林家和何家离得很远。□
　　(9) 在中文学校，何娜就是林小平的女朋友。□
　　(10) 林小平用汉语说请何娜做他的女朋友。□

二 泛听

1. 听对话，选择正确答案
　　(1) A. 现在　　　　B. 明天　　　　C. 前几天　　　　D. 他不知道表叔要来
　　(2) A. 是个难过的人　　　　　　B. 是个有感情的人
　　　　C. 可能不太好　　　　　　　D. 对话中没有说
　　(3) A. 是 Lín Dàiyù 的妈妈的哥哥　B. 是 Xuē Bǎochāi 的妈妈的哥哥
　　　　C. 是 Lín Dàiyù 的表哥　　　D. 是 Xuē Bǎochāi 的表哥
　　(4) A. 他们以前是同学　　　　　B. 他们的工作
　　　　C. 男的不去找王京生　　　　D. 他们住在哪里

(5) A. 花园、蓝天和草地 　　　　　　　　B. 蓝天、草地和树林
　　 C. 美丽的花园、蓝天、树林和草地　　D. 梦、花园、蓝天、树林和草地

2. 听短文，选择正确答案

生词语

1.	海啸(海嘯)	(名)	hǎixiào	คลื่นสึนามิ
2.	灾难(災難)	(名)	zāinàn	ภัยพิบัติ
3.	经历(經歷)	(动)	jīnglì	ประสบการณ์
4.	被(被)	(介)	bèi	ถูก
5.	冲(衝)	(动)	chōng	กระแทก
6.	安慰(安慰)	(动)	ānwèi	ปลอบใจ
7.	失踪(失踪)	(动)	shīzōng	สูญหาย

专名

印度洋(印度洋)　　　　　　Yìndù Yáng　　　　　　มหาสมุทรอินเดีย

(1) A. 在海啸中受伤的孩子　　　　　　　B. 难过和害怕的孩子
　　 C. 在海啸中失去父母或兄弟姐妹的孩子　D. 经历了海啸的孩子

(2) A. 害怕、难过　　　　　　　　　　　B. 身体不好
　　 C. 忘了他们的父母或兄弟姐妹　　　　D. 关心别人

(3) A. 给他们很好的学校　　　　　　　　B. 让他们认识新朋友
　　 C. 让他们回到学校　　　　　　　　　D. 告诉他们不要难过

(4) A. 漂亮的学校　　　　　　　　　　　B. 有好老师的学校
　　 C. 安全的学校　　　　　　　　　　　D. 这些孩子以前的学校

(5) A. 因为他们希望失踪的孩子会回来　　B. 因为他们想念失踪的孩子
　　 C. 因为他们想安慰其他孩子　　　　　D. 短文没有说

3. 听后复述

注释

1. 谎言(謊言)	(名)	huǎngyán	คำโกหก
2. 真理(眞理)	(名)	zhēnlǐ	สัจธรรม
3. 随着(隨着)		suízhe	พร้อมกับ
4. 别提有多X了。		bié tí yǒu duō X le.	非常 X
(别提有多X了。)			เป็น x มาก

阅读(一)

体恤之心

2004年12月11日,台湾作家龙应台在中山大学进行了一场演讲"如果我是中国大学生"。她讲到了年轻人应该有体恤之心。

她首先举出苹果的例子:"在一篮有一部分开始变坏的苹果里,我发现我的很多同龄人都会从变坏的那些苹果开始吃,觉得这样不会浪费;而绝大部分的年轻人都会选择好的,这样就知道了好的味道在哪里。这是为什么?因为我们这一代人有贫穷的记忆。"

她说:"我在海边渔村里长大,母亲编织渔网,十天工夫不眠不休,手都磨破出血,才领回八十元。那情景,永远在我的记忆里。我们这一代人在这样的环境中成长,使我们懂得珍惜,懂得疼爱。"

龙应台认为一些在上世纪七十年代末、八十年代初出生的大学生、研究生没有贫穷的记忆,体验不了父辈们的艰苦,这样是很危险的。

"每个人,特别是希望成功的人,哪怕没有贫穷的记忆,也要知道体恤,体恤那些和你们生活在同一个社会环境中的比你们穷困、比你们弱小的人。真正体恤了他们,才能真正了解这个社会。"龙应台说。

（据谢苗枫文）

生词语

1. 体恤（體恤） （动） tǐxù เห็นอกเห็นใจ
2. 作家（作家） （名） zuòjiā นักประพันธ์ ผู้แต่ง
3. 演讲（演講） （名） yǎnjiǎng สัมมนา ปาฐกถา
4. 选择（選擇） （动） xuǎnzé เลือก
5. 代（代） （名） dài รุ่น ยุค
6. 记忆（記憶） （名） jìyì ความจำ ความทรงจำ
7. 珍惜（珍惜） （动） zhēnxī รักและทะนุถนอม
8. 体验（體驗） （动） tǐyàn ประสบการณ์จากตัวเอง เผชิญด้วยตนเอง
9. 危险（危險） （形） wēixiǎn อันตราย

选择正确答案

(1) "同龄人"的意思是：
 A. 同学　　　　　B. 同事　　　　　C. 一样大的人　　D. 一样穷的人
(2) 关于"渔村"，哪个不对？
 A. 不是城市　　　B. 有很多鱼　　　C. 在海边　　　　D. 人都很穷
(3) "不眠不休"的意思是：
 A. 不睡觉不休息　　　　　　　　　B. 不睡觉不放假
 C. 不吃饭不休息　　　　　　　　　D. 不看电视不休息
(4) 龙应台希望大学生：
 A. 都有贫穷的记忆　B. 能够成功　　C. 了解社会　　　D. 懂得体恤
(5) 这篇文章的主要观点是：
 A. 现在年轻人的生活太好了　　　　B. 龙应台在中山大学演讲
 C. 大学生怎么样才能成功　　　　　D. 年轻人应该有体恤之心

阅读（二）

1. 边读边填空

(1) 印度尼西亚亚齐省遇难人数近_____。

(2) 30 日,斯里兰卡遇难人数上升了近_____人。
(3) 可能有_____名瑞典人在灾难中死去。
(4) 在_____名失踪的游客中,大部分是欧洲人。
(5) 除了世界银行援助的_____美元,全世界还提供了_____美元左右的援助。

亚洲海啸遇难人数过 12 万

根据有关方面 12 月 30 日进行的统计,在印度洋海啸地震中遇难的人数已经超过 12 万人。

印度尼西亚卫生部官员称,受灾最严重的亚齐省已经有近 8 万人死亡。斯里兰卡的遇难人数在 30 日上升了近 3000 人,目前死者总数为 27268 人。印度大约为 1.3 万。

在泰国,目前已发现有至少 2230 名外国人死亡。瑞典首相约兰·佩尔松表示,可能共有 1000 多名瑞典人死于这次灾难。到目前为止,还有大约 5000 名游客失踪,其中大部分为欧洲游客。瑞士表示有大约 850 名瑞士游客失踪。

尽管遇难人数不断上升,但有关方面称,在今后的几周内都不可能清楚地知道这次灾难的伤亡数字和损失(1)。国际卫生组织危机小组负责人纳巴罗指出:"约有 500 万人不能得到他们生存所必需的物品(2)。"

日前,世界银行提供了 2.5 亿美元援助,使国际援助总额上升至 5 亿美元左右。

(据 2004 年 12 月 31 日《中国日报》网站大宝、王建芬文)

生词语

1.	海啸(海嘯)	(名)	hǎixiào	สึนามิ
2.	遇难(遇難)	(动)	yùnàn	ประสบภัย
3.	灾(难)(災(難))	(名)	zāi(nàn)	ภัยพิบัติ เภตุภัย
4.	失踪(失踪)	(动)	shīzōng	หายสาบสูญ สาบสูญ
5.	损失(損失)	(动)	sǔnshī	ความเสียหาย เสียหาย
6.	必需(必需)	(形)	bìxū	จำเป็นต้อง
7.	国际(國際)	(名)	guójì	นานาชาติ ระหว่างประเทศ
8.	援助(援助)	(动)	yuánzhù	การสงเคราะห์ การช่วยเหลือสนับสนุน

专名

1.	亚洲(亞洲)	Yàzhōu	ทวีปเอเชีย

2. 印度洋(印度洋)　　　　Yìndù Yáng　　　มหาสมุทรอินเดีย
3. 印度尼西亚(印度尼西亞)　Yìndùníxīyà　　อินโดนีเซีย
4. 斯里兰卡(斯里蘭卡)　　Sīlǐlánkǎ　　　ศรีลังกา
5. 印度(印度)　　　　　Yìndù　　　　อินเดีย
6. 瑞典(瑞典)　　　　　Ruìdiǎn　　　สวีเดน
7. 瑞士(瑞士)　　　　　Ruìshì　　　สวิสเซอร์แลนด์

2. 句子理解(ความเข้าใจประโยค)

(1) "在今后的几周内都不可能清楚地知道这次灾难造成的伤亡数字和损失"：
　① "在今后的几周内"的意思是：
　　A. 几个星期以后　　B. 几个星期里　　C. 几个月以后　　D. 几个月里
　② "伤亡数字"是：
　　A. 受伤的人的数字　B. 遇难的人的数字　C. 失踪的人的数字　D. A 和 B
　③ 这句话的意思是：
　　A. 很快就能知道这次灾难中有多少人受伤、遇难、损失多大
　　B. 这次灾难中,多少人受伤、遇难,损失多大,要很长时间才能知道
　　C. 很快就能知道这次灾难中有多少人受伤、失踪,损失多大
　　D. 这次灾难中,多少人受伤、失踪,损失多大,要很长时间才能知道

(2) 根据"约有500万人不能得到他们生存所必需的物品",我们可以推测(คาดคะเน คาดการณ์)：
　　A. 差不多 500 万人可能没有食物和水
　　B. 差不多有 500 万人可能没有生孩子需要的东西
　　C. 差不多有 500 万人可能没有新衣服
　　D. 差不多有 500 万人可能没有钱

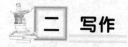

二　写作

介绍一个你去了几次的地方或者你看了几遍的电影/书。

第十二课　每天只学习十五到三十分钟汉语

词汇及语法练习

1. 读一读

上学	上小学	上中学	上初中	上高中	上大学
小学一年级	小学二年级	小学三年级	小学四年级	小学五年级	
小学六年级					
初中一年级	初中二年级	初中三年级			
高中一年级	高中二年级	高中三年级			
大学一年级	大学二年级	大学三年级	大学四年级		
进修汉语	进修泰语	进修英语			
新学年	新学期	新生	新年	新学校	新楼
科学家	教育家	旅行家	银行家	政治家	作家
放假	放暑假	放寒假	放长假	放两次假	
做调查	做生意	做测验	做解释	做介绍	做研究

2. 替换练习

(1) 今天,他们打了一个多钟头。

| 争 |
| 选 |
| 考 |
| 呆 |
| 哭 |
| 爬 |

(2) 我放四十五天暑假。

请	病假
进修	英语
要住	医院
做	调查
当	导游

(3) 经理考了 他半小时。　　　　　　(4) 他们恋爱都谈了七年了。

　　找　　半天　　　　　　　　　　　汉语　　学
　　批评　十分钟　　　　　　　　　　书　　　念
　　等　　一个钟头　　　　　　　　　大学　　考
　　照顾　一年　　　　　　　　　　　生意　　做
　　　　　　　　　　　　　　　　　　队长　　当
　　　　　　　　　　　　　　　　　　烟　　　抽

(5) 她已经　去了　三年了。　　　　　(6) 每天只学习十五到三十分钟汉语。

　　比赛　　开始　　半小时　　　　　记　　　账
　　古迹　　发现　　好几年　　　　　听　　　广播
　　大为　　毕业　　三个月　　　　　复习　　课文
　　她　　　离开　　半年　　　　　　走　　　路
　　上班时间 改　　 一星期　　　　　锻炼　　身体
　　　　　　　　　　　　　　　　　　读　　　报纸

3. 连词成句

(1) 汉语　北京　月　进修　个　明年　要　我　三　去
(2) 每年　四　星期　放　五　寒假　冬天　个　我们
(3) 我　年　认识　哥哥　小张　十　了
(4) 年级　张老师　在　小　一　了　个　测验　一　做
(5) 一　二　年级　年级　学生　学生　刻苦　没有　学习
(6) 都　太　学习　他们　认真　不　态度　的
(7) 这　可以　找　问题　去　自己　答案　个　我们
(8) 义务　都是　在　小学　教育　中国　和　初中
(9) 先　调查　做　内容　介绍　我们　调查　的　再
(10) 小明　母亲　一个　科学家　的　社会　是

4. 判断正误,并改正错误

(1) 我弟弟中学四年级了。□　　　　(2) 北京的大学放多长时间假？□
(3) 我打了他一下子。□　　　　　　(4) 他一下子就做完作业了。□
(5) 每天,我学习了一小时汉语。□　 (6) 昨天,我等了他一小时。□

(7) 老师发现一个月问题了。□   (8) 我来北京旅游一星期了。□
(9) 他来泰国已经三月了。□   (10) 东南亚人比东亚人快乐据说。□

5. 选词填空

(1) 我＿＿＿＿他们已经考上中学了。（听说/据说）

(2) ＿＿＿＿，有些动物比人更有感情。（听说/据说）

(3) ＿＿＿＿开始放假，放＿＿＿＿。（2月/两个月）

(4) 现在是十点＿＿＿＿，大家可以休息＿＿＿＿。（五分/五分钟）

(5) 他已经打了三＿＿＿＿游戏了。（钟头/小时）

(6) 听到那个令人难过的消息，母亲＿＿＿＿就大哭起来。（一下儿/一下子）

(7) 很多社会科学家＿＿＿＿快乐跟富不富没有关系。（认为/觉得）

(8) 刻苦地学习了一年，我＿＿＿＿很累。（认为/觉得）

    部分　刻苦　控制　答应　准　发现　看法　答案　呆　分成　部分

    我＿＿＿＿很多中国父母喜欢＿＿＿＿自己的孩子。他们的孩子除了上学，都要＿＿＿＿在家里＿＿＿＿地学习。父母不＿＿＿＿孩子有自己的安排。这样，孩子们慢慢地＿＿＿＿了两种：一＿＿＿＿孩子非常听父母的话，父母说什么他们都＿＿＿＿，对事情没有自己的＿＿＿＿；另一＿＿＿＿孩子不但不听父母的，而且很不愿意跟父母在一起，有时会变得很"坏"。怎么办？＿＿＿＿在哪里？

6. 回答问题

(1) 你学了多长时间汉语了？

(2) 你爱打电子游戏吗？每天打多长时间电子游戏？

(3) 你中学毕业多久了？

(4) 你上大学多久了？

(5) 你爱迟到吗？和朋友约好一起看电影，你要让他（她）等多长时间？

(6) 你知道你父母结婚多久了吗？

(7) 下课以后，你学习多长时间？

(8) 每天你看多长时间电视？

(9) 每天你睡多少小时觉？

(10) 你和现在的男朋友（女朋友）谈了多长时间恋爱了？

7. 造句

(1) 接着

(2) 一下子

(3) 据说

8. 根据课文回答问题

(1) 中国的中学分成哪两部分？

(2) 丹明年3月要去北京做什么？

(3) 中国新学年的上学期几月开始？

(4) 中国寒假放多长时间？

(5) 林小平和何娜谈恋爱谈了几年？

(6) 丹和他弟弟在争什么呢？

(7) 王美上个月在中文系做了一个什么调查？

(8) 根据有些人的说法，泰国学生和中国学生谁学习刻苦？

1. 听一遍会话课文，回答问题

(1)

(2)

(3)

(4)

(5)

(6)

(7)

(8)

生词语

1. 蚂蚁(螞蟻)　　　（名）　　　mǎyǐ　　　　　มด
2. 搬家(搬家)　　　（动）　　　bān jiā　　　ย้ายบ้าน

2. 听句子,选择正确答案

(1) A. 一个学校　　　B. 一个系　　　C. 高中一年级　　　D. 一个高中
(2) A. 留学生　　　　B. 大学生　　　C. 进修生　　　　　D. 本科生
(3) A. 他们在谈恋爱　　　　　　　　　B. 他们谈了一个月恋爱,时间不长
　　C. 认识时间很短就谈恋爱,太快了　D. 他们怎么谈恋爱的
(4) A. 孩子打电子游戏　　　　　　　　B. 孩子成绩差
　　C. 因为孩子成绩差,所以不玩儿电子游戏　D. 孩子因为打电子游戏,所以成绩差
(5) A. 社会科学调查　　　　　　　　　B. 调查的发现
　　C. 有趣的社会科学家　　　　　　　D. 有趣的发现

3. 听短文,判断正误

(1) 柯在小学学了四年了。□
(2) 柯每天在学校呆七个小时。□
(3) 泰国的学生跟中国学生一样,都放三个月暑假。□
(4) 柯放学以后打十几个小时电子游戏。□
(5) "废寝忘食"的意思是不吃饭不睡觉。□
(6) 新学年 6 月开始。□
(7) 柯现在每天只打一个小时电子游戏。□
(8) 柯现在每天复习两个钟头。□
(9) 爸爸妈妈 10 月要出国旅行。□
(10) 柯下学期要在中学学中文。□

二 泛听

1. 听对话,选择正确答案

(1) A. 考高中　　　B. 旅行　　　　C. 复习　　　　D. 去高中
(2) A. 不上小学　　B. 不上初中　　C. 不上高中　　D. 不能受教育

(3) A. 在谈恋爱　　B. 成绩特别好　　C. 很刻苦　　D. 喜欢学习了

(4) A. 讨论问题　　B. 大声地吵　　C. 控制自己的声音　　D. 听声音

(5) A. 张经理说的话　　　　　　B. 张经理会不会帮忙
　　C. 张经理是怎么样的人　　　D. 要了解张经理很难

2. 听短文，选择正确答案

我们要睡多长时间

生词语

1.	实验(實驗)	（名）	shíyàn	ทดสอบ
2.	白天(白天)	（名）	báitiān	กลางวัน
3.	阳光(陽光)	（名）	yángguāng	แดดส่อง
4.	受(受)	（动）	shòu	ได้รับ
5.	控制(控制)	（动）	kòngzhì	ควบคุม
6.	缺(觉)(缺(覺))	（动）	quē(jiào)	ขาด(เวลานอน)
7.	平均(平均)	（形）	píngjūn	เฉลี่ย
8.	寿命(壽命)	（名）	shòumìng	อายุยืน

专名

北极圈(北極圈)　　　　Běijíquān　　　　เขตขั้วโลก

(1) A. 他们想知道人受不受时间控制　　B. 他们想知道人白天能不能睡觉
　　C. 他们想知道人要睡多长时间觉　　D. 他们想知道人缺多少小时的觉

(2) A. 他们都是科学家　　　　　　　　B. 他们没有手表
　　C. 他们在北极圈住了一个多月　　　D. 他们平均每天睡10个小时

(3) A. +　　　　　B. -　　　　　C. ×　　　　　D. ÷

(4) A. +　　　　　B. -　　　　　C. ×　　　　　D. ÷

(5) A. 3650 小时　　B. 25.55 万小时　　C. 19.1625 万小时　　D. 6.3875 万小时

3. 听后复述

注释

1. 兑现(兌現)　　　（动）　　duìxiàn　　　　ถือตั๋วเงินเบิกเงินกับธนาคาร
2. 乐观(樂觀)　　　（形）　　lèguān　　　　มองโลกในแง่ดี

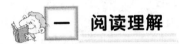

阅读(一)

曼谷的唐人街

唐人街最热闹的一段是耀华力路,在不到两公里的马路上有上百家大大小小的金店。金店那么多,你可以看出泰国华人喜爱金子的程度。除了金店外,比较多的还有中药店、钟表店、中国土特产店,特别是中国食品店和名酒店,当然还有中国餐厅。

说到吃,耀华力路有两个食品市场,那里的货品多得让人难以相信。谁相信在泰国能见到那么丰富的中国食品呢?

与耀华力路平行的一条小街叫三聘街,这条街上全是布料杂货市场。其实,这里才是最早的唐人街。二百多年前,曼谷王朝一世王要在湄南河边建造王宫,住在那里的人(绝大部分都是华人)都搬到三聘街。后来才慢慢形成现在的唐人街。

在三聘街附近的街上,你还可以看到许多印度人开的商店,他们穿的、吃的、卖的,还真让人以为是在印度呢。印度人在曼谷的唐人街里和华人、泰国人一起做生意、生活,反映了高度的文化融合。

唐人街上还有几处有名的寺庙。"泰国第二国宝"金佛就在耀华力路东头的金佛寺里,这里还有著名的龙莲寺、北帝庙等。

(据华侨崇圣大学中文系自编教材钟陈达《泰国华侨社会》)

生词语

1.	金(金)	（名）	jīn	ทองคำ
2.	程度(程度)	（名）	chéngdù	ระดับ
3.	土特产(土特産)	（名）	tǔtèchǎn	ผลิตภัณฑ์พื้นเมือง สินค้าพื้นเมือง
4.	平行(平行)	（动）	píngxíng	ขนาน คู่กัน
5.	反映(反映)	（动）	fǎnyìng	สะท้อน

选择正确答案

(1) 关于唐人街,哪一句对?
    A. 唐人街就是耀华力路   B. 这里只有华人
    C. 这里有一个泰国的国宝   D. 这里可以买到很多泰国土特产

(2) 第二段"丰富"的意思可能是:
    A. 多   B. 特别的   C. 有意思的   D. 有钱的

(3) 什么时候开始有唐人街?
    A. 曼谷一世王的时候   B. 两百多年前
    C. 文章里没说   D. A 和 B

(4) "融合"的意思可能是:
    A. 水平   B. 在一起   C. 互相影响   D. 互相帮助

(5) "国宝"可能是:
    A. 对唐人街来说重要的东西   B. 对泰国来说重要的东西
    C. 对国家来说重要的东西   D. 对寺庙来说重要的东西

阅读(二)

让你更快乐的八个方法

1. 记录使你感激的事情

每周一次,记下三到五件你感激的事情:你的牡丹花开了,你的孩子会走路了……

2. 做好事

可以是偶然的好事:在商店让赶时间的人先付钱……也可以是例行的:每星期天送晚饭给邻居的老人……

3. 保留生活中的愉快

　　留心生活中那些愉快和奇妙的时刻：成熟的草莓的甜味,从阴影中走出来的时候所感受到的阳光的温暖……据一些心理学家说,不高兴的时候,最好重温这些美好时刻。

4. 感谢你的"贵人"

　　如果有一些人在你人生的十字路口帮助指导过你,那么,快去感谢他们吧。

5. 学习原谅

　　写信给那些伤害过你的人,原谅他们,不再生气和怨恨。

6. 多花时间和精力跟朋友和家人在一起

　　你住在哪里、挣多少钱、多么成功,甚至你的健康都跟你快乐不快乐关系不大。而人际关系才是最重要的。

7. 关心自己的身体

　　睡觉、锻炼、伸懒腰、微笑、大笑,都可以在短时间内让你高兴一点。

8. 找到面对压力和困难的方法

(据 2005 年 1 月 17 日《TIME》文)

生词语

1.	感激(感激)	(动)	gǎnjī	ซาบซึ้ง
2.	偶然(偶然)	(副)	ǒurán	โดยบังเอิญ บังเอิญ
3.	留心(留心)	(动)	liúxīn	สนใจ ใส่ใจ
4.	草莓(草莓)	(名)	cǎoméi	สตรอเบอรี่
5.	感受(感受)	(动)	gǎnshòu	รู้สึก
6.	人生(人生)	(名)	rénshēng	ชีวิต
7.	指导(指導)	(动)	zhǐdǎo	ชี้แนะ ชี้นำ

■选择正确答案或填空

(1) "做好事"是什么意思？

　　A. 做对自己好的事情　　　　　B. 做事情做得很好

　　C. 做帮助别人的事情　　　　　D. 做好的工作

(2) "重"的意思是"再做一次","重温"的意思是什么？

　　A. 再复习复习　　B. 再洗一洗　　C. 再看一看　　D. 再想一想

(3) 以下哪个可能是你的"人生的十字路口"：

　　A. 你给自己买了一辆汽车　　　B. 你不能决定去哪里旅行

C. 你不能决定学历史还是学商业　　D. 你有了第一个女(男)朋友

(4) "贵人"的意思是：
　　A. 有钱的人　　B. 重要的人　　C. 很贵的人　　D. 很胖的人

(5) 什么最能让人快乐？
　　A. 有很多钱　　　　　　　　B. 很健康
　　C. 住在美丽的地方　　　　　D. 跟朋友和家人关系很好

二　写作

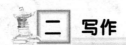

1. 用表时间段的句子写写你最忙的一天的时间表。

2. 写出三到五件让你感激的事情。

第十三课　我去过中国

词汇及语法练习

1. 读一读

哭过	笑过	摸过	闻过	拿过
交过	送过	爬过	跑过	敲过
晒过	试过	输过	赢过	提过
租过	演过	商量过	讨论过	通知过
研究过	调查过	生产过	制造过	
吃过的东西	穿过的衣服	唱过的歌	喝过的茶	看过的电影
爬过的山	讨论过的问题	教过的学生	开过的车	听过的音乐
演过的节目	走过的路	做过的事	说过的话	学过的课文
拜过的神	去过的地方	爱过的人		
过去的爱好	过去的办法	过去的标准	过去的号码	过去的机器
过去的看法	过去的路	过去的气候	过去的时代	过去的传统
过去的习惯				
当我想家的时候		当人们怀旧的时候		当父母难过的时候
当我收到大学的通知的时候				

2. 替换练习

(1) 听说过这个南方城市吗？

| 参观 |
| 调查 |
| 关心 |
| 研究 |
| 提 |

(2) 一个广州作家写她自己的城市。

上海学生	家乡
英国留学生	家庭
工程师	公司
服务员	饭店
医生	医院
作家	故事

(3) 从前我们吃过的东西现在还在吃。

喝过	东西	喝
用过	东西	用
穿过	衣服	穿
听过	音乐	听
拜过	神	拜
考过	问题	考

(4) 来没 来过 广州？

上	上	大学
出	出	国
织	织	毛衣
请	请	假
谈	谈	恋爱
选择	选择	离开

(5) 很多同学从来没去过 酒吧。

离开	家乡
骑	马
写	日记
挣	钱
见	王后
搬	家

(6) 你有没有问过你自己？

| 管 |
| 关心 |
| 了解 |
| 改变 |
| 批评 |
| 拒绝 |

3. 连词成句

(1) 中国 和 贸易 广州 的 是 城市 发达 商业
(2) 怀旧 咖啡馆 你 去 和 就 带 上海人 一 会 酒吧
(3) 今天 做 过去 世界 在 广州人 梦 很少 的
(4) 悠久 和 传统 这 文化 特别 些 有 城市 历史 的
(5) 你 你 会 到 的 答案 找 自己
(6) 去 去过 过 还 很 同学 多 除了 北京 上海

(7) 过　从来　的　好　朋友　没　拒绝　我　我　的　要求

4. 将下列肯定句改成疑问句和否定句

例：他去过北京。⇒他去没去过北京？　⇒他没去过北京。

(1) 他听过这个故事。

(2) 我们去广州时喝过凉茶。

(3) 他在中国大饭店住过。

(4) 我参观过泰国曼谷的寺庙。

(5) 那个导游拒绝过客人的要求。

(6) 教授研究过汉语语法.

(7) 我们公司生产过汽车。

(8) 公主关心过人们的日常生活。

(9) 泰国的佛教传统断过。

(10) 我叔叔婶婶拜过神。

5. 回答问题

(1) 你去过中国吗？

(2) 你挣没挣过钱？

(3) 你记过账吗？

(4) 你写没写过日记？

(5) 你给父母买过生日礼物吗？

(6) 你照顾没照顾过病人？

(7) 你谈没谈过恋爱？

(8) 这个月你哭过吗？

(9) 你想没想过以后要做什么工作？

(10) 你保留不保留小时候玩儿过的东西？

6. 改错

(1) 这些过去的东西对我很有意思，所以我要保留。

(2) 有什么事物，可以给我打电话。

(3) 没过我去酒吧。

(4) 我不坐过船，所以有点儿担心。

(5) 我以前没出国旅行过,只过在泰国旅行。

(6) 虽然女孩子们都不过当新娘,但都觉得那个电影很有意义。

7. 造句

(1) 等于

(2) 自己

(3) 对……来说

(4) 从来

8. 根据课文回答问题

(1) 有哪些城市是中国最发达的商业和贸易城市?

(2) 上海人一怀旧就会去哪儿?广州人呢?

(3) 为什么说广州人还生活在"旧"里?

(4) 中国有哪些城市历史很悠久,文化传统很特别?

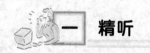

1. 听一遍会话课文,回答问题

(1)

(2)

(3)

(4)

(5)

(6)

(7)

专名

1. 纳粹(納粹)　　　　Nàcuì　　　　　　นาซี
2. 犹太人(猶太人)　　Yóutàirén　　　　ชาวยิว

2. 听句子,选择正确答案

(1) A. 武汉　　　　B. 东京　　　　C. 上海　　　　D. 南京
(2) A. 老年人　　　B. 孩子　　　　C. 游客　　　　D. 运动员
(3) A. 南京大学　　B. 北方大学　　C. 天津大学　　D. 南开大学
(4) A. 因为电话断了　　　　　　　B. 她不想跟我讲
　　C. 因为她没给我打电话　　　　D. 我不想跟她讲
(5) A. 它是过去的城市　　　　　　B. 房子特别多
　　C. 它有两三百年的历史　　　　D. 它很小

3. 听对话,判断正误

(1) 明月借了四套书。□
(2) 《老北京》的作者是北京人。□
(3) 何娜在广州看过一本《老广州》。□
(4) 马来西亚的槟城可能也是一个保留了传统的城市。□
(5) 何娜觉得广州不特别传统。□
(6) 李力认为旅行时看到的东西比较表面(ภายนอก)。□
(7) 陈老师没敲门就进了房间。□
(8) 陈老师认为明月应该去别的城市看看。□
(9) 明月认为旅行是了解中国的最好的方法。□
(10) "读万卷书,行万里路"的意思是多旅行、多读书。□

二 泛听

1. 听对话,选择正确答案

(1) A. 外国人,在寺庙里　　　　B. 中国人,在图书馆里
　　C. 外国人,在图书馆里　　　D. 中国人,在寺庙里

(2) A. 学习新事物　　　　B. 学上网　　　　C. 买电脑　　D. 锻炼身体
(3) A. 新娘很好看　　　　　　　　　　　　　B. 王马今天结婚
　　C. 王马因为现在的女朋友漂亮,所以跟她结婚　　D. 他不知道王马为什么结婚
(4) A. 英语　　　　　　　B. 商业贸易　　　C. 数学　　　D. 经济
(5) A. 他给别人穿了　　　　　　　　　　　　B. 妈妈不买衣服
　　C. 他不洗衣服　　　　　　　　　　　　　D. 妈妈不洗衣服

2. 听短文,选择正确答案

生词语

1.	文化(文化)	(名)	wénhuà	วัฒนธรรม
2.	展览(展覽)	(名)	zhǎnlǎn	นิทรรศการ
3.	开明(開明)	(形)	kāimíng	ความคิดทันสมัย
4.	包容(包容)	(动)	bāoróng	ให้อภัย บรรจุ

(1) A. 喝咖啡　　　　B. 坐地铁　　　　C. 看书　　　　D. 看展览
(2) A. 大学教授　　　B. 导游　　　　　C. 商人　　　　D. 记者
(3) A. 地铁的展览　　B. Chéngpǐn 书店　　C. 咖啡馆　　　D. 台北的环境
(4) A. 他住在台北　　B. 他以前住在台北　　C. 他想回台北去　　D. 他有一个书店
(5) A. 这是个开明而包容的城市　　　　　　B. 这是个很古老的城市
　　C. 这是个有文化的城市　　　　　　　　D. A 和 C

3. 听后复述

注释

1.	一切(一切)	(名)	yíqiè	全部	ทั้งหมด
2.	困倦(困倦)	(形)	kùnjuàn	累了,想睡觉	เหนื่อย อยากนอน
3.	无(無)	(动)	wú	没有	ไม่มี

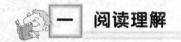

阅读(一)

刻苦学习

我在IT行业学习工作已经七年多了,这期间我做过网页、数据库、应用程序,做过通信软件和硬件驱动……到现在做操作系统内核和IC相关开发,这中间走了很多弯路,也吃了不少苦。

大学一年级开学前的假期我就开始了学习,开学前我学完了PASCAL,那时既没有电脑也没有人可以请教,只好死记代码,然后拿纸写程序。我到大三才有了一台486,在这之前用纸写了多少程序我也记不清楚了。我的C语言、C++、VC都是在这样的条件下学的。

大一学完了C、X86的汇编、数据结构、C++。大二准备学VC和BC,后来选了VC,只为书店里的两本书,VC那本便宜6块钱。我日夜不分地学习,班上没人能比。大三有了电脑后更是这样,我用的是486,16M内存,1G硬盘,但就是那台破机器陪伴我两年,让我学会了VC、Delphi、SQLSerüer等。

大三的假期在一个计算机研究所实习。这两个月对我的发展帮助很大,让我早一步了解了社会,在那里我熟悉了网络,学会了Delphi和Oracle。我开始和他们一起做项目,这使我在大三大四就有了自己的收入,大四又找了两家MIS公司兼职。我终于用自己挣的钱买了一台新电脑。

(据2004年12月4日weste.net值得敬佩的人
《一个IT人士的个人经历,给迷失方向的朋友》)

生词语

1. 弯(彎)	(形)	wān	คดเคี้ยว
2. 程序(程序)	(名)	chéngxù	ขั้นตอน กระบวนการ
3. 陪伴(陪伴)	(动)	péibàn	เป็นเพื่อน

4. 实习(實習)	（动）	shíxí	ฝึกปฏิบัติ ฝึกงาน
5. 网络(網絡)	（名）	wǎngluò	เครือข่าย
6. 项目(項目)	（名）	xiàngmù	รายการ
7. 兼职(兼職)	（名）	jiānzhí	ทำงานควบ ทำงานพิเศษ (นอกเหนือจากงานเดิม)

回答问题：

第一段

(1) 作者做过多少 IT 工作？

(2) 作者现在做什么工作？请在句子里画出来。

第二、三段

(3) "一台 486" 是什么？

(4) "VC" 是作者什么时候学会的？

(5) "大二、大三、大四" 是什么意思？

(6) 书店里的 "两本书" 是什么书？

(7) "日夜不分地学习" 是怎么学习？

(8) "大三有了电脑后更是这样"，作者怎么样？

(9) "那台破机器" 是什么？

第四段

(10) 作者什么时候有了自己的新电脑？

阅读(二)

舍 得

朋友差不多每半年换一个手机，他很舍得花钱。小表妹有一个娃娃，玩儿了十年了，她就是舍不得扔掉。在电视剧《保镖》里，封平爱胭脂，胭脂爱郭旭。胭脂死后，封平问郭旭："你爱过胭脂吗？"郭旭说："没有。"封平问："你懂得什么是爱吗？"郭旭回答："不懂，你可以教我吗？"封平说："你学不会的。"郭旭请求他："你教吧，或者我可以学会呢？"封平说："爱就是舍得。"

这个"舍得"是什么意思，真要好好想一想。是"舍得花钱"和"舍不得扔掉"的"舍得"吗？在《保镖》里，封平没有去照顾胭脂的衣食住行，也没有去问候她的冷暖，只是远远地看着她，他总是知道什么时候她最需要帮助，什么时候她处于生死关头。这样的"舍得"就是放弃爱，却仍然不断地付出爱。

生活中有许多人跟胭脂一样,自己爱的是一个人,爱自己的又是另一个人。没有比这更令人难过的爱情了。最好我们能学会像"舍得花钱"一样,"舍得"这样的爱。可是,有些爱太深了,实在是"舍不得扔掉",那就只好跟封平一样学习另一种"舍得"了。

(据陈艳冰《爱如情歌》)

生词语

1.	扔掉(扔掉)	(动)	rēngdiào	ทิ้ง โยนทิ้ง
2.	关头(關頭)	(名)	guāntóu	ช่วงหัวเลี้ยวหัวต่อ
3.	放弃(放棄)	(动)	fàngqì	ละทิ้ง สละ
4.	付出(付出)	(动)	fùchū	มอบ มอบให้
5.	实在(實在)	(副)	shízài	อย่างแท้จริง เสียจริง โดยแท้

1. 用泰语讨论

    "舍得"是什么意思?

2. 选择正确答案

   (1) 下面哪个不是电视剧里的人:
      A. 封平　　　B. 保镖　　　C. 胭脂　　　D. 郭旭
   (2) 关于电视剧的故事,下边哪个对:
      A. 封平一直都爱胭脂　　　B. 郭旭爱过胭脂,后来不爱了
      C. 胭脂爱过郭旭,后来爱封平　　　D. 郭旭爱另外一个人
   (3) 以下哪个是封平"付出"的爱:
      A. 为胭脂花钱　　　B. 关心胭脂的日常生活
      C. 关心胭脂的心情好不好　　　D. 总是关心她,但只在最重要的时候帮助她
   (4) 最后一段"我们能学会像"舍得花钱"一样,'舍得'这样的爱"中,"舍得"的意思是:
      A. 付出　　　B. 放弃　　　C. 用　　　D. 得到

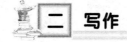

二 写作

■ 采访(สัมภาษณ์)一位老人,然后写一写他(她)过去的经历。

第十四课　每个人都哭了

词汇及语法练习

1. 读一读

救援者	参观者	读者	发现者	记者	前者
后者	生产者	老者	作者	工作者	
布置着	成长着	代表着	调查着	活着	记着
解释着	生长着	生活着	照顾着	重复着	注意着
搬着东西	保留着日记	撑着地	刮着风	下着雨	流着眼泪
摸着脸	织着毛衣	压着报纸	敲着门	走着看	坐着等
哭着说	开着车打电话	晒着太阳	躺着休息	顶着石头站着	
唱着歌走路	数着钱记账	拉着手散步			
发生意外	发生了一件事	常常发生	发生在从前	发生在中国	
到处找	到处看	到处挖	到处想办法	到处认识人	
骗人	骗了我	骗子	受骗		

2. 替换练习

(1) 一下子就<u>没力气</u>了。

　　饱
　　饿
　　倒
　　感动
　　明白
　　改变

(2) 那个人一<u>听</u>就哭了。

　　看　　懂
　　学　　会
　　想　　明白
　　说　　急
　　比　　输

(3) 他流着眼泪回答。

躺着看书
站着读报
笑着说话
坐着答应
低着头喊
翻着词典写报告

(4) 他们不停地挖着石头。

我们	唱	歌
弟弟	打	电子游戏
母亲	流	眼泪
教授们	讨论	问题
游客	照	照片
山上	下	雨

3. 连词成句
(1) 那儿 情景 相信 敢 他们 的 不 看到 在
(2) 救援 停 没有 从 到 行动 白天 深夜 一直
(3) 的 马上 压在 搬开 想 她们 人们 石头 办法 那些 身上
(4) 登 这个 消息 报纸 的 了 都 全国
(5) 感动 这 不 容易 了 个 感动 的 人
(6) 喜欢 人 听 音乐 看 着 多 很 书
(7) 刮 下 这 天 风 一直 着 着 几 雨
(8) 着 开 睡觉 些 怕 人 灯 黑 有 的

4. 为括号里的词选择合适的位置
(1) 他流 A 眼泪回答 B 母亲提 C 出 D 的问题。(着)
(2) 那天我看 A 报纸上 B 登 C 的那张照片哭 D 了。(着)
(3) 导游 A 又讲了一个故事，B 听完，C 我 D 哭了起来。(也)
(4) 中国人 A 喜欢 B 吃米饭，C 喜欢 D 吃面条。(也)
(5) A 这个意外 B 发生 C 在 D 地震后的第二天。(就)
(6) 那个 A 站 B 在教室前边的人 C 是 D 我的老师。(就)
(7) 几天以后 A 学校 B 通知我 C 不能毕业的消息 D。(终于)
(8) A 地震以后，B 都是 C 倒了的房子和 D 等着救援的人。(到处)

5. 完成句子
(1) 那个演员的照片就_____。
(2) 跑了五公里了，运动员的力气就_____。
(3) 那房子很破，地震的时候，一下子_____。

(4) 大家搬完家,就_____。
(5) 她长得很白,也_____。
(6) 压在房子下面的人,等着食物,也_____。

6. 改错句

(1) 这里天气很不好,不停地下雨,就常常刮风。
(2) 别穿睡衣到处走。
(3) 她看了报纸,哭了给那个母亲写信。
(4) 很多救援者挖石头着。
(5) 看他们两个,跳舞拉着手,多可爱。
(6) 听说那个电影很感动,我们赶快买票去看吧。

7. 造句

(1) 发生
(2) 到处
(3) 感动
(4) 白天
(5) 夜里

8. 根据课文回答问题

(1) 导游讲的故事发生在什么时候?
(2) 救援者看到了一个什么情景使他们不敢相信?
(3) 救援者为什么要骗那个母亲说她女儿还活着?
(4) 导游每次到什么地方都要讲这个感人的故事?

听力练习

一 精听

1. 听一遍会话课文,回答问题

(1)
(2)
(3)
(4)
(5)
(6)
(7)
(8)

生词语

1. 去世(去世)	(动)	qùshì	ถึงแก่กรรม
2. 不幸(不幸)	(形)	búxìng	โชคร้าย
3. 出事(出事)	(动)	chū shì	เกิดเรื่อง
4. 可怜(可怜)	(形)	kělián	น่าสงสาร
5. 摔倒(摔倒)	(动)	shuāidǎo	หกล้ม

2. 听句子,选择正确答案

(1) A. 救援者　　B. 活着的人　　C. 死者　　D. 以上全部
(2) A. 用手提　　B. 用头顶　　　C. 用脚走　　D. 很快地
(3) A. 三天　　　B. 七十二小时　C. 一天一夜　D. 三夜
(4) A. 找车　　　B. 搬石头　　　C. 救人　　　D. 搬车
(5) A. 他是男孩子　B. 他没有力气　C. 东西太多　D. 他是我们的孩子

3. 听对话,判断正误

(1) 游客知道这里发生过地震。□
(2) 游客发现这里的房子都是新的。□
(3) 游客请导游给他们讲关于地震的故事。□
(4) 救援者发现母女的时候,地震已经发生了三天了。□
(5) 游客认为母亲很伟大。□
(6) 游客非常希望那个女儿还活着。□
(7) 救援者挖了一夜才把女儿拉出来。□
(8) 游客认为救援者不应该马上告诉母亲她女儿已经死了。□
(9) 游客想看母亲的照片。□

二 泛听

1. 听对话,选择正确答案

(1) A. 人们没有那么容易受骗了   B. 她已经骗了几百个人了
     C. 人们都知道她是骗子了   D. 报纸登了她的照片
(2) A. 一个学生   B. 一个家长   C. 一个有名的人   D. 一个老师
(3) A. 她不累   B. 她很累   C. 她不看我们   D. 她撑着我们
(4) A. 咖啡   B. 啤酒   C. 蛋糕   D. A 和 C
(5) A. 这是中国小说   B. 这本小说的名字是《活着》
     C. 这本小说很好   D. 这本小说跟电影《活着》没关系

2. 听短故事,选择正确答案

改 变

生词语

1. 乌鸦(烏鴉)   (名)   wūyā   อีกา
2. 鸽子(鴿子)   (名)   gēzi   นกพิราบ

(1) A. 因为它想离开这里   B. 因为它想跟鸽子在一起
     C. 因为这里的人不喜欢它   D. 因为它想改变自己的声音

(2) A. 每个地方的人都不喜欢乌鸦　　　　　B. 乌鸦为什么不受欢迎
　　 C. 鸽子很聪明　　　　　　　　　　　 D. 我们不能改变环境,只能改变自己

佛陀的故事

生词语

1. 佛陀(佛陀)　　　(名)　　　fótuó　　　พระพุทธเจ้า
2. 辱骂(辱罵)　　　(动)　　　rǔmà　　　ด่าประจาน
3. 接受(接受)　　　(动)　　　jiēshòu　　　รับ

(1) A. 因为他不喜欢佛陀　　　　　　　　B. 因为他们在一起走了好几天
　　 C. 因为他认为那是给佛陀的礼物　　　D. 因为佛陀不接受他的礼物

(2) A. 接受那个人的礼物　　　　　　　　B. 骂了那个人
　　 C. 跟那个人一起走　　　　　　　　　D. 送那个人礼物

(3) A. 辱骂别人,就是辱骂自己
　　 B. 别人辱骂我们,我们也不应该生气
　　 C. 别人的态度不重要,自己的态度才重要
　　 D. A 和 C

3. 听后复述

注释

1. (怀)疑((懷)疑)　　(动)　　(huái)yí
2. 似(似)　　　　　　(动)　　sì　　　　好像
3. 丈(丈)　　　　　　(量)　　zhàng　　1 丈=3 米
4. 缘(緣)　　　　　　(介)　　yuán　　　因为
5. 愁(愁)　　　　　　(名)　　chóu　　　กลัดกลุ้ม
6. 个(個)　　　　　　(量)　　gè
7. 镜(子)(鏡(子))　　(名)　　jìng(zi)
8. 何处(何處)　　　　(代)　　héchù　　哪里
9. 君(君)　　　　　　(代)　　jūn　　　你
10. 饮(飲)　　　　　　(动)　　yǐn　　　喝

一　阅读理解

阅读（一）

阅读与"悦读"

阅读(yuèdú)就是"悦读(yuèdú)"，这没有错。"悦读"有两个意思：一是"因为读所以悦"，二是"因为悦所以读"。但是很多人却只重视后者，而忽视了前者。

"因为读所以悦"是说通过阅读，得到思考的快乐；而"因为悦所以读"却特别强调阅读时的轻松和愉快，读的东西一定是让人觉得轻松、快乐的。当然，作者们都希望能用轻松、容易懂的方式表达深刻的思想和感情，但事实上这很难做到。大部分伟大的书都是很难读的，读者读的时候一点儿也不轻松。

现在的人越来越重视"因为悦所以读"，因此书店里的读物也越来越"易读"。例如漫画书越来越多，还有，许多书中的图片比文字多，读书变成了读图。这些图书，不但不能帮助人们提高思考能力，而且对人的语言能力有破坏作用。现在很多大学生的汉语表达能力都不太好，这与读图读得太多应该有很大关系。

一个人的阅读习惯，代表了这个人的精神状态和文化水平，而一个时代、一个社会的阅读习惯，也代表了这个时代、这个社会的精神状态和文化水平。2005年4月23日是第十个"世界读书日"。让我们重视真正的阅读。

（据2005年04月25日21CN文）

生词语

1.	重视（重視）	（动）	zhòngshì	ให้ความสำคัญ
2.	通过（通過）	（动）	tōngguò	ผ่าน
3.	思考（思考）	（动）	sīkǎo	ครุ่นคิด ตรึกตรอง
4.	强调（強調）	（动）	qiángdiào	เน้น
5.	轻松（輕鬆）	（形）	qīngsōng	ผ่อนคลาย

6. 表达(表達)	（动）	biǎodá	แสดงออก แสดงถึง
7. 深刻(深刻)	（形）	shēnkè	ลึกซึ้ง
8. 思想(思想)	（名）	sīxiǎng	คิด
9. 伟大(偉大)	（形）	wěidà	ยิ่งใหญ่
10. 漫画(漫畫)	（名）	mànhuà	การ์ตูน
11. 图片(圖片)	（名）	túpiàn	รูปภาพ
12. 精神(精神)	（名）	jīngshén	จิตใจ
13. 状态(狀態)	（名）	zhuàngtài	สภาพ

1. 说说下面词语的意思

   (1) 后者/前者

   (2) 忽视

   (3) 悦

   (4) 作者/读者

2. 选择正确答案

   (1) 作者不同意以下哪个观点？

   A. 阅读就是"悦读"　　　　　B. 我们应该重视"因为悦所以读"

   C. 读伟大的书，能得到思考的快乐　　D. 我们应该有好的读书习惯

   (2) 以下哪个说法不正确：

   A. 越来越多的人喜欢读容易读的书　　B. 很多人喜欢看漫画

   C. 很多人重视"因为悦所以读"　　D. 很多人重视"因为读所以悦"

   (3) 关于书，我们知道：

   A. 容易读的书都很好　　　　B. 好书都很难读

   C. 读好书的时候，读者很轻松愉快　　D. 伟大的书常常很难读

   (4) 这篇文章的主要内容：

   A. 介绍阅读和"悦读"

   B. 告诉我们应该怎么读书

   C. 指出人们的不好的阅读习惯，希望人们改变

   D. 指出人们读书读得太少，希望人们多读书

阅读(二)

逻 辑

爱因斯坦对学生说:"有两位工人修理老旧的烟囱,当他们从烟囱里爬出来的时候,一位很干净,另一位却满脸满身的煤灰,请问他们谁会去洗澡呢?"

一位学生说:"当然是那位满脸满身煤灰的工人会去洗澡喽!"

爱因斯坦说:"是吗?请你们注意,干净的工人看见另一位满脸满身的煤灰,他觉得从烟囱里爬出来真是肮脏,另一位看到对方很干净,就不这么想了。我现在再问你们,谁会去洗澡?"

另一位学生很兴奋地发现了答案:"噢!我知道了!干净的工人看到肮脏的工人时,觉得他自己必定也是很脏的,但是肮脏的工人看到干净的工人时,却觉得自己并不脏啊!所以一定是那位干净的工人跑去洗澡了!"

爱因斯坦看了看其他的学生,所有的学生似乎都同意这个答案。只见爱因斯坦慢条斯理地说:"这个答案也是错的……两个人同时从老旧的烟囱里爬出来,怎么可能一个干净、一个脏呢?这就是逻辑。"

学生们看着爱因斯坦,都不说话了。

生词语

1. 逻辑(邏輯)　　(名)　　luójí　　ตรรกศาสตร์ ตรรกวิทยา (logic)
2. 烟囱(煙囪)　　(名)　　yāncōng　　ปล่องไฟ
3. 煤灰(煤灰)　　(名)　　méihuī　　ขี้เถ้า เขม่าควัน
4. 似乎(似乎)　　(副)　　sìhū　　ดูเหมือน

1. 请在句子中找出"肮脏"的反义词 (คำตรงข้าม),"必定"的近义词 (คำที่มีความหมายใกล้เคียงกัน)。

2. 回答问题:
   (1) 第一个学生为什么认为满身是煤灰的工人会去洗澡?
   (2) 第二个学生是自己找到答案的吗?
   (3) 爱因斯坦的问题有正确答案吗?
   (4) 为什么爱因斯坦要问这个问题?

二 写作

■请用四五百字写一个小故事,最少用三个有"着"的句子。

第十五课　谢谢老师的建议和鼓励

词汇及语法练习

1. 选择填空

> 怀旧　调查　情景　建议　羡慕　进修
> 发达　依靠　解决　接待　感动　救援

(1) 我负责＿＿＿＿＿＿的客人都是从中国来的。

(2) 我真＿＿＿＿＿＿你们之间的感情那么好。

(3) 我要去北京＿＿＿＿＿＿六个星期汉语。

(4) 我上个月在这个大学做了一个小小的＿＿＿＿＿＿。

(5) 广州和上海一样,都是中国最＿＿＿＿＿＿的商业和贸易城市。

(6) 上海人一＿＿＿＿＿＿就会带你去咖啡馆和酒吧。

(7) 他们在石头堆中看到一个他们不敢相信的＿＿＿＿＿＿。

(8) 我不是一个容易＿＿＿＿＿＿的人。

(9) ＿＿＿＿＿＿行动从白天到深夜一直在进行。

(10) 我的父母＿＿＿＿＿＿我明年毕业后再去留学。

(11) 她能帮你＿＿＿＿＿＿这个问题。

(12) 我在经济上还要＿＿＿＿＿＿父母。

> 再　又　还　就　也　对……来说　接着　一下子　次　遍
> 像　终于　既然　实际　也许　并　当　从来　过　着

(13) 林先生＿＿＿＿＿＿和在中国的亲戚见面了。＿＿＿＿＿＿林先生＿＿＿＿＿＿,这次见面就＿＿＿＿＿＿又给自己找到了一个家。

(14) 明天,我和女朋友先去咖啡馆坐坐,＿＿＿＿＿＿带她去照相。那个照相馆＿＿＿＿＿＿在咖啡馆后边。＿＿＿＿＿＿,我们一起去中国饭店吃饭。上个月,我们在那里吃过一＿＿＿＿饭。那里的环境特别好,菜＿＿＿＿做得非常好吃,我们就决定＿＿＿＿去那里吃。

(15) 老师讲语法,有的同学＿＿＿＿懂了,有的同学听讲了两三＿＿＿＿,＿＿＿＿是听不懂。

(16) ＿＿＿＿上我还没吃饱,可是＿＿＿＿大家都想走,那我就不吃了。

(17) ＿＿＿＿他们用＿＿＿＿父母的钱的时候,＿＿＿＿没想＿＿＿＿父母工作得多么累。

(18) ＿＿＿＿他们需要的＿＿＿＿不是钱,而是朋友的支持和鼓励。

2. 给句子后边的词语找一个合适的位置

(1) 我们5月份要放长假。(七天)
(2) 您能不能帮我忙。(一下儿)
(3) 明天游客们参观大皇宫马上就去云宫。(了)
(4) 我和同学们一起在图书馆看最新的杂志。(了)
(5) 老师给这几个华侨生补一年课。(了)
(6) 这次,小张没坐火车,他坐了飞机,以前他没坐飞机。(过)
(7) 我没有听说这个南方城市。(过)
(8) 小云正办公室帮主任打字呢。(在)
(9) 目前,大部分学生都在放假,很多教师和教室都闲。(着)
(10) 她不太熟悉这个电脑,所以要看说明书修理。(着)

3. 改错

(1) 他补课那些学生
(2) 那个男人离婚过两次。
(3) 还有三个月就上了大学。
(4) 他办手续马上入学了。
(5) 他在办公室在会客呢。
(6) 妈妈昨天晚上快回来了,我们在等她。
(7) 这个调查做过了半年了。
(8) 她刻苦地正在学习。
(9) 累的时候,人会认为一小时像一天一样。
(10) 叔叔婶婶支持了好几年我了。

(11) 这个问题已经解决了一个星期。
(12) 那些依靠父母、不过挣钱的人不知道钱来得不容易。

4. 连词成句

(1) 中山大学 报告 泰国 在 了 一 作家 做 次
(2) 就 泰国 的 湄南河 边 大皇宫 在
(3) 我 用 台 的 钱 了 一 新 终于 挣 电脑 自己 买
(4) 你 帮 忙 能 能 我 一下儿 不
(5) 洗澡 就 了 后 办公室 办公 去 主任
(6) 手机 的 半年 我 换 朋友 每 一 次 差不多
(7) 发现 一 农民 古迹 个 就 告诉 队长 了
(8) 当 小平 认为 就 座 桥 导游 一 像
(9) 他们 锻炼 隔 几 小时 个 钟头 半 身体 就
(10) 过 推荐 教授 向 王老师 从来 张明 没

5. 把句子翻译成泰文

(1) 主任已经给我们补了两小时课了。
(2) 这个问题很快就解决了。
(3) 他们拒绝了我两次。
(4) 你要抓住机会,趁热打铁。
(5) 救援者正在救人。
(6) 他有时读着报纸吃饭,有时看着电视吃饭。
(7) 推荐信马上就写好了。
(8) 我需要父母的鼓励,但不需要在经济上依靠他们。
(9) 对我来说,汉语实际上并不难。

6. 先看看这一课的"语法总结",然后用所给词语造句

(1) 既然/了(句子后面的"了")
(2) 在……上/了(表示变化的"了")
(3) 也许/着
(4) 实际上/正在
(5) 对……来说/着

(6) 终于/了(V 了)

(7) 一下子/就要……了

(8) 据说/过

 精听

1. 听一遍会话课文,回答问题

(1)

(2)

(3)

(4)

(5)

(6)

(7)

(8)

生词语

1. 婚礼(婚禮)　　（名）　　hūnlǐ　　　งานแต่งงาน
2. 文科(文科)　　（名）　　wénkē　　　กลุ่มวิชาสายศิลป์
3. 理科(理科)　　（名）　　lǐkē　　　กลุ่มวิชาสายวิทย์

2. 听句子,选择正确答案

(1) A. 用过电脑　　B. 对电脑很熟悉　　C. 一分钟能打六十个多字　　D. 不会打字

(2) A. 依靠自己　　　　　　　　　　　B. 依靠父母

　　C. 接受父母的帮助　　　　　　　　D. 需要父母的帮助

(3) A. 去留学　　　　　　　　　　　　B. 男朋友去留学

　　C. 男朋友跟她在一起　　　　　　　D. 男朋友支持她

(4) A. 他想知道大学为什么不多收留学生　　B. 他认为大学应该多收留学生
　　C. 他想知道为什么外国人想学中文　　D. 他认为大学没有抓住机会
(5) A. 懂得怎么研究　　　　　　　　　　B. 找到解决问题的方法
　　C. 成绩最好　　　　　　　　　　　　D. 有人推荐

3. 听短文,判断正误

(1) 大为的父母要送他去中国留学。□
(2) 大为成绩很好。□
(3) 大为从来没去过中国。□
(4) 大为的朋友希望他在中国过一种不一样的生活。□
(5) 父母担心大为在中国不努力学习。□
(6) 父母很担心,因为他们认为大为还是个孩子。□
(7) 大为不明白父母为什么担心。□
(8) 大为说自己永远不会离开父母。□
(9) 大为会照顾自己。□
(10) 父母同意大为去留学了。□

二 泛听

1. 听对话,选择正确答案

(1) A. 主任在休息　　　　　　B. 主任不喜欢别人打扰他
　　C. 主任不好　　　　　　　D. 主任非常忙
(2) A. 他去看女的　　　　　　B. 他不让女的走
　　C. 他在女的家里吃饭　　　D. 女的太客气了
(3) A. 听听小刘说他忙什么　　B. 小刘一点儿也不忙
　　C. 小刘真的很忙　　　　　D. 小刘喜欢玩
(4) A. 帮助他学习　　　　　　B. 帮助他毕业
　　C. 帮助他解决问题　　　　D. 帮助他找工作
(5) A. 伤者　　B. 开车的　　C. 交通意外　　D. 抓人

第十五课

2. 听短文,回答问题

生词语

1. 口香糖(口香糖)	(名)	kǒuxiāngtáng	หมากฝรั่ง
2. 吐(吐)	(动)	tǔ	พ่นหรือถ่มออกมาจากปาก
3. 清除(清除)	(动)	qīngchú	กวาดจนสะอาด
4. 罚款(罚款)	(动)	fá kuǎn	ปรับเงิน
5. 取消(取消)	(动)	qǔxiāo	ยกเลิก เพิกถอน
6. 禁令(禁令)	(名)	jìnlìng	สิ่งหวงห้าม
7. 打官司(打官司)		dǎ guānsi	ฟ้องร้องดำเนินคดี
8. 垃圾箱(垃圾箱)	(名)	lājīxiāng	ถังขยะ

专名

新加坡(新加坡)　　　　Xīnjiāpō

(1) 口香糖的"残渍"是什么?
(2) 为什么香港人不怕罚款?
(3) 香港大约有多少人?
(4) 上海的口香糖残渍为什么比较少?
(5) 1990年,新加坡可以吃口香糖吗?
(6) 日本人怎么解决口香糖问题?

3. 听后复述

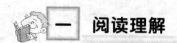

阅读(一)

大学生找工作为什么要拜佛

"卧佛寺,就是英语office(办公室)的谐音嘛,想进公司做白领,当然得去卧佛寺了。"一些就要毕业的大学生为了找到一个好工作,跑到北京卧佛寺去烧香拜佛。他们对采访他们的电视主持人这样解释。主持人也很幽默,他说:"做白领的要去卧佛寺,那么按照这个逻辑,当老板(boss)就要去报国寺,做生意(business)得去碧云寺了。"从大学生拜佛,我们能看出大学生找工作很难。

大学生找工作难,到底为什么难?是大学生太多,还是因为这些大学生对工作的期望太高了?都不是。我看是因为信息交流有问题:许多单位、企业需要大量掌握比较好的技能的大学生却找不到,同时大学生们又不知道去哪里找工作。在美国,大学生毕业以后,每个专业的学生到哪儿找工作是很清楚的,只要把他们的简历放到专业年会就可以了:比如学服装的就去服装年会,学经济的就去经济年会。每个行业、每个专业需要什么人才,都很清楚。

可是中国呢?政府部门没能为用人单位和大学生提供有用的信息服务。在这种情况下,毕业生们有的靠父母、有的靠亲朋好友、有的用钱买关系……那些什么都没有的只好去烧香拜佛。

(据http://cul.sina.com.cn 2005年04月30日《南方周末》徐怀谦文)

生词语

1. 白领(白領)　(名)　　báilǐng　　เจ้าหน้าที่ (white collar หมายถึง คนทำงานที่ไม่ต้องใช้แรงงาน)
2. 烧香(燒香)　(动)　　shāo xiāng　จุดธูป
3. 幽默(幽默)　(形)　　yōumò　　ตลก ขำขัน มีอารมณ์ขัน

4. 期望(期望)	(动)	qīwàng	ความคาดหวัง
5. 信息(信息)	(名)	xìnxī	ข่าวสาร ข้อมูลข่าวสาร
6. 交流(交流)	(动)	jiāoliú	แลกเปลี่ยน

1. 请读出以下北京寺庙的名字,并解释"谐音"的意思

    (1) 卧佛寺   Wòfó Sì   office

    (2) 报国寺   Bàoguó Sì   boss

    (3) 碧云寺   Bìyún Sì   business

2. 选择正确答案

    (1) 作者认为大学生找工作难的原因是:

        A. 大学生太多了   B. 大学生对工作的期望太高

        C. 政府的工作做得不够   D. 大学生不知道怎么找工作

    (2) 以下哪个不是现在中国大学生找工作的方法?

        A. 依靠父母   B. 找朋友   C. 找专业年会   D. 烧香拜佛

    (3) 这篇文章的主要观点是:

        A. 美国比中国好   B. 中国大学生相信佛教

        C. 批评大学生去烧香拜佛   D. 指出中国大学生找工作难的原因

阅读(二)

《灰姑娘》使女性变成弱者

    英国德比大学的心理治疗师史密茨访问了六十七名感情受过伤害的女性,其中,六十一位妇女受过多次感情伤害。这些妇女都相信忍耐、同情和爱可以改变伤害她们的另一半。相反,没有受过伤害的女性,都认为忍耐、同情和爱不能改变另一半,她们会选择离开,而不是继续受伤害。

    史密茨的研究发现,在婚姻中受伤害的女性都非常喜欢《灰姑娘》——她用忍耐、同情和爱来对待伤害她的人。这些女性相信会有白马王子或英雄来救她们,她们不明白在实际的生活中,只有自己能救自己。

    史密茨表示:"我们小时候通过故事里的人物来认识自己和与别人的关系,如果长期保持这种'弱者'思想,长大之后就很难改变。"她建议家长给子女讲故事时,应该选择那

些鼓励孩子成为强者的故事。

(据 http://cul.sina.com.cn 2005 年 4 月 27 日《环球时报》)

生词语

1.	伤害(傷害)	(动)	shānghài	บาดเจ็บ
2.	忍耐(忍耐)	(动)	rěnnài	อดทน
3.	同情(同情)	(动)	tóngqíng	เห็นใจ
4.	通过(通過)	(动)	tōngguò	ผ่าน
5.	与(與)	(连)	yǔ	กับ และ

专名

1.	《灰姑娘》(〈灰姑娘〉)	Huīgūniang	ซินเดอเรลลา
2.	白马王子(白馬王子)	Báimǎ Wángzǐ	เจ้าชายขี่ม้าขาว อัศวินม้าขาว

1. 说说"弱者"和"强者"是什么意思？"另一半"呢？"家长"呢？

2. 选择正确答案

   (1) 根据本文，以下哪个妇女最可能受感情伤害？
   A. 心理治疗师　　　　　　　　B. 强者
   C. 小时候常常听《灰姑娘》的人　D. 爱别人的人

   (2) 以下哪个不是受伤害的女人的问题？
   A. 她们总是等男人来救她们
   B. 她们不知道只有自己能救自己
   C. 她们不知道应该离开伤害她们的人
   D. 她们小时候通过故事来认识自己和与别人的关系

   (3) 为什么家长应该给子女讲强者的故事？
   A. 因为这些故事能鼓励孩子
   B. 因为孩子们通过故事来认识自己和与别人的关系
   C. 因为孩子喜欢这样的故事
   D. 因为听强者故事的孩子长大了不容易受伤害

二 写作

1. 根据主课课文写一段大为和父母的对话。

2. 根据"表达训练二",写一写你在生活中遇到的最让你犹豫的事。

词汇总表

A

矮	（形）	ǎi	คนแคระ	6
唉	（叹）	ài	[คำอุทาน] เฮ่อ	11
爱好	（名）	àihào	ความนิยมชมชอบ	10
爱人	（名）	àiren	คู่รัก คนรัก	1

B

把	（量）	bǎ	[ลักษณนาม](เก้าอี้)ตัว	8
白菜	（名）	báicài	ผักกาดขาว	2
白天	（名）	báitiān	กลางวัน	14
拜	（动）	bài	ไหว้	13
班长	（名）	bānzhǎng	หัวหน้าห้อง	15
搬	（动）	bān	ย้าย	10
办	（动）	bàn	ดำเนินการ จัดการ	15
办公	（动）	bàn gōng	ทำงาน	15
帮忙	（动）	bāng máng	ช่วยเหลือ	8
包	（动）	bāo	เหมารวม	2
包	（量）	bāo	ห่อ	10
包子	（名）	bāozi	ซาลาเปา	2
保持	（动）	bǎochí	รักษา คงไว้	3
保留	（动）	bǎoliú	เก็บรักษา	13
报告	（名）	bàogào	รายงาน	8
报纸	（名）	bàozhǐ	หนังสือพิมพ์	10
杯	（量）	bēi	[ลักษณนาม] แก้ว	6
北方	（名）	běifāng	ทางเหนือ	4
背	（名）	bèi	หลัง	14
笔	（名）	bǐ	อุปกรณ์ที่ใช้เขียน เครื่องเขียนจำพวกปากกาดินสอ	5
笔记本	（名）	bǐjìběn	สมุดจด สมุดโน้ต(notebook)	2

变得…		biànde...	เปลี่ยนเป็น... เปลี่ยนจน...	4
遍	(量)	biàn	นักท่องเที่ยว	11
表	(名)	biǎo	ตาราง	5
表哥	(名)	biǎogē	ญาติผู้พี่ซึ่งเป็นผู้ชาย	11
表叔	(名)	biǎoshū	อา (ญาติผู้น้องที่เป็นผู้ชายของพ่อ)	11
冰激凌	(名)	bīngjīlíng	ไอศกรีม	8
并(不)	(副)	bìng(bù)	(ไม่)เลย	15
薄	(形)	báo	บาง	2
补课	(动)	bǔ kè	เรียนชดเชย	15
不但…而且…		búdàn...érqiě	ไม่เพียงแต่... อีกทั้ง....	3
不得		bùdé	ไม่อาจ... ไม่สามารถ...	3
不同	(形)	bùtóng	ไม่เหมือนกัน	5
布置	(动)	bùzhì	การตกแต่ง ประดับ	3
部分	(名)	bùfen	ส่วน	12

C

才	(副)	cái	จึงจะ ถึงจะ	5
彩色	(形)	cǎisè	สี สีสรรค์	2
草	(名)	cǎo	หญ้า	11
茶楼	(名)	chálóu	在广州,喝茶、吃点心的餐厅叫"茶楼"。	13
炒	(动)	chǎo	ผัด	3
衬衣	(名)	chènyī	เสื้อเชิ้ต	1
趁	(动)	chèn	ถือโอกาส ฉกฉวย(โอกาส)	15
撑	(动)	chēng	ค้ำ ยัน	14
成	(动)	chéng	เป็น	12
成长	(动)	chéngzhǎng	เติบโต	9
成绩	(名)	chéngjì	คะแนน ผลสัมฤทธิ์	5
城市	(名)	chéngshì	เมือง นคร	3
丑	(形)	chǒu	ขี้เหร่	6
出生	(动)	chūshēng	เกิด	9
初中	(名)	chūzhōng	มัธยมต้น ม.ต้น	12
除了…(以外)	(连)	chúle...(yǐwài)	นอกจาก...(แล้ว)	9
厨房	(名)	chúfáng	ห้องครัว	3
词	(名)	cí	คำ	5

词典	（名）	cídiǎn	พจนานุกรม	5
从来	（副）	cónglái	แต่ไหนแต่ไร	9
从前	（名）	cóngqián	แต่ก่อน	9
粗	（形）	cū	ไม่พิถีพิถัน ไม่ปราณีต หยาบ	4
存	（动）	cún	เก็บ ฝาก (เงิน)	10
寸	（量）	cùn	[หน่วยความยาว] นิ้ว	2

D

答应	（名）	dāying	อนุญาต ยินยอม	12
答案	（名）	dá'àn	คำตอบ	12
打扰	（动）	dǎrǎo	รบกวน	15
打字	（动）	dǎ zì	พิมพ์ดีด	15
大声	（形）	dàshēng	เสียงดัง	5
呆	（动）	dāi	ที่ม เหม่อลอย	12
带	（动）	dài	นำ นำพา	11
淡	（形）	dàn	จืด	2
当…的时候		dāng... deshíhou	เมื่อ	13
倒	（动）	dǎo	เท ริน	14
倒	（动）	dào	พัง ครืนล้มครืน	9
到处	（副）	dàochù	ทุกที่ ทุกหนแห่ง	14
得(病)	（动）	dé(bìng)	เป็น(โรค)	9
得到	（动）	dédào	ได้รับ	5
灯	（名）	dēng	ดวงไฟ หลอดไฟ	7
登	（动）	dēng	ตีพิมพ์ ลง (หนังสือพิมพ์)	14
等于	（动）	děngyú	เท่ากับ	13
低	（动）	dī	ก้ม (หัว)	14
地球	（名）	dìqiú	โลก	4
地震	（名）	dìzhèn	แผ่นดินไหว	14
点心	（名）	diǎnxin	ของว่าง อาหารว่าง	6
电	（名）	diàn	ไฟฟ้า	6
电视剧	（名）	diànshìjù	ละครโทรทัศน์	4
电子	（名）	diànzǐ	อิเล็กตรอน	12
调查	（名）	diàochá	สำรวจ	12
顶	（动）	dǐng	ใช้หัวค้ำยัน เทินไว้บนหัว	14

动物	（名）	dòngwù	สัตว์	6
断	（动）	duàn	ขาด ขาดตอน	13
堆	（动）	duī	กอง สุม	8
堆	（量）	duī	กอง	14
对…来说		duì... láishuō	สำหรับ...แล้ว ถ้าพูดถึง...แล้ว	13
对于	（介）	duìyú	เกี่ยวกับ สำหรับ	4
顿	（量）	dùn	[ลักษณนาม] มื้อ	8

E

而且	（连）	érqiě	อีกทั้ง นอกจากนี้	3

F

发达	（形）	fādá	เจริญ เจริญรุ่งเรือง	13
发生	（动）	fāshēng	เกิดขึ้น บังเกิด	14
发现	（动）	fāxiàn	ค้นพบ พบว่า	12
翻	（动）	fān	เปิด(พจนานุกรม) พลิก	5
反对	（动）	fǎnduì	คัดค้าน	6
反正	（副）	fǎnzhèng	อย่างไรก็ตาม	2
饭店	（名）	fàndiàn	ภัตตาคาร โรงแรม	13
饭馆	（名）	fànguǎn	ร้านอาหาร	8
房租	（名）	fángzū	ค่าเช่าห้อง	10
费	（名）	fèi	ค่าใช้จ่าย	10
分	（名）	fēn	คะแนน	7
分	（动）	fēn	แบ่ง	12
丰富	（形）	fēngfù	หลากหลาย บริบูรณ์	6
父亲	（名）	fùqin	บิดา	9
负责	（动）	fùzé	รับผิดชอบ	11
富	（形）	fù	รวย ร่ำรวย	2

G

改变	（动）	gǎibiàn	เปลี่ยนแปลง	3
干杯	（动）	gān bēi	ชนแก้ว ดื่มหมดแก้ว	9

干燥	（形）	gānzào	แห้ง แห้งผาก	3
感动	（动）	gǎndòng	ซึ้งใจ ซาบซึ้ง	14
感觉	（名）	gǎnjué	ความรู้สึก	11
感情	（名）	gǎnqíng	อารมณ์ความรู้สึก	11
(念)高中	（名）	(niàn)gāozhōng	(เรียน) มัธยมปลาย	10
隔	（动）	gé	ห่าง	11
跟…相比		gēn...xiāngbǐ	เปรียบเทียบกับ...... เทียบกับ..	2
工程师	（名）	gōngchéngshī	วิศวกร	2
工资	（名）	gōngzī	ค่าแรง ค่าจ้างแรงงาน	2
公主	（名）	gōngzhǔ	เจ้าหญิง	6
姑娘	（名）	gūniang	สาวน้อย	6
古迹	（名）	gǔjì	โบราณสถาน	4
古老	（形）	gǔlǎo	โบราณ เก่าแก่	3
鼓励	（动）	gǔlì	ให้กำลังใจ	15
故事	（名）	gùshi	นิทาน	6
关于	（介）	guānyú	เกี่ยวกับ ในด้าน	4
管理	（动）	guǎnlǐ	ควบคุม	3/10
光线	（名）	guāngxiàn	แสงสว่าง	3
广场	（名）	guǎngchǎng	จตุรัส ลานกว้าง	10

H

寒假	（名）	hánjià	ปิดเทอมภาคฤดูหนาว	12
喊	（动）	hǎn	ตะโกน	14
好用	（形）	hǎoyòng	ใช้ดี ใช้ง่าย ใช้สะดวก	2
合作	（动）	hézuò	ร่วมมือ ร่วมมือกันทำ	4
黑	（形）	hēi	ดำ	4
黑白	（形）	hēibái	ขาวดำ	2
后代	（名）	hòudài	ชนรุ่นหลัง รุ่นลูกรุ่นหลาน	4
后来	（名）	hòulái	ในภายหลัง	10
互相	（副）	hùxiāng	ซึ่งกันและกัน	5
话	（名）	huà	คำพูด	11
怀旧	（动）	huáijiù	คิดถึงอดีต รำลึกถึงอดีต	13
欢迎	（动）	huānyíng	ยินดีต้อนรับ	8
环境	（名）	huánjìng	สภาพแวดล้อม	3

灰	(名)	huī	เทา	6
会客	(动)	huì kè	ต้อนรับแขก	15
活着		huózhe	มีชีวิต	14

J

机会	(名)	jīhuì	โอกาส	4
机器	(名)	jīqì	เครื่องจักร เครื่องจักรกล เครื่องใช้ไฟฟ้า	2
基本	(形)	jīběn	มูลฐาน พื้นฐาน	10
挤	(形)	jǐ	แน่น เบียดเสียด	7
既然	(连)	jìrán	ในเมื่อ	15
继续	(副)	jìxù	ต่อไป	5
寄	(动)	jì	ส่ง(ทางไปรษณีย์)	7
价格	(名)	jiàgé	ราคา	1
检查	(动)	jiǎnchá	สำรวจ ตรวจสอบ	7
建议	(动)	jiànyì	เสนอ เสนอแนะ ข้อเสนอ	15
将来	(名)	jiānglái	ในอนาคต	7
交	(动)	jiāo	มอบ จ่าย (เงิน)	6
交通	(名)	jiāotōng	จราจร การคมนาคม	3
骄傲	(形)	jiāo'ào	หยิ่ง ยโสโอหัง	4
胶卷	(名)	jiāojuǎn	ม้วนฟิล์ม	11
教育	(动/名)	jiàoyù	การศึกษา	9
接待	(动)	jiēdài	รับรอง ต้อนรับ	11
接受	(动)	jiēshòu	รับ	15
接着	(连)	jiēzhe	ต่อเนื่อง	12
街	(名)	jiē	ถนน	8
结果	(名)	jiéguǒ	ผล ผลลัพธ์	6
解决	(动)	jiějué	แก้ไข (ปัญหา)	15
解释	(动)	jiěshì	อธิบาย(เพื่อให้เข้าใจ)	2
金色	(名)	jīnsè	สีทอง	11
紧张	(形)	jǐnzhāng	ตื่นเต้น เครียด	6
进修	(动)	jìnxiū	เรียนเพิ่มเติม ศึกษาเพิ่มเติม	12
禁止	(动)	jìnzhǐ	ห้าม	3
经过	(动)	jīngguò	ผ่าน	8
酒吧	(名)	jiǔbā	บาร์	13

救	（动）	jiù	ช่วย	14
救援	（动）	jiùyuán	ช่วยเหลือ กู้(ภัย)	14
居民	（名）	jūmín	ผู้พักอาศัย	3
巨大	（形）	jùdà	ยิ่งใหญ่ มหึมา	14
拒绝	（动）	jùjué	ปฏิเสธ	13
据说	（动）	jùshuō	เล่ากันว่า	12
距离	（名）	jùlí	ระยะห่าง	3
决定	（动）	juédìng	ตัดสินใจ	9
爵士乐	（名）	juéshìyuè	ดนตรีแจ๊ซ	13

K

咖啡馆	（名）	kāfēiguǎn	ร้านกาแฟ	13
看不起		kànbuqǐ	ดูถูก	4
看法	（名）	kànfǎ	ความคิดเห็น ความเห็น	12
看来		kànlái	ดูแล้ว ดูๆไป	4
考	（动）	kǎo	สอบ	12
科学	（名）	kēxué	วิทยาศาสตร์	12
科学家	（名）	kēxuéjiā	นักวิทยาศาสตร์	12
颗	（量）	kē	[ลักษณนาม] ลูก ดวง	6
可乐	（名）	kělè	โค้ก(โคคาโคล่า)	8
刻	（量）	kè	15 นาที	7
刻苦	（形）	kèkǔ	ขยันหมั่นเพียร พากเพียร	12
客人	（名）	kèrén	แขก(ผู้มาเยี่ยมเยียน)แขกเหรื่อ	8
课本	（名）	kèběn	ตำราเรียน แบบเรียน	5
空气	（名）	kōngqì	อากาศ	3
控制	（动）	kòngzhì	ควบคุม	12
口	（量）	kǒu	[ลักษณนาม] คำ	2
口语	（名）	kǒuyǔ	ภาษาพูด	5
哭	（动）	kū	ร้องไห้	6
苦	（形）	kǔ	ความยากลำบาก	9
宽	（形）	kuān	กว้าง	3
困难	（名）	kùnnan	ความลำบาก	5

L

拉	（动）	lā	ลาก จูง	14
蓝	（形）	lán	สีฟ้า น้ำเงิน	1
蓝色	（名）	lánsè	สีน้ำเงิน	11
浪费	（动）	làngfèi	สิ้นเปลือง	11
老	（形）	lǎo	แก่	6
老年	（名）	lǎonián	วัยชรา	13
老婆	（名）	lǎopo	เมีย	10
离婚	（动）	lí hūn	หย่า	11
离开	（动）	líkāi	จากไป	6
礼堂	（名）	lǐtáng	หอประชุม	8
里面	（名）	lǐmian	ด้านใน ข้างใน	2
力气	（名）	lìqì	แรง กำลัง	14
例如	（动）	lìrú	ตัวอย่าง เช่น อย่างเช่น	11
脸	（名）	liǎn	ใบหน้า	6
凉茶		liángchá	一种用草药(สมุนไพร)做的茶,广州人认为喝凉茶对身体好,特别是在天气热的时候。	13
了解	（动）	liǎojiě	เข้าใจ	4
零钱	（名）	língqián	เศษเงิน เศษสตางค์	7
零食	（名）	língshí	อาหารว่าง ขนมขบเคี้ยว	8
流	（动）	liú	ไหล	14
留学	（动）	liú xué	ศึกษาต่อต่างประเทศ	15
留学生	（名）	liúxuéshēng	นักเรียนต่างชาติ	7
楼梯	（名）	lóutī	บันได	3
录音	（名）	lùyīn	เทปบันทึกเสียง	5
绿色	（名）	lǜsè	สีเขียว	11
乱	（形）	luàn	วุ่นวาย	7

M

马虎	（形）	mǎhu	เลินเล่อ สะเพร่า	6
嘛	（助）	ma	[คำแสดงน้ำเสียง ใช้เน้นคำพูด] ไงล่ะ	11
满意	（形）	mǎnyì	พอใจ	5
毛衣	（名）	máoyī	เสื้อไหมพรม	1

贸易	（名）	màoyì	ธุรกิจ ธุรกิจการค้า	13
面条	（名）	miàntiáo	บะหมี่ เส้นหมี่	8
摸	（动）	mō	ลูบ	1
母亲	（名）	mǔqīn	มารดา	9
目前	（名）	mùqián	ขณะนี้ ปัจจุบัน	15

N

内	（名）	nèi	ใน	3
内容	（名）	nèiróng	เนื้อหา	5
那么	（代）	nàme	ถ้าเช่นนั้น	4
南方	（名）	nánfāng	ทางใต้	4
难过	（形）	nánguò	ทรมาน สะเทือนใจ เศร้าใจ	11
年轻	（形）	niánqīng	เยาว์วัย อ่อนเยาว์	4
念书	（动）	niàn shū	เรียนหนังสือ	10
弄	（动）	nòng	ทำ	10

O

| 哦 | （叹） | ò | [คำอุทาน] อ้อ | 12 |

P

爬	（动）	pá	ปีน	3
怕	（动）	pà	กลัว	5
盘子	（名）	pánzi	จาน	8
批评	（动）	pīpíng	ตำหนิ	7
皮	（名）	pí	หนัง	1
骗	（动）	piàn	หลอก	14
苹果	（名）	píngguǒ	แอปเปิล	6
破	（形）	pò	(เสื้อผ้า)เก่าๆ ขาดๆ	9

Q

| 其他 | （代） | qítā | อื่นๆ | 2 |

起来		qǐlai	ลุกขึ้น	8
铅笔	(名)	qiānbǐ	ดินสอ	10
谦虚	(形)	qiānxū	ถ่อมตน	4
浅	(形)	qiǎn	(สี)อ่อน	1
敲	(动)	qiāo	เคาะ(ประตู)	13
桥	(名)	qiáo	สพาน	11
亲	(形)	qīn	ใกล้ชิดสนินสนม	11
亲人	(名)	qīnrén	ญาติ	9
情景	(名)	qíngjǐng	สภาพการณ์	14
晴	(形)	qíng	ฟ้าโปร่ง แจ่มใส	7
请假	(动)	qǐng jià	ขอลาพัก	7
庆祝	(动)	qìngzhù	เฉลิมฉลอง	9
球场	(名)	qiúchǎng	สนามฟุตบอล	7
全	(形)	quán	ทั้งหมด ล้วน ตลอดทั้ง(วัน)	3
缺	(动)	quē	ขาด	1
却	(连)	què	กลับ	2

R

人造	(形)	rénzào	เทียม	1
认为	(动)	rènwéi	เห็นว่า คิดว่า	12
认真	(形)	rènzhēn	จริวจัง	4
日常	(形)	rìcháng	ประจำวัน	13
日记	(名)	rìjì	ไดอารี่ บันทึกประจำวัน	7
日用品	(名)	rìyòngpǐn	ของใช้ประจำวัน	10

S

晒	(动)	shài	ตากแดด	4
商人	(名)	shāngrén	พ่อค้า	4
商业	(名)	shāngyè	การค้า พานิชยกรรม	13
社会	(名)	shèhuì	สังคม	12
深	(形)	shēn	(สี)เข้ม	1
神	(名)	shén	เทพเจ้า	13
婶婶	(名)	shěnshen	ป้า	11

生产	（动）	shēngchǎn	กำเนิด ผลิต	2
生长	（动）	shēngzhǎng	เกิดและโต	9
生活	（名）	shēnghuó	การใช้ชีวิต การดำเนินชีวิต	4
声	（量）	shēng	[ลักษณนาม](เปล่งเสียง)คำ ครั้ง	8
声调	（名）	shēngdiào	เสียงวรรณยุกต์	5
声音	（名）	shēngyīn	เสียง น้ำเสียง	7
省	（名）	shěng	มณฑล	7
石头	（名）	shítou	ก้อนหิน	14
时代	（名）	shídài	ยุคสมัย	4
实际	（名）	shíjì	แท้จริง ความเป็นจริง	15
世界	（名）	shìjiè	โลก	7
事物	（名）	shìwù	สิ่งของ	13
试	（动）	shì	ลอง	1
适合	（动）	shìhé	เหมาะสม	1
收入	（名）	shōurù	รายได้ รายรับ	10
手表	（名）	shǒubiǎo	นาฬิกาข้อมือ	7
手工	（形）	shǒugōng	งานฝีมือ หัตถกรรม	1
手续	（名）	shǒuxù	พิธีการ ระเบียบการ ขั้นตอน	15
首都	（名）	shǒudū	เมืองหลวง	3
首先	（副）	shǒuxiān	ก่อนอื่น อันดับแรก	5
受	（动）	shòu	ได้รับ	9
售货员	（名）	shòuhuòyuán	พนักงานขาย	1
输	（动）	shū	แพ้	7
暑假	（名）	shǔjià	ปิดเทอมภาคฤดูร้อน	12
数	（动）	shǔ	นับ	8
树	（名）	shù	ต้นไม้	3
数码	（名）	shùmǎ	ดิจิตอล	11
顺便	（副）	shùnbiàn	ถือโอกาส(ทำ)แวะทำธุระ	8
说明	（动）	shuōmíng	อธิบาย(บอกวิธีการใช้เพื่อใช้เป็นคู่มือ)	2
死	（动）	sǐ	ตาย	6
算	（动）	suàn	คิด คำนวณ นับ	7
虽然	（连）	suīrán	แม้ว่า	7
随便	（形）	suíbiàn	ตามสบาย ตามสะดวก แล้วแต่สะดวก	1
所有	（形）	suǒyǒu	ทั้งหมด	3

T

汤	(名)	tāng	น้ำแกง	6
躺	(动)	tǎng	เอนนอน	14
讨论	(动)	tǎolùn	อภิปราย ถกปัญหา ถกเหตุผล	6
提	(动)	tí	พูดถึง เอ่ยถึง	11
替	(动)	tì	แทน	8
天	(名)	tiān	ฟ้า ท้องฟ้า	11
甜	(形)	tián	หวาน	2
铁	(名)	tiě	เหล็ก	15
听写	(名)	tīngxiě	การเขียนตามคำบอก	5
停	(动)	tíng	(ไฟ)ดับ หยุด	6
通	(动)	tōng	ต่อ(โทรศัพท์)	11
通讯	(名)	tōngxùn	สื่อสาร คมนาคมสื่อสาร	10
通知	(动)	tōngzhī	ประกาศ	7
同屋	(名)	tóngwū	เพื่อนร่วมห้องพัก รูมเมท	8
推荐	(动)	tuījiàn	แนะนำ	15
脱	(动)	tuō	ถอด	8

W

挖	(动)	wā	ขุด	14
外地人	(名)	wàidìrén	คนต่างถิ่น	4
完成	(动)	wánchéng	จัดการเรียบร้อย ทำเสร็จ	7
王后	(名)	wánghòu	พระราชินี	6
为	(介)	wèi	เพื่อ สำหรับ	9
味道	(名)	wèidao	รสชาติ	2
闻	(动)	wén	ดม	1
屋	(名)	wū	ห้อง	8
无所谓		wúsuǒwèi	อย่างไรก็ได้ ยังไงก็ได้	1

X

| 闲 | (动) | xián | ว่าง | 15 |
| 咸 | (形) | xián | เค็ม | 2 |

现代	(形)	xiàndài	ทันสมัย ตามยุคสมัยปัจจุบัน	3
羡慕	(动)	xiànmù	อิจฉา	11
相同	(形)	xiāngtóng	เหมือนกัน	4
相信	(动)	xiāngxìn	เชื่อว่า เชื่อ	5
香	(形)	xiāng	หอม	9
香蕉	(名)	xiāngjiāo	กล้วยหอม	8
箱子	(名)	xiāngzi	กล่อง	7
响	(动)	xiǎng	ส่งเสียง ดัง	7
相机	(名)	xiàngjī	กล้องถ่ายรูป	11
相片	(名)	xiàngpiàn	รูปถ่าย	2
像	(动)	xiàng	คล้าย	11
消息	(名)	xiāoxi	ข่าวสาร ข่าว	7
笑	(动)	xiào	หัวเราะ ยิ้ม	6
鞋(子)	(名)	xié(zi)	รองเท้า	1
心	(名)	xīn	ใจ หัวใจ	6
新娘	(名)	xīnniáng	เจ้าสาว	13
新闻	(名)	xīnwén	ข่าว	5
信封	(名)	xìnfēng	ซองจดหมาย	7
行	(名)	xíng	ถนนหนทาง(เป็นหนึ่งในปัจจัยสี่ของจีน)	13
需要	(名)	xūyào	ความต้องการ	7
许多	(形)	xǔduō	มากมาย	5
选择	(动)	xuǎnzé	เลือก	13
学年	(名)	xuénián	ปีการศึกษา	12

Y

压	(动)	yā	กด ทับ	14
严格	(形)	yángé	เคร่งครัด	3
颜色	(名)	yánsè	สี สีสรรค์	1
眼泪	(名)	yǎnlèi	น้ำตา	14
演	(动)	yǎn	แสดง	4
演员	(名)	yǎnyuán	นักแสดง	4
样式	(名)	yàngshì	รูปแบบ แบบ	1
样子	(名)	yàngzi	ท่าทาง ลักษณะท่าทาง	7
要是	(连)	yàoshi	ถ้าหากว่า ถ้า	11

爷爷	（名）	yéye	ปู่	9
也许	（副）	yěxǔ	บางที	15
页	（量）	yè	หน้า	10
夜	（名）	yè	กลางคืน	14
一…就…		yì...jiù...	ทันทีที่...ก็... พอ...ก็...	6
一边…一边…		yìbiān...yìbiān...	...ไปพลาง....ไปพลาง (โครงสร้างแสดงการทำกริยาสองอย่างในเวลาเดียวกัน)	5
一会儿	（名）	yíhuìr	สักครู่	7
一下子	（形）	yíxiàzi	ครู่เดียว	12
一言为定		yìyánwéidìng	ตอบตกลง ตอบรับ รับปาก	11
依靠	（动）	yīkào	พึ่งพา	15
椅子	（名）	yǐzi	เก้าอี้	8
义务	（形）	yìwù	(การศึกษา)ภาคบังคับ	12
亿	（量）	yì	ร้อยล้าน	10
意外	（名）	yìwài	นอกเหนือความคาดหมาย คาดไม่ถึง	10
意义	（名）	yìyì	ความหมาย	4
阴	（形）	yīn	มืดครึ้ม	7
音乐	（名）	yīnyuè	ดนตรี	6
银行	（名）	yínháng	ธนาคาร	9
赢	（动）	yíng	ชนะ	7
拥挤	（形）	yōngjǐ	แออัด	3
悠久	（形）	yōujiǔ	ยาวนาน	13
邮局	（名）	yóujú	ที่ทำการไปรษณีย์	7
邮票	（名）	yóupiào	แสตมป์	7
游客	（名）	yóukè	นักท่องเที่ยว	11
游戏	（名）	yóuxì	เกมส์	12
有的	（代）	yǒude	บาง....	2
有时候		yǒushíhou	มีบางเวลา บางครั้ง	7
又…又…		yòu...yòu	ทั้ง....ทั้ง....	2
语法	（名）	yǔfǎ	ไวยากรณ์ หลักภาษา	5
语言	（名）	yǔyán	ภาษา	3
元	（量）	yuán	หยวน (หน่วยเงินของจีน)	10
原谅	（动）	yuánliàng	ให้อภัย	7
约	（动）	yuē	นัดหมาย นัด	8
月份	（名）	yuèfèn	เดือน ช่วงเดือน	10

| 阅览室 | （名） | yuèlǎnshì | ห้องอ่านหนังสือ | 8 |
| 越来越… | | yuèláiyuè… | นับวันยิ่ง… | 5 |

Z

杂志	（名）	zázhì	นิตยสาร	10
在…上		zài… shàng	ในด้าน... ในทาง...	15
脏	（形）	zāng	สกปรก	7
早晨	（名）	zǎochen	รุ่งสาง รุ่งเช้า รุ่งอรุณ เช้าตรู่	6
长	（动）	zhǎng	เติบโต (ใช้บอกลักษณะของคนหรือสิ่งมีชีวิต)	4
账(单)	（名）	zhàng(dān)	บัญชี ใบเสร็จรับเงิน	10
招待	（动）	zhāodài	ต้อนรับ	8
照顾	（动）	zhàogù	ดูแลเอาใจใส่	7
照相	（动）	zhào xiàng	ถ่ายรูป	9
者	（名）	zhě	[คำปัจจัย] ผู้ที่...	14
着	（助）	zhe	[คำช่วย] ...อยู่	14
真	（形）	zhēn	แท้ ไม่ปลอม	1
争	（动）	zhēng	โต้เถียง เถียง ถกเถียง	12
挣	（动）	zhèng	หาเงิน	10
正	（副）	zhèng	พอดี กำลัง...(อยู่)	2
政治	（名）	zhèngzhì	การเมือง	4
之间		zhījiān	ระหว่าง	3
支	（量）	zhī	[ลักษณนาม] แท่ง ด้าม	5
支持	（动）	zhīchí	สนับสนุน	15
支出	（名）	zhīchū	จ่าย รายจ่าย	10
织	（动）	zhī	ถัก ทอ	1
直	（形）	zhí	เป็นแนวตรง ตรง	3
纸	（名）	zhǐ	กระดาษ	5
质量	（名）	zhìliàng	คุณภาพ	2
中心	（名）	zhōngxīn	ศูนย์กลาง ใจกลาง	4
终于	（副）	zhōngyú	ในที่สุด	9
钟头	（名）	zhōngtóu	ชั่วโมง	12
重	（形）	zhòng	หนัก	8
重复	（动）	chóngfù	ซ้ำ	11
周	（量）	zhōu	สัปดาห์	12

周围	(名)	zhōuwéi	รอบๆ บริเวณ	6
主任	(名)	zhǔrèn	หัวหน้า	15
主要	(形)	zhǔyào	สำคัญ หลัก	5
主意	(名)	zhǔyi	ความเห็น ข้อคิดเห็น	1
著名	(形)	zhùmíng	ชื่อดัง มีชื่อเสียง	13
抓	(动)	zhuā	จับ คว้า	15
准	(动)	zhǔn	อนุญาต	12
准确	(形)	zhǔnquè	แม่นยำ	11
仔细	(形)	zǐxì	ละเอียด	4
字	(名)	zì	ตัวอักษร	5
走路	(动)	zǒu lù	เดิน เดินทาง	10
嘴	(名)	zuǐ	ปาก	2
最	(副)	zuì	ที่สุด	1
左右	(名)	zuǒyòu	ซ้ายและขวา	10
作家	(名)	zuòjiā	นักเขียน นักประพันธ์	13
座	(量)	zuò	[ลักษณนาม] (ตึก)หลัง	3
做	(动)	zuò	ทำ เขียน แต่ง	8